Tours
1871

WYSS, J.R

Le Robinson suisse

Tome 1

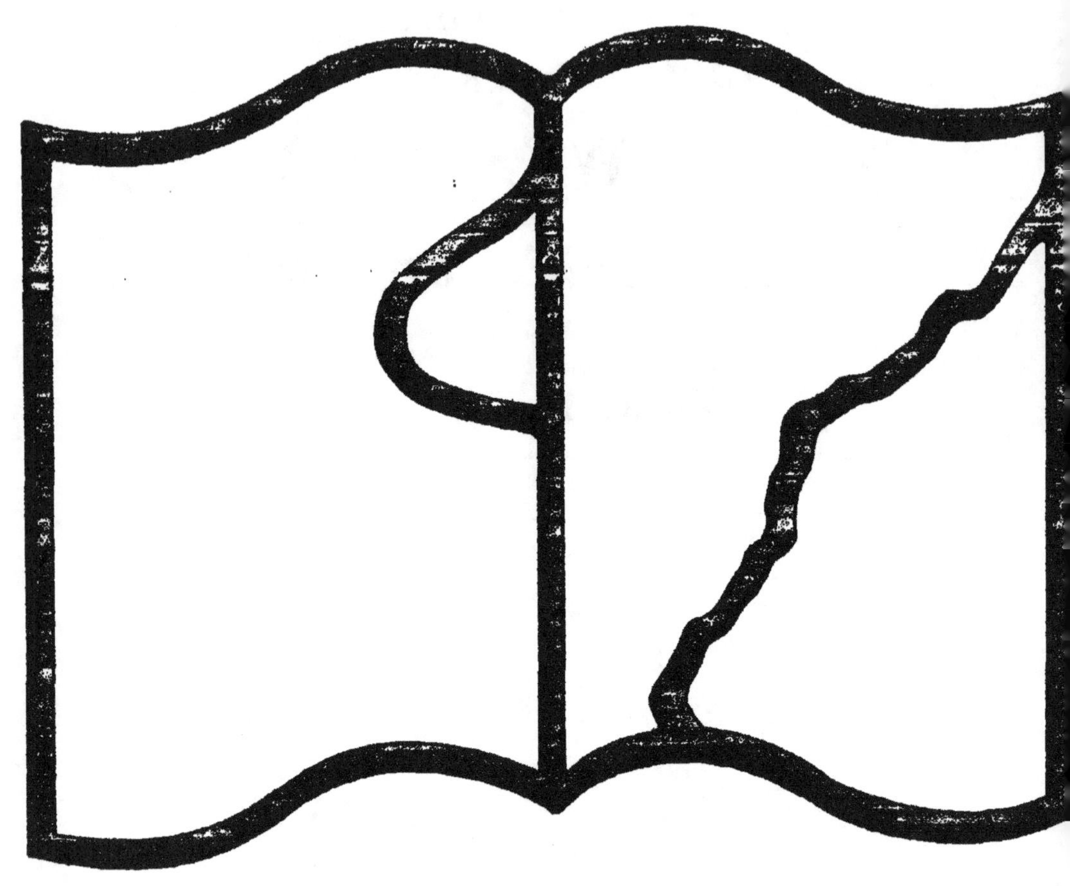

Symbole applicable
pour tout, ou partie
des documents microfilmés

Texte détérioré — reliure défectueuse

NF Z 43-120-11

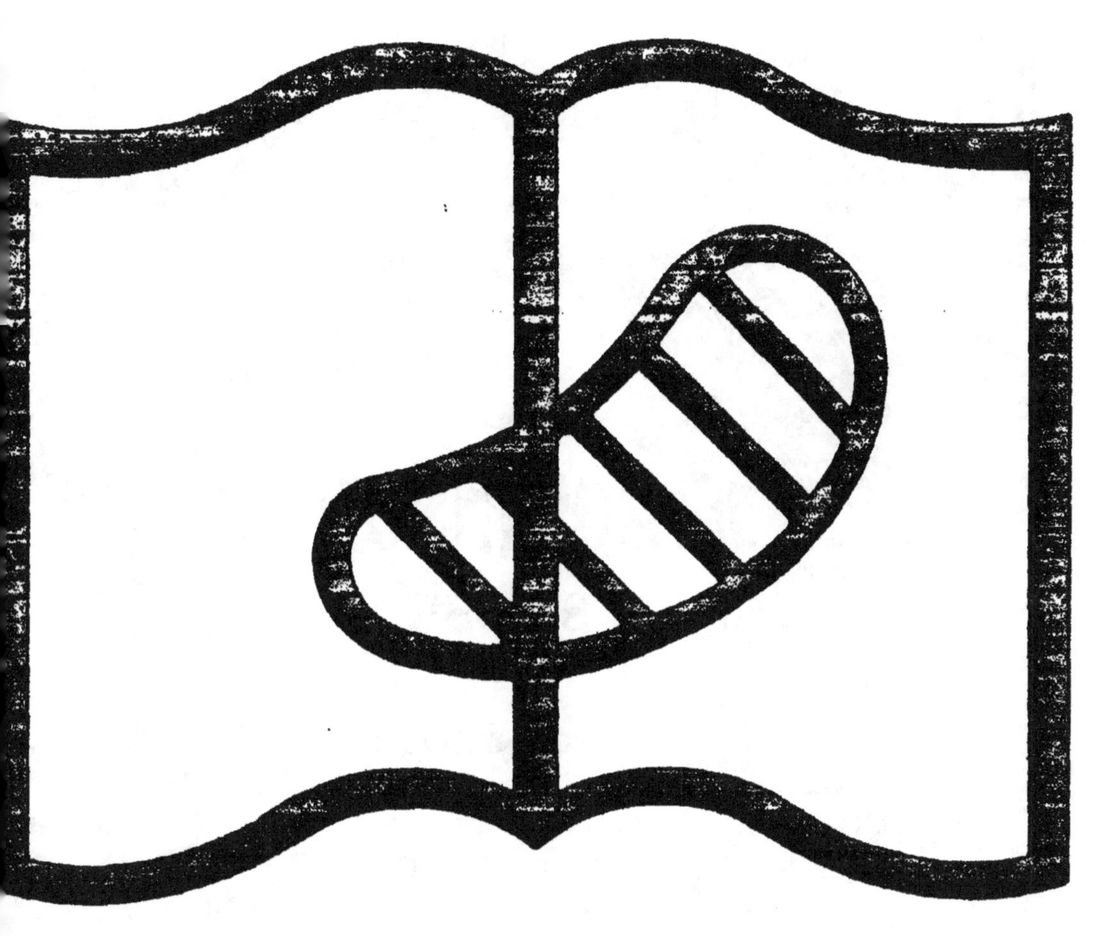

Symbole applicable
pour tout, ou partie
des documents microfilmés

Original illisible

NF Z 43-120-10

BIBLIOTHÈQUE DE LA JEUNESSE CHRÉTIENNE

LE ROBINSON SUISSE

ÉDITION ILLUSTRÉE

VINGT-QUATRE
BELLES GRAVURES SUR BOIS
PAR K. GIRARDET

TOME I

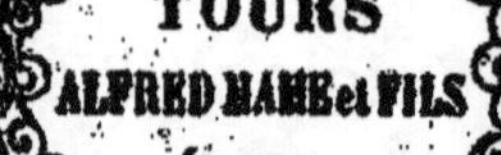

TOURS
ALFRED MAME et FILS
ÉDITEURS

BIBLIOTHÈQUE

DE LA

JEUNESSE CHRÉTIENNE

APPROUVÉE

PAR S. ÉM. Mgr LE CARDINAL ARCHEVÊQUE DE PARIS

1re SÉRIE IN-12

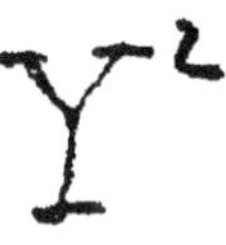

C'était notre bon Turc, que nous avions oublié et qui venait nous rejoindre.

LE

ROBINSON SUISSE

OU

HISTOIRE D'UNE FAMILLE SUISSE NAUFRAGÉE

PAR J.-R. WYSS

TRADUIT DE L'ALLEMAND PAR FRÉDÉRIC MULLER

DIX-HUITIÈME ÉDITION

ILLUSTRÉE

12 GRAVURES SUR BOIS, D'APRÈS K. GIRARDET

TOME I

TOURS

ALFRED MAME ET FILS, ÉDITEURS

M DCCC LXX

Moins populaire que le livre de Daniel de Foë, parce qu'il n'a pas servi à l'amusement et à l'instruction d'un aussi grand nombre de générations, le *Robinson suisse* est destiné à prendre place à côté du Robinson anglais lorsqu'il sera mieux connu, et que la haute idée morale qui s'y trouve si dramatiquement développée aura été plus sérieusement et plus fréquemment appréciée.

Daniel de Foë n'a mis en scène qu'un homme isolé, sans expérience et sans connaissance du monde, tandis que Wyss a raconté les travaux, les efforts de toute une famille, pour se créer des moyens d'existence avec les ressources de la nature et celles que donnent au chef de cette famille les lumières de la civilisation. Les personnages eux-mêmes intéressent davantage les jeunes lecteurs auxquels ce livre est destiné. Ce sont, comme eux, des enfants de différents âges et de caractères variés, qui, par leurs dialogues naïfs, rompent agréablement la monotonie du récit individuel, défaut que l'admirable talent de l'auteur anglais n'a pas toujours pu éviter. Le style de Wyss, dans sa simplicité et dans la puérilité apparente des détails, est merveilleusement approprié à l'esprit de ses lecteurs; un enfant, dans ses premières compositions, ne penserait pas autrement. Prier Dieu, s'occuper des repas que la prévoyance de ses parents lui a préparés, se livrer à des amusements variés, n'est-ce pas tout l'emploi du temps de l'enfance? C'est là, n'en doutons pas, une des principales causes du vif plaisir que procure la lecture du *Robinson suisse*, même à des hommes faits qui ne s'en sont jamais rendu raison.

Il est cependant un reproche qu'on peut adresser à Wyss, et que ne mérite pas son devancier. Robinson, dans son île, ne trouve que les animaux et les plantes qui peuvent naturellement s'y rencontrer d'après sa position géographique. Wyss, au contraire, a réuni dans l'île du naufragé suisse tous les animaux, tous les arbres, toutes les richesses végétales et minérales que la nature a répandues avec profusion dans les délicieuses îles de l'océan Pacifique; et cependant chaque contrée a sa part dans cette admirable distribution des faveurs de la Providence :

les plantes, les animaux de la Nouvelle-Hollande ne sont pas ceux de la Nouvelle-Zélande et de Taïti. Le but de l'auteur a été de faire passer sous nos yeux, dans un cadre de peu d'étendue, les productions propres à tous les pays avec lesquels nous sommes peu familiarisés, ce qui excuse en quelque sorte cette réunion sur un seul point de l'Océan de tout ce qui ne se rencontre que dans une multitude d'îles diverses.

Les descriptions n'ont pas toujours l'exactitude réclamée par les naturalistes ; dans quelques circonstances, la vérité a été sacrifiée à l'intérêt. C'est pour ne pas nuire à cet intérêt que nous n'avons rien changé aux descriptions, quoiqu'il nous eût été facile de les rectifier.

Mais combien ces taches ne sont-elles pas effacées par les leçons admirables de résignation, de courage et de ferme persévérance qu'on y trouve à chaque page ! Vouloir, c'est pouvoir, a-t-on dit ; jamais cette maxime n'avait été développée sous une forme plus heureuse et plus dramatique. Robinson avait déjà montré, il est vrai, comment on parvient à pourvoir aux premiers besoins de la vie solitaire. Ici, dès les premiers pas, ces cruelles nécessités n'existent plus ; ce sont les jouissances de la vie sociale qu'il faut satisfaire, et les persévérants efforts des naufragés pour arriver à ce but obtiennent un tel succès, qu'ils parviennent même à se créer un musée.

Comme dans son modèle, à chaque page Wyss a semé les enseignements sublimes de la morale évangélique; tout est rapporté par lui à l'auteur de toutes choses, et l'orgueil humain est constamment abaissé devant la grandeur et la bonté de Dieu. L'ouvrage a été écrit par un auteur protestant, mais avec une telle mesure, qu'il a suffi de quelques légères corrections pour le rendre tout à fait propre à des lecteurs catholiques.

Wyss a cru devoir se dispenser d'entrer dans des détails d'avant-scène; l'action commence au moment même du naufrage, et, semblable à un auteur dramatique, il ne nous fait connaître les acteurs que par leur langage et leurs actions. Ainsi que lui, nous renvoyons à la narration le lecteur, qui sera bientôt familiarisé avec les personnages.

FRIEDRICH MULLER.

LE

ROBINSON SUISSE

CHAPITRE I

Tempête. — Naufrage. — Corsets natatoires. — Bateau de cuves.

La tempête durait depuis six mortels jours, et, le septième, sa violence, au lieu de diminuer, semblait augmenter encore. Elle nous avait jetés vers le S.-O., si loin de notre route, que personne ne savait où nous nous trouvions. Les passagers, les matelots, les officiers étaient sans courage et sans force ; les mâts, brisés, étaient tombés par-dessus le bord ; le vaisseau, désemparé, ne manœuvrait plus, et les vagues irritées le poussaient çà et là. Les matelots se répandaient en longues prières et offraient au Ciel des vœux ardents ; tout le monde était du reste dans la consternation, et ne s'occupait que des moyens de sauver ses jours.

« Enfants, dis-je à mes quatre fils effrayés et en pleurs, Dieu peut nous empêcher de périr s'il le veut ; autrement soumettons-nous à sa volonté ; car nous nous reverrons dans le ciel, où nous ne serons plus jamais séparés. »

Cependant ma courageuse femme essuyait une larme, et, plus tranquille que les enfants, qui se pressaient autour d'elle, elle s'efforçait de les rassurer, tandis que mon cœur, à moi, se brisait à l'idée du danger qui menaçait ces êtres bien-aimés. Nous tombâmes enfin tous à genoux, et les paroles échappées à mes enfants me prouvèrent qu'ils savaient aussi prier, et puiser le courage dans leurs prières. Je remarquai que Fritz demandait au Seigneur de sauver les jours de ses chers parents et de ses frères, sans parler de lui-même.

Cette occupation nous fit oublier pendant quelque temps le danger qui nous menaçait, et je sentis mon cœur se rassurer un peu à la vue de toutes ces petites têtes religieusement inclinées. Soudain nous entendîmes, au milieu du bruit des vagues, une voix crier : « Terre ! terre ! » et au même instant nous éprouvâmes un choc si violent, que nous en fûmes tous renversés, et que nous crûmes le navire en pièces ; un craquement se fit entendre ; nous avions touché. Aussitôt une voix que je reconnus pour celle du capitaine cria : « Nous sommes perdus ! Mettez les chaloupes en mer ! » Mon cœur frémit à ces funestes mots : Nous sommes perdus ! Je résolus cependant de monter sur le pont, pour voir si nous n'avions plus rien à espérer. A peine y mettais-je le pied qu'une énorme vague le balaya et me renversa sans connaissance contre le mât. Lorsque je revins à moi, je vis le dernier de nos matelots sauter dans la chaloupe, et les embarcations les plus légères, pleines de monde, s'éloigner du navire. Je criai, je les suppliai de me recevoir, moi et les miens... Le mugissement de la tempête les empêcha d'entendre ma voix, ou la fureur des vagues de venir nous chercher. Au milieu de mon désespoir, je remarquai cependant avec un sentiment de bonheur que l'eau ne pouvait atteindre jusqu'à la cabine que mes bien-aimés occupaient au-dessous de la chambre du capitaine; et, en regardant bien attentivement vers le S., je crus apercevoir par intervalles une terre qui, malgré son aspect sauvage, devint l'objet de tous mes vœux.

Je me hâtai donc de retourner vers ma famille; et, affectant un air de sécurité, j'annonçai que l'eau ne pouvait nous atteindre, et qu'au jour nous trouverions sans doute un moyen de gagner la terre. Cette nouvelle fut pour mes enfants un baume consolateur, et ils se tranquillisèrent bien vite. Ma femme, plus habituée à pénétrer ma pensée, ne prit pas le change; un signe de ma part lui avait fait comprendre notre abandon. Mais je sentis mon courage renaître en voyant que sa confiance en Dieu n'était point ébranlée; elle nous engagea à prendre quelque nourriture. Nous y consentîmes volontiers; et après ce petit repas les enfants s'endormirent, excepté Fritz, qui vint à moi et me dit: « J'ai pensé, mon père, que nous devrions faire, pour ma mère et mes frères, des corsets natatoires qui pussent les soutenir sur l'eau, et dont vous et moi n'avons nul besoin, car nous pouvons nager aisément jusqu'à la côte. » J'approuvai cette idée, et résolus de la mettre à profit. Nous cherchâmes partout dans la chambre de petits barils et des vases capables de soutenir le corps d'un homme. Nous les attachâmes ensuite solidement deux à deux, et nous les passâmes sous les bras de chacun de nous; puis nous étant munis de couteaux, de ficelles, de briquets et d'autres ustensiles de première nécessité, nous passâmes le reste de la nuit dans l'angoisse, craignant de voir le vaisseau s'entr'ouvrir à chaque instant. Fritz, cependant, s'endormit épuisé de fatigue.

L'aurore vint enfin nous rassurer un peu, en ramenant le calme sur les flots; je consolai mes enfants, épouvantés de leur abandon, et je les engageai à se mettre à la besogne pour tâcher de se sauver eux-mêmes. Nous nous dispersâmes alors dans le navire pour chercher ce que nous trouverions de plus utile. Fritz apporta deux fusils, de la poudre, du plomb et des balles; Ernest, des clous, des tenailles et des outils de charpentier; le petit Franz, une ligne et des hameçons. Je les félicitai tous trois de leur découverte. « Mais, dis-je à Jack, qui m'avait amené deux énormes dogues, quant à toi, que veux-tu que nous fassions de ta trouvaille?

— Bon, répondit-il, nous les ferons chasser quand nous serons à terre.

— Et comment y aller, petit étourdi? lui dis-je.

— Comment aller à terre? Dans des cuves, comme je le faisais sur l'étang à notre campagne. »

Cette idée fut pour moi un trait de lumière, je descendis dans la cale où j'avais vu des tonneaux; et, avec l'aide de mes fils, je les amenai sur le pont, quoiqu'ils fussent à demi submergés. Alors nous commençâmes avec le marteau, la scie, la hache et tous les instruments dont nous pouvions disposer, à les couper en deux, et je ne m'arrêtai que quand nous eûmes obtenu huit cuves de grandeur à peu près égale. Nous les regardions avec orgueil ; ma femme seule ne partageait pas notre enthousiasme.

« Jamais, dit-elle, je ne consentirai à monter là dedans pour me risquer sur l'eau.

— Ne sois pas si prompte, chère femme, lui dis-je, et attends, pour juger mon ouvrage, qu'il soit achevé. »

Je pris alors une planche longue et flexible, sur laquelle j'assujettis mes huit cuves ; deux autres planches furent jointes à la première, et, après des fatigues inouïes, je parvins à obtenir une sorte de bateau étroit et divisé en huit compartiments, dont la quille était formée par le simple prolongement des planches qui avaient servi à lier les cuves entre elles. J'avais ainsi une embarcation capable de nous porter sur une mer tranquille et pour une courte traversée ; mais cette construction, toute frêle qu'elle était, se trouvait encore d'un poids trop au-dessus de nos forces pour que nous pussions la mettre à flot. Je demandai alors un cric, et, Fritz en ayant trouvé un, je l'appliquai à une des extrémités de mon canot, que je commençai à soulever, tandis que mes fils glissaient des rouleaux par-dessous. Mes enfants, Ernest surtout, étaient dans l'admiration en voyant les effets puissants de cette simple machine, dont je leur expliquai le mécanisme sans discontinuer mon ouvrage. Jack, l'étourdi, remarqua pourtant que le cric allait bien lentement.

« Mieux vaut lentement que pas du tout, » répondis-je.

Notre embarcation toucha enfin le bord et descendit dans l'eau, retenue près du navire par des câbles; mais elle tourna soudain et pencha tellement de côté que pas un de nous ne fut assez hardi pour y descendre.

Je me désespérais, quand il me vint à l'esprit que le lest seul manquait; je me hâtai de jeter au fond des cuves tous les objets pesants que le hasard plaça sous ma main, et, peu à peu, en effet, le bateau se redressa et se maintint en équilibre. Mes fils alors poussèrent des cris de joie, et se disputèrent à qui descendrait le premier. Craignant que leurs mouvements ne vinssent à déplacer le lest qui maintenait le radeau, je voulus y suppléer en établissant aux deux extrémités un balancier pareil à celui que je me souvenais d'avoir vu employer par quelques peuplades sauvages; je choisis à cet effet deux morceaux de vergue assez longs; je les fixai par une cheville de bois, l'un à l'avant, l'autre à l'arrière du bateau, et aux deux extrémités j'attachai deux tonnes vides qui devaient naturellement se faire contre-poids.

Il ne restait plus qu'à sortir des débris et à rendre le passage libre. Des coups de hache donnés à propos à droite et à gauche eurent bientôt fait l'affaire. Mais le jour s'était écoulé au milieu de nos travaux, et il était maintenant impossible de pouvoir gagner la terre avant la nuit. Nous résolûmes donc de rester encore jusqu'au lendemain sur le navire, et nous nous mîmes à table avec d'autant plus de plaisir, qu'occupés de notre important travail, nous avions à peine pris dans toute la journée un verre de vin et un morceau de biscuit. Avant de nous livrer au sommeil, je recommandai à mes enfants de s'attacher leurs corsets natatoires, pour le cas où le navire viendrait à sombrer, et je conseillai à ma femme de prendre les mêmes précautions. Nous goûtâmes ensuite un repos bien mérité par le travail de la journée.

CHAPITRE II

Chargement du radeau. — Personnel de la famille. — Débarquement. — Premières dispositions. — Le homard. — Le sel. — Excursions de Fritz. — L'agouti. — La nuit à terre.

Aux premiers rayons du jour nous étions debout. Après avoir fait faire à ma famille la prière du matin, je recommandai qu'on donnât aux animaux qui étaient sur le vaisseau de la nourriture pour plusieurs jours.

« Peut-être, disais-je, nous sera-t-il permis de les venir prendre. »

J'avais résolu de placer, pour ce premier voyage, sur notre petit navire, un baril de poudre, trois fusils, trois carabines, des balles et du plomb autant qu'il nous serait possible d'en emporter, deux paires de pistolets de poche, deux autres paires plus grandes, et enfin un moule à balles. Ma femme et chacun de mes fils devaient en outre être munis d'une gibecière bien garnie. Je pris encore une caisse pleine de tablettes de bouillon, une de biscuit, une marmite en fer, une ligne à pêcher, une caisse de clous, une autre remplie d'outils, de marteaux, de scies, de pinces, de haches, etc., et un large morceau de toile à voile que nous destinions à faire une tente.

Nous avions apporté beaucoup d'autres objets; mais il nous fut impossible de les charger, bien que nous eussions remplacé par des choses utiles le lest que j'avais mis la veille dans le bateau. Après avoir invoqué le nom du Seigneur, nous nous disposions à partir, lorsque les coqs se mirent à chanter comme pour nous dire adieu : ce cri m'inspira l'idée de les emmener avec nous, ainsi que les oies, les canards et les pigeons. Aussitôt nous prîmes dix poules avec deux coqs, l'un jeune, et l'autre vieux; nous les plaçâmes dans l'une des cuves, que nous recouvrîmes avec soin d'une planche, et nous laissâmes au reste des volatiles, que nous mîmes en liberté, le choix de nous suivre par terre ou par eau.

Nous n'attendions plus que ma femme; elle arriva bientôt avec un sac qu'elle déposa dans la cuve de son plus jeune fils, seulement, à ce que je crus, pour lui servir de coussin. Nous partîmes enfin.

Dans la première cuve était ma femme, bonne épouse, mère pieuse et sensible; dans la seconde, immédiatement après elle, était Franz, enfant de sept à huit ans, doué d'excellentes dispositions, mais ignorant de toutes choses; dans la troisième, Fritz, garçon robuste de quatorze à quinze ans, courageux et bouillant; dans la quatrième, nos poules et quelques autres objets; dans la cinquième, nos provisions; dans la sixième, Jack, bambin de dix ans, étourdi, mais obligeant et entreprenant; dans la septième, Ernest, âgé de douze ans, enfant d'une grande intelligence, prudent et réfléchi; enfin dans la huitième, moi, leur père, je dirigeais le frêle esquif à l'aide d'un gouvernail. Chacun de nous avait une rame à la main, et devant soi un corset natatoire dont il devait faire usage en cas d'accident.

La marée avait atteint la moitié de sa hauteur quand nous quittâmes le navire; mais elle nous fut plus utile que défavorable. Quand les chiens nous virent quitter le bâtiment, ils se jetèrent à la nage pour nous suivre, car nous n'avions pu les prendre avec nous à cause de leur grosseur: Turc était un dogue anglais de première force, et Bill une chienne danoise de même taille. Je craignis d'abord que le trajet ne fût trop long pour eux; mais en les laissant appuyer leurs pattes sur les balanciers destinés à maintenir le bateau en équilibre, ils firent si bien qu'ils touchèrent terre avant nous.

Notre voyage fut heureux, et nous arrivâmes bientôt à portée de voir la terre. Son premier aspect était peu attrayant. Les rochers escarpés et nus qui bordaient la rivière nous présageaient la misère et le besoin. La mer était calme et se brisait paisiblement le long de la côte; le ciel était pur et brillant; autour de nous flottaient des poutres, des cages venant du navire. Fritz me demanda la permission de saisir quelques-uns de ces débris; il arrêta deux tonnes qui flottaient près de lui, et nous les attachâmes à notre arrière.

A mesure que nous approchions, la côte perdait son aspect sauvage; les yeux de faucon de Fritz y découvraient même des arbres qu'il assura être des palmiers. Comme je regrettais beaucoup de n'avoir pas pris la longue-vue du capitaine, Jack tira de sa poche une petite lunette qu'il avait trouvée, et qui me donna le moyen d'examiner la côte, afin de choisir une place propre à notre débarquement. Tandis que j'étais tout entier à cette occupation, nous entrâmes, sans nous en apercevoir, dans un courant qui nous entraîna rapidement vers la plage, à l'embouchure d'un petit ruisseau. Je choisis une place où les bords n'étaient pas plus élevés que nos cuves, et où l'eau pouvait cependant les maintenir à flot. C'était une plaine en forme de triangle dont le sommet se perdait dans les rochers, et dont la base était formée par la rive.

Tout ce qui pouvait sauter fut à terre en un clin d'œil; le petit Franz seul eut besoin du secours de sa mère. Les chiens, qui nous avaient précédés, accoururent à nous et nous accablèrent de caresses, en nous témoignant leur reconnaissance par de longs aboiements; les oies et les canards, qui barbotaient déjà dans la baie où nous avions abordé, faisaient retentir les airs de leurs cris, et leur voix, mêlée à celle des pingouins, des flamants et des autres habitants de ce lieu que notre arrivée avait effrayés, produisait une cacophonie inexprimable. Néanmoins j'écoutais avec plaisir cette musique étrange, en pensant que ces infortunés musiciens pourraient au besoin fournir à notre subsistance sur cette terre déserte. Notre premier soin en abordant fut de remercier Dieu à genoux de nous y avoir conduits sains et saufs.

Nous nous occupâmes ensuite de construire une

tente, à l'aide de pieux plantés en terre et du morceau de voile que nous avions apporté.

Cette construction, bordée, comme défense, des caisses qui contenaient nos provisions, était adossée à un rocher. Puis je recommandai à mes fils de réunir le plus de mousse et d'herbes sèches qu'ils pourraient trouver, afin que nous ne fussions pas obligés de coucher sur la terre nue, pendant que je construisais un foyer près de là avec des pierres plates que me fournit un ruisseau peu éloigné; et je vis bientôt s'élever vers le ciel une flamme brillante. Ma femme, aidée de son petit Franz, posa dessus une marmite pleine d'eau, dans laquelle elle avait mis quelques tablettes de bouillon, et prépara ainsi notre repas.

Franz avait d'abord pris ces tablettes pour de la colle, et en avait fait naïvement l'observation; mais sa mère le détrompa bientôt, et lui apprit que ces tablettes provenaient de viandes réduites en gelée à force de cuisson, et qu'on en portait ainsi dans les voyages au long cours, afin d'avoir toujours du bouillon, qu'on n'aurait pu se procurer avec de la viande salée.

Cependant, la mousse recueillie, Fritz avait chargé un fusil et s'était éloigné en suivant le ruisseau; Ernest s'était dirigé vers la mer, et Jack, vers les rochers de la gauche pour y recueillir des moules. Quant à moi, je m'efforçai d'amener à terre les deux tonneaux que nous avions harponnés dans la traversée. Tandis que j'employais inutilement toutes mes forces à ce travail, j'entendis soudain Jack pousser un grand cri; je saisis une hache, et courus aussitôt à son secours. En arrivant près de lui, je vis qu'il était dans l'eau jusqu'à mi-jambes, et qu'il essayait de se débarrasser d'un gros homard qui avait saisi ses jambes avec ses pinces. Je sautai dans l'eau à mon tour. L'animal, effrayé, voulut s'enfuir, mais ce n'était pas mon compte; d'un coup de revers de ma hache je l'étourdis, et je le jetai sur le rivage.

Jack, tout glorieux de cette capture, s'empressa aussitôt de s'en emparer pour la porter à sa mère; mais l'animal, qui n'était qu'étourdi, en se sentant saisir, lui donna un si terrible coup de queue dans le visage, que le pauvre enfant le rejeta bien vite et se mit à pleurer. Tandis que je riais beaucoup de sa petite mésaventure, le bambin furieux ramassa une grosse pierre, et, la lançant de toutes ses forces contre l'animal, lui écrasa la tête. Je reprochai à mon fils de tuer ainsi un ennemi à terre, et je lui représentai que, s'il eût été plus prudent, et n'eût pas tenu la tête si près de son nez, cela ne lui serait point arrivé.

Jack, confus, et pour éviter mes reproches, ramassa de nouveau le homard et se mit à courir vers sa mère en criant : « Maman, un crabe! Ernest, un crabe! Où est Fritz? Prends garde, Franz, ça mord. »

Tous mes enfants se rassemblèrent autour de lui et regardèrent avec étonnement la grosseur de cet animal, en écoutant les fanfaronnades de Jack. Quant à moi, je retournai à l'occupation qu'il m'avait fait quitter.

Quand je revins, je félicitai mon fils de ce que le premier il avait fait une découverte qui pouvait nous être utile, et pour le récompenser je lui abandonnai une patte tout entière du homard.

« Oh! s'écria alors Ernest, j'ai bien découvert aussi quelque chose de bon à manger; mais je ne l'ai pas apporté, parce qu'il aurait fallu me mouiller pour le prendre.

— Oh! je sais ce que c'est, dit dédaigneusement Jack : ce sont des moules, dont je ne voudrais pas seulement manger; j'aime bien mieux mon homard.

— Ce sont plutôt des huîtres, répondit Ernest, si j'en juge par le degré de profondeur où elles se trouvent.

— Eh bien donc, m'écriai-je alors, monsieur le philosophe, allez nous en chercher un plat pour notre dîner; dans notre position il ne faut reculer devant rien de ce qui est utile. Ne vois-tu pas d'ailleurs, continuai-je d'un ton plus doux, que le soleil nous a bientôt séchés, ton frère et moi?

— Je rapporterai aussi du sel, reprit Ernest en se levant, car j'en ai découvert dans les fentes des rochers. Ce sont sans doute les eaux de la mer qui l'ont déposé là, n'est-ce pas, mon père?

— Éternel raisonneur, lui répondis-je, tu devrais nous en avoir déjà donné un plein sac, au lieu de t'amuser à disserter sur son origine. Hâte-toi donc, si tu ne veux pas que nous mangions une soupe fade et sans goût. »

Ernest ne tarda pas à revenir; mais le sel qu'il apportait était mêlé de terre, et nous allions le jeter, lorsque ma femme eut l'idée de le faire fondre dans l'eau, et de passer cette eau dans un linge avant de la mêler dans la soupe.

Tandis que j'expliquais à notre étourdi de Jack, qui m'avait demandé pourquoi nous n'avions pas pris simplement de l'eau de mer, que cette eau n'aurait pu nous servir parce qu'elle contient d'autres matières d'un goût désagréable, ma femme acheva la soupe et nous annonça qu'elle était bonne à manger.

« Un moment, lui dis-je, nous attendons Fritz; et d'ailleurs, comment nous y prendre pour la manger? Tu ne veux sans doute pas que nous portions tour à tour à notre bouche ce chaudron lourd et brûlant!

— Si nous avions des noix de coco, dit Ernest, nous les couperions en deux et nous en ferions des cuillers.

— Si nous avions de magnifiques couverts d'argent, répliquai-je, cela vaudrait bien mieux.

— Mais au moins, reprit-il, nous pourrions nous servir de coquillages.

— Bonne idée! m'écriai-je! mais, ma foi, nos doigts pourraient bien tremper dans la soupe, car nos cuillers n'auront pas de manches. Va donc nous en chercher. »

Jack se leva en même temps et se mit à courir; et il était déjà dans l'eau bien avant que son frère fût arrivé au rivage. Il détacha une grande quantité d'huîtres et les jeta à Ernest, qui les enveloppa dans son mouchoir, tout en ramassant un grand coquillage, qu'il mit avec soin dans sa poche. Tandis qu'ils revenaient, nous entendîmes la voix de Fritz dans le lointain. Nous y répondîmes avec de joyeuses acclamations, et je me sentis soulagé d'un grand poids, car son absence nous avait fort inquiétés.

Il s'approcha de nous, une main derrière son dos, et nous dit d'un air triste : « Rien.

— Rien? dis-je.

— Hélas! non, » reprit-il. Au même instant ses frères, qui tournaient autour de lui, se mirent à crier : « Un cochon de lait! un cochon de lait! Où l'as-tu trouvé? Laisse-nous voir. » Tout joyeux alors, il montra sa chasse.

Je lui reprochai sérieusement son mensonge, et lui demandai de nous raconter ce qu'il avait vu dans son excursion. Après un moment d'embarras, il nous fit une description pittoresque des beautés de ces lieux, ombragés et verdoyants, dont les bords étaient couverts des débris du vaisseau, et nous demanda pourquoi nous n'irions pas nous établir dans cet endroit, où nous pourrions trouver des pâturages pour la vache qui était restée sur le navire.

« Un moment! un moment! m'écriai-je, tant il avait mis de vivacité dans son discours; chaque chose aura son temps; dis-nous d'abord si tu as trouvé quelque trace de nos malheureux compagnons.

— Pas une seule, ni sur terre, ni sur mer; en revanche, j'ai découvert, sautillant à travers les champs, une légion d'animaux semblables à celui-ci; et j'aurais volontiers essayé de les prendre vivants, tant ils paraissaient peu effarouchés, si je n'avais pas craint de perdre une si belle proie. »

Ernest, qui pendant ce temps avait examiné attentivement l'animal, déclara que c'était un agouti.

et je confirmai son assertion. « Cet animal, dis-je, est originaire d'Amérique ; il vit dans des terriers et sous les racines des arbres; c'est, dit-on, un excellent manger. » Jack s'occupait à ouvrir une huître à l'aide d'un couteau; mais malgré tous ses efforts il n'y pouvait parvenir; je lui indiquai un moyen bien simple : c'était de mettre les huîtres sur des charbons ardents. Dès qu'elles eurent senti la chaleur, elles s'ouvrirent, en effet, d'elles-mêmes, et nous eûmes ainsi bientôt chacun une cuiller, quand après bien des façons mes enfants se furent décidés à avaler l'huître, qu'ils trouvèrent du reste détestable.

Ils se hâtèrent de tremper leurs écailles dans la soupe; mais tous se brûlèrent les doigts et se mirent à crier. Ernest seul, tirant de sa poche son coquillage, qui était aussi grand qu'une assiette, le remplit en partie sans se brûler, et se mit à l'écart pour laisser froidir son bouillon.

Je le laissai d'abord faire; mais quand il se disposa à manger: « Puisque tu n'as pensé qu'à toi, lui dis-je, tu vas donner cette portion à nos fidèles chiens, et tu te contenteras de celle que nous pouvons avoir nous-mêmes. » Le reproche fit effet, et Ernest déposa aussitôt son assiette devant les dogues, qui l'eurent bientôt vidée. Mais ils étaient loin d'être rassasiés, et nous nous en aperçûmes en les voyant déchirer à belles dents l'agouti de Fritz. Celui-ci se leva aussitôt furieux, saisit son fusil et en frappa les deux chiens avec une telle rage, qu'il faussa le canon; puis il les poursuivit à coups de pierres jusqu'à ce qu'ils eussent disparu en poussant des hurlements affreux.

Je m'élançai après lui, et, lorsque sa colère fut apaisée, je lui représentai le chagrin qu'il m'avait fait, ainsi qu'à sa mère, la perte de son arme, qui pouvait nous être si utile, et celle que nous allions probablement éprouver de ces deux animaux, nos gardiens. Fritz comprit mes reproches, et me demanda humblement pardon.

Cependant le jour avait commencé à baisser; notre volaille se rassemblait autour de nous, et ma femme se mit à lui distribuer des graines tirées du sac que je lui avais vu emporter. Je la louai de sa prévoyance; mais je lui fis observer qu'il serait peut-être mieux de conserver ces graines pour notre consommation ou pour les semer, et je lui promis de lui rapporter du biscuit pour ses poules si j'allais au navire.

Nos pigeons s'étaient cachés dans le creux des rochers; nos poules, les coqs à leur tête, se perchèrent sur le sommet de notre tente; les oies et les canards se glissèrent dans les buissons qui bordaient la rive du ruisseau. Nous fîmes nous-mêmes nos dispositions pour la nuit, et nous chargeâmes nos fusils et nos pistolets. A peine avions-nous terminé la prière du soir, que la nuit vint tout à coup nous envelopper sans crépuscule. J'expliquai à mes enfants ce phénomène, et j'en conclus que nous devions être dans le voisinage de l'équateur.

La nuit était fraîche; nous nous serrâmes l'un contre l'autre sur nos lits de mousse. Pour moi, j'attendis que toutes les têtes se fussent inclinées sur l'oreiller, que toutes les paupières fussent bien closes, et je me levai doucement pour jeter encore un coup d'œil autour de moi. Je sortis de la tente à pas de loup; l'air était pur et calme, le feu jetait quelques lueurs incertaines et vacillantes, et menaçait de s'éteindre; je le rallumai en y jetant des branches sèches. La lune se leva bientôt, et, au moment où j'allais rentrer, le coq, réveillé par son éclat, me salua d'un cri d'adieu. Je me couchai plus tranquille, et je finis par me laisser aller au sommeil. Cette première nuit fut paisible, et notre repos ne fut pas interrompu.

CHAPITRE III

Voyage de découverte. — Les noix de coco. — Lés calebassiers. La canne à sucre. — Les singes.

Au point du jour, les chants de nos coqs nous réveillèrent, et notre première pensée, à ma femme et à moi, fut d'entreprendre un voyage dans l'île pour tâcher de découvrir quelques-uns de nos infortunés compagnons. Ma femme comprit sur-le-champ que cette excursion ne pouvait s'effectuer en famille, et il fut résolu qu'Ernest et ses deux plus jeunes frères resteraient près de leur mère, tandis que Fritz, comme le plus prudent, viendrait avec moi. Mes fils furent alors réveillés à leur tour, et tous, sans en excepter le paresseux Ernest, quittèrent joyeusement leur lit de mousse.

Tandis que ma femme préparait le déjeuner, je demandai à Jack ce qu'il avait fait de son homard; il courut le chercher dans un creux de rocher où il l'avait caché pour le dérober aux chiens. Je le louai de sa prudence, et lui demandai s'il consentirait à m'en abandonner une patte pour le voyage que j'allais entreprendre.

« Un voyage! un voyage! s'écrièrent alors tous mes enfants en sautant autour de moi, et pour où aller? »

J'interrompis cette joie en leur déclarant que Fritz seul m'accompagnerait, et qu'ils resteraient au rivage avec leur mère, sous la garde de Bill, tandis que nous emmènerions Turc avec nous. Ernest nous recommanda de lui cueillir des noix de coco si nous en trouvions.

Je me préparai à partir, et commandai à Fritz d'aller chercher son fusil; mais le pauvre garçon demeura tout honteux, et me demanda la permission d'en prendre un autre, car le sien était encore tout tordu et faussé de la veille. Après quelques remontrances, je le lui permis; puis nous nous mîmes en marche, munis chacun d'une gibecière et d'une hache, ainsi que d'une paire de pistolets, sans oublier non plus une provision de biscuit et une bouteille d'eau.

Cependant, avant de partir, nous nous mîmes à genoux et nous priâmes tous en commun; puis je recommandai à Jack et à Ernest d'obéir à tout ce que leur mère leur ordonnerait pendant mon absence. Je leur répétai de ne pas s'écarter du rivage; car je regardais le bateau de cuves comme le plus sûr asile en cas d'événement. Quand j'eus donné toutes mes instructions, nous nous embrassâmes, et je partis avez Fritz. Ma femme et mes fils se mirent à pleurer amèrement; mais le bruit du vent qui soufflait à nos oreilles, et celui de l'eau qui coulait à nos pieds, nous empêchèrent bientôt d'entendre leurs adieux et leurs sanglots.

La rive du ruisseau était si montueuse et si escarpée, et les rocs tellement rapprochés de l'eau, qu'il ne nous restait souvent que juste de quoi poser le pied; nous suivîmes cette rive jusqu'à ce qu'une muraille de rochers nous barrât tout à fait le passage. Là, par bonheur, le lit du ruisseau était parsemé de grosses pierres; en sautant de l'une à l'autre nous parvînmes facilement au bord opposé. Dès ce moment notre marche, jusqu'alors facile, devint pénible; nous nous trouvâmes au milieu de grandes herbes sèches à demi brûlées par le soleil, et qui semblaient s'étendre jusqu'à la mer.

Nous y avions à peine fait une centaine de pas, lorsque nous entendîmes un grand bruit derrière nous, et nous vîmes remuer fortement les tiges; je remarquai avec plaisir que Fritz, sans se troubler, arma son fusil et se tint calme, prêt à recevoir l'ennemi. Heureusement ce n'était que notre bon Turc, que nous avions oublié, et qui venait nous rejoindre. Nous lui fîmes bon accueil, et je louai Fritz de son courage et de sa présence d'esprit.

« Vois, mon fils, lui dis-je : si, au lieu d'attendre prudemment comme tu l'as fait, tu eusses tiré ton coup au hasard, tu risquais de manquer l'animal féroce, si c'en eût été un, ou, ce qui était pis, tu pouvais tuer ce pauvre chien et nous priver de son secours. »

Tout en devisant, nous avancions toujours ; à gauche, et près de nous, s'étendait la mer ; à droite, et à une demi-heure de chemin à peu près, la chaîne de rochers qui venait finir à notre débarcadère suivait une ligne presque parallèle à celle du rivage, et le sommet en était couvert de verdure et de grands arbres. Nous poussâmes plus loin ; Fritz me demanda pourquoi nous allions, au péril de notre vie, chercher des hommes qui nous avaient abandonnés. Je lui rappelai le précepte du Seigneur, qui défend de répondre au mal autrement que par le bien ; et j'ajoutai que d'ailleurs, en agissant ainsi, nos compagnons avaient plutôt cédé à la nécessité qu'à un mauvais vouloir. Il se tut alors, et tous deux, recueillis dans nos pensées, nous poursuivîmes notre chemin.

Au bout de deux heures de marche environ, nous atteignîmes enfin un petit bois quelque peu éloigné de la mer. En cet endroit, nous nous arrêtâmes pour goûter la fraîcheur de son ombrage, et nous nous avançâmes près d'un petit ruisseau.

Les arbres étaient touffus, le ruisseau coulait paisiblement, mille oiseaux peints des plus belles couleurs s'ébattaient autour de nous. Fritz, en pénétrant dans le bois, avait cru apercevoir des singes ; l'inquiétude de Turc, ses aboiements répétés, nous confirmèrent dans cette pensée. Il se leva pour essayer de les découvrir ; mais, tout en marchant, il heurta contre un corps arrondi qui faillit le faire tomber. Il le ramassa, et me l'apporta en me demandant ce que c'était, car il le prenait pour un nid d'oiseau.

« C'est une noix de coco.

— Mais n'y a-t-il pas des oiseaux qui font ainsi leur nid?

— Il est vrai; cependant je reconnais la noix de coco à cette enveloppe filandreuse. Dégageons-la, et tu trouveras la noix. »

Il obéit, et nous ouvrîmes la noix : elle ne contenait qu'une amande sèche et hors d'état d'être mangée. Fritz, tout désappointé, se récria alors contre les récits des voyageurs qui avaient fait une description si appétissante du lait contenu dans la noix, et de la crème que recouvrait l'amande. Je l'arrêtai en lui faisant remarquer que celle-ci était tombée et desséchée depuis longtemps, et que nous en trouverions probablement de meilleures. En effet, nous en rencontrâmes une qui, bien qu'un peu rance, ne laissa pas de nous faire beaucoup de plaisir. J'expliquai alors à Fritz comment l'amande du cocotier rompt sa coque à l'aide de trois trous où cette enveloppe est moins dure qu'en tout autre endroit. Nous continuions cependant à marcher; le chemin nous conduisit longtemps encore à travers ce bois, où nous fûmes plusieurs fois obligés de nous frayer un passage avec la hache, tant était grande la multitude de lianes qui nous barraient le chemin. Nous arrivâmes enfin à une clairière où les arbres nous laissèrent un plus libre accès.

Dans cette forêt la végétation était d'une beauté et d'une vigueur remarquables, et tout autour de nous s'élevaient des arbres plus curieux les uns que les autres. Fritz les regardait tous avec étonnement, et me faisait remarquer, dans son admiration, tantôt leurs fruits, tantôt leur feuillage. Il arriva bientôt près d'un nouvel arbre plus extraordinaire que les autres, et s'écria : « Quel est donc cet arbre, mon père, dont les fruits sont attachés au tronc, au lieu de l'être aux branches ? Je vais en cueillir. » J'approchai, et je reconnus avec joie des calebassiers tout chargés de leurs fruits. Fritz, remarquant ce mouvement, me demanda si c'est bon à manger, et à quoi c'est utile.

« Cet arbre, lui dis-je, est un des plus précieux que produisent ces climats, et les sauvages y trouvent en même temps leur nourriture et les ustensiles pour la faire cuire. Son fruit est assez estimé parmi eux, mais les Européens n'en font aucun cas ; ils en trouvent la chair fade et coriace, et la laissent pour se servir de l'écorce, qui se façonne de mille manières. » Je lui expliquai comment les sauvages, en divisant cette écorce, savent en faire des assiettes, des cuillers et même des vases pour faire bouillir de l'eau. A ces mots il m'arrêta, et me demanda si cette écorce est incombustible, pour résister à l'action du feu.

« Non, lui répondis-je ; mais les sauvages n'ont pas besoin de feu ; ils font rougir des cailloux et les jettent dans l'eau, que ce manége échauffe bientôt jusqu'à l'ébullition. Fritz me pria alors d'essayer de faire quelque ustensile pour sa mère. J'y consentis, et je lui demandai s'il portait de la ficelle sur lui, pour partager les calebasses ; il me dit qu'il en avait un paquet dans sa gibecière, mais qu'il aimait mieux se servir de son couteau. « Essaie, lui dis-je, et voyons qui de nous deux réussira le mieux. »

Fritz jeta bientôt loin de lui, avec humeur, la calebasse qu'il avait prise, et qu'il avait entièrement gâtée, parce que son couteau glissait à chaque instant sur cette écorce molle, tandis que je lui présentai deux superbes assiettes que j'avais confectionnées pendant ce temps avec ma ficelle. Émerveillé de mon succès, il m'imita avec facilité., et, après avoir rempli de sable notre porcelaine de nouvelle façon, nous l'abandonnâmes exposée au soleil pour la laisser durcir. Nous nous remîmes alors en marche, Fritz cherchant à façonner une cuiller avec une calebasse, et moi avec la coque de l'une des noix de coco que nous avions mangées. Mais je dois avouer que notre œuvre était encore loin d'égaler celles que j'avais vues au musée, de la façon des sauvages.

Tout en parlant et en marchant, nous ne cessions d'avoir l'œil au guet; mais tout était silencieux et tranquille autour de nous. Après quatre grandes heures de chemin, nous arrivâmes à un promontoire qui s'avançait au loin dans la mer, et qui était formé par une colline assez élevée. Ce lieu nous parut le plus convenable comme observatoire, et nous commençâmes aussitôt à le gravir. Après bien des fatigues et des peines, nous atteignîmes le sommet, et la vue magnifique dont nous jouîmes nous dédommagea amplement.

Nous étions au milieu d'une nature admirable de végétation et de couleurs. En examinant autour de nous avec une bonne longue-vue, nous avions un spectacle encore plus admirable.

D'un côté c'était une immense baie, dont les rives se perdaient en gradins dans un horizon bleu, le long d'une mer calme et unie comme un miroir, où le soleil se jouait et scintillait, et semblait appartenir au paradis terrestre ; d'un autre côté, une campagne fertile, des forêts verdoyantes, de grasses prairies. Je soupirai à ce beau spectacle ; car nous n'apercevions aucune trace de nos malheureux compagnons.

« Que la volonté de Dieu soit faite ! m'écriai-je. Nous aurions pu tous vivre ici sans peine ; il n'a permis qu'à nous d'y parvenir : il a agi comme il lui convenait le mieux.

— La solitude ne me déplaît nullement, répondit Fritz, puisqu'elle est animée par la présence de mes chers parents et de mes frères ; les hommes des premiers temps ont vécu comme nous allons le faire.

— J'aime ta résignation, lui répondis-je. Mais nous nous trouvons en ce moment rôtis par le soleil ; viens à l'ombre prendre notre repas, et songeons à retourner vers nos bien-aimés. »

Nous nous dirigeâmes vers un bois de palmiers qui couronnait le sommet de la colline. Avant d'y atteindre, nous eûmes à traverser une sorte de marécage hérissé de gros roseaux qui s'entrelaçaient souvent et nous barraient le passage. Nous avancions lentement, et sans cesse sur nos gardes, sur ce sol brûlé, que je savais habité de préférence par des animaux venimeux ; Turc nous précédait en furetant partout pour nous avertir. Chemin faisant, je coupai un de ces roseaux au milieu desquels nous montions, pour me servir d'appui en même temps que d'arme, et je remarquai qu'il en découlait un jus gluant qui me poissait les mains ; je le portai à mes lèvres, et je reconnus à n'en pouvoir douter que nous étions dans un champ de cannes à sucre. Je m'abreuvai de cette délicieuse boisson, qui me rafraîchit considérablement, et, voulant laisser à mon bon Fritz, qui marchait devant sans se douter de rien, le plaisir de la découverte, je lui criai de couper un de ces roseaux pour s'en faire une canne ; il m'obéit ; et, comme il le brandissait en marchant, il s'en dégagea une grande abondance de jus qui remplit sa main ; il la porta comme moi à sa bouche, et, comprenant tout de suite ce que c'était, il me cria : « Père ! la canne à sucre ! que c'est bon, que c'est excellent ! Nous allons en rapporter à mes frères et à maman. » Et en même temps il brisa plusieurs morceaux de la canne qu'il tenait, pour mieux en extraire le jus.

Je fus obligé de l'arrêter, de peur qu'il ne se fît du mal.

« Je veux apporter à ma mère des cannes à sucre, » criait-il ; et, malgré le conseil que je lui donnai de ne pas se charger d'un fardeau trop lourd, il coupa une douzaine des plus grosses cannes, les réunit en faisceau avec des feuilles, et les plaça sous son bras.

Cependant nous ne tardâmes pas à atteindre le bois que nous avions aperçu, et qui était composé en partie de palmiers. Nous étions à peine assis pour achever notre dîner, qu'une troupe de singes, effrayés par notre arrivée et par les aboiements de Turc, s'élancèrent en un moment à la cime des arbres, d'où ils nous firent les plus affreuses grimaces. Je remarquai alors que la plupart de ces palmiers portaient des noix de coco, et j'eus l'idée de forcer les singes à nous cueillir ce fruit : je me levai, et j'arrivai à temps pour empêcher Fritz de tirer un coup de fusil.

« A quoi bon, lui dis-je : imite-moi plutôt, et prends garde à ta tête, car ces animaux vont nous inonder de noix. Je pris alors une pierre, et je la jetai vers les singes. Quoiqu'elle atteignît à peine la moitié du palmier, elle suffit pour mettre en colère les malignes bêtes; et elles firent pleuvoir alors sur nous une telle quantité de noix, que nous ne savions où nous mettre pour les éviter, et que la terre en fut bientôt toute couverte. Fritz riait de bon cœur de ma ruse, et, quand la pluie de noix eut un peu cessé, il se mit à les ramasser. Nous cherchâmes ensuite un petit endroit ombragé où nous nous assîmes; puis nous procédâmes à notre repas en mêlant de la crème de coco au jus de nos cannes, ce qui nous procura un manger délicieux. Nous abandonnâmes à Turc les restes de notre homard, ce qui ne l'empêcha pas de manger des amandes de coco et des cannes qu'il broyait entre ses dents. Quand nous eûmes fini, je liai ensemble quelques noix qui avaient conservé leur queue; Fritz ramassa son paquet de cannes, et nous reprîmes notre chemin.

CHAPITRE IV

Retour. — Capture d'un singe. — Alarme nocturne.
Les chacals.

Fritz ne tarda pas à trouver le fardeau pesant ; il le changeait à chaque instant d'épaule, puis le mettait sous son bras, puis s'arrêtait et commençait à se lamenter.

« Je n'aurais pas cru que ces cannes à sucre fussent si pesantes, dit-il.

— Patience et courage ; ton fardeau sera celui d'Ésope, qui s'allége en avançant. Donne-moi une de ces cannes, et prends-en une pour toi. Quand notre bâton de pèlerin et notre ruche à miel seront usés, nous en reprendrons d'autres, et tu seras soulagé d'autant. Il fit ce que je disais ; je plaçai le reste en croix sur son fusil, et nous continuâmes à marcher.

Me voyant porter de temps en temps à mes lèvres la canne qu'il m'avait donnée, Fritz voulut en faire autant ; mais il eut beau sucer, rien ne coula dans sa bouche. Étonné de ce phénomène, car il voyait bien que le roseau était plein de jus, il m'en demanda la raison. Au lieu de la lui dire, je le laissai la deviner, et il finit par découvrir qu'en pratiquant une petite ouverture au-dessous du premier nœud pour donner de l'air, il obtiendrait ce qu'il voulait.

Nous marchâmes quelque temps en silence. « Au train dont nous allons, nous ne rapporterons pas grand'chose à la maison ; j'aimerais mieux en rester là.

— Bah ! les cannes vont sécher au soleil. Ne t'inquiète pas, il suffit que nous en conservions une ou deux pour les leur faire goûter.

— Eh bien ! alors j'aurai du moins le plaisir de leur rapporter un excellent lait de coco, dont j'ai là une bonne provision dans une bouteille de fer-blanc.

— Étourdi ! ne crains-tu pas que la chaleur n'ait fait perdre à ce lait toute sa douceur ?

— Oh ! ce serait bien dommage ; je veux voir ce qui en est. »

Il tira rapidement la bouteille de sa gibecière, et presque aussitôt le bouchon partit avec bruit, puis la liqueur en sortit en petillant comme du vin de Champagne. Nous goûtâmes ce vin mousseux, qui nous parut fort agréable, et nous continuâmes la route, animés par cette boisson et plus légers de moitié.

Nous ne tardâmes pas à retrouver l'endroit où nous avions laissé nos calebasses, qui étaient parfaitement sèches, et que nous renfermâmes aisément dans nos gibecières. Nous venions de traverser le petit bois où nous avions fait notre premier repas, et nous en étions à peine sortis, que Turc nous quitta en aboyant de toutes ses forces, et s'élança dans la plaine pour fondre sur une troupe de singes qui jouaient par terre et qui ne nous avaient point aperçus. Les pauvres bêtes se dispersèrent rapidement; mais Turc atteignit une guenon moins agile que les autres, la renversa par terre et l'éventra. Fritz courut aussitôt pour l'arrêter, et perdit même en chemin son chapeau et son paquet, tant il allait vite; mais tout fut inutile : il n'arriva que pour voir Turc se repaître de cette chair palpitante. Cet horrible spectacle, qui nous attristait tous deux, fut égayé cependant par un incident assez comique. Un jeune singe, l'enfant probablement de la guenon tuée par Turc, et qui s'était tapi dans les herbes, sauta aussitôt sur la tête de Fritz, et se cramponna avec une telle force dans sa chevelure, que ni cris ni coups ne purent l'en déloger.

J'accourus aussi vite que me permit le fou rire qui me saisit à ce spectacle; car il n'y avait aucun danger réel, et la terreur de mon fils était aussi divertissante que les grimaces du petit singe.

Tout en me moquant de Fritz et en lui disant que le petit singe qui avait perdu sa mère l'avait sans doute pris pour père adoptif, je m'employai à le détacher; j'y parvins non sans peine, et je le pris dans mes bras comme un petit enfant, réfléchissant à ce que j'allais en faire. Il n'était pas plus gros qu'un jeune chat, et était hors d'état de se nourrir lui-même. Fritz me pria de le garder, me promettant de le nourrir de lait de coco jusqu'à ce que nous pussions avoir celui de la vache restée sur le bâtiment. Je lui fis observer que c'était une charge nouvelle, et que nous n'en avions que trop dans notre position; mais, sur ses protestations, je consentis à le lui laisser prendre, pensant que l'instinct de cette petite bête nous servirait peut-être à découvrir par la suite les propriétés nuisibles de certains fruits; nous laissâmes Turc se repaître de sa guenon; le jeune singe se plaça sur l'épaule de Fritz, et nous reprîmes notre route.

Nous cheminions depuis un quart d'heure, quand Turc vint nous rejoindre, la gueule encore ensanglantée. Nous le reçûmes assez froidement; il n'en tint aucun compte, et continua de marcher derrière Fritz. Mais sa présence effraya notre nouveau compagnon, qui quitta l'épaule de Fritz et se blottit dans sa poitrine. Celui-ci prit aussitôt une corde et attacha le petit singe sur le dos de Turc, en lui disant d'un ton pathétique : « Tu as tué la mère, tu porteras le fils. » Le chien et le singe résistèrent d'abord beaucoup tous les deux; toutefois les menaces et les coups nous assurèrent bientôt l'obéissance de Turc; et le petit singe, solidement attaché, finit par s'habituer à sa nouvelle place. Mais il faisait des grimaces si drôles, que je ne pus m'empêcher d'en rire en me figurant la joie de mes autres enfants, à l'aspect de ce burlesque cortége.

« Oh! oui, me dit Fritz, ils en riront bien, et Jack pourra prendre un bon modèle pour faire son métier de grimacier.

— Tu devrais, toi, répliquai-je, prendre pour modèle ta bonne mère, qui, au lieu de faire ressortir sans cesse vos défauts, cherche plutôt à les atténuer. »

Il convint de sa faute, et tourna la conversation sur la férocité avec laquelle Turc s'était jeté sur la guenon qu'il avait éventrée. Sans justifier l'action du dogue, je lui en donnai les raisons, et je tâchai d'en affaiblir l'odieux en rappelant tous les services que le chien est appelé à rendre à l'homme. « Ce seul auxiliaire, lui dis-je, permet à l'homme de se mesurer avec les animaux les plus féroces. Turc tiendrait tête à une hyène, à un lion, s'il le fallait. »

Cette conversation nous amena à parler des animaux que nous avions laissés sur le navire. Fritz regrettait beaucoup la vache; mais l'âne lui paraissait une perte peu importante.

« Ne le juge pas ainsi. Sans doute il n'est pas beau; mais il est d'une excellente race. Qui sait? le soin, la bonne nourriture et le climat parviendront peut-être à améliorer sa nature tant soit peu paresseuse. »

Tout en parlant, le chemin disparaissait sous nos pieds, et nous nous trouvâmes près du ruisseau et des nôtres sans nous en être aperçus. Bill, la première, nous flaira et se mit à aboyer; Turc lui répondit, et le petit malheureux singe en fut si effrayé, qu'il rompit ses liens et se réfugia de nouveau sur l'épaule de Fritz, dont il ne voulut plus déloger, tandis que Turc, qui connaissait le pays, nous quitta bientôt au galop pour aller annoncer notre arrivée.

Nous retrouvâmes les pierres qui nous avaient aidés à passer le ruisseau dans la matinée, et nous fûmes bientôt réunis au reste de la famille, qui nous attendait sur la rive opposée. Les premiers moments d'effusion à peine passés, mes petits fous se mirent à sauter en criant : « Un singe! un singe vivant! Comment l'avez-vous pris? Comme il est gentil! Qu'est-ce que c'est que les noix que papa apporte? » Une question n'attendait pas l'autre.

Enfin, lorsque le silence se fut un peu rétabli, je pris la parole. « Soyez tous les bien retrouvés, mes bien-aimés, m'écriai-je; nous revenons, grâces en soient rendues à Dieu, en bonne santé, et nous rapportons avec nous toutes sortes de richesses. Mais ce que nous cherchions, nos compagnons de voyage, nous n'en avons pu apercevoir aucune trace.

— Si telle est la volonté de Dieu, dit ma femme, sachons nous y conformer, et bénissons sa main, qui nous a sauvés et qui vous ramène sains et saufs après cette journée, qui m'a semblé aussi longue qu'un siècle. Racontez-nous ce qui vous est arrivé; mais d'abord débarrassez-vous de vos fardeaux, que vous avez portés si longtemps. »

On nous débarrassa rapidement de tout notre attirail. Ernest s'était chargé des noix de coco, et Fritz partagea entre tous ses frères les cannes, qui furent reçues à grands cris de joie. Ma femme fut aussi très-satisfaite de ses cuillers et de ses assiettes de calebasses. Cependant nous arrivâmes à notre tente, où nous trouvâmes un souper succulent.

Sur le feu, je vis d'un côté un peu de bouillon et des poissons enfilés dans une brochette de bois; de l'autre côté, une oie embrochée de même rôtissait et laissait tomber sa graisse abondante dans une vaste écaille d'huître placée au-dessous. Enfin, plus loin, un des tonneaux que j'avais pêchés, ouvert et défoncé, laissait apercevoir les plus appétissants fromages de Hollande qu'il fût possible de voir.

Moi. « Mes bons amis, c'est bien à vous d'avoir pensé à nous autres; mais c'est pourtant dommage d'avoir tué cette oie; il faut être économe de notre basse-cour.

LA MÈRE. Rassure-toi; nos provisions n'ont point eu à souffrir. Ce que tu prends pour une oie est un oiseau qu'Ernest assure être bon à manger.

ERNEST. Mon père, je crois que c'est un pingouin. »

Et il me cita les caractères auxquels il avait cru le reconnaître.

Je confirmai son assertion, et remarquant l'impatience avec laquelle tous les yeux étaient tournés vers les noix de coco, nous nous assîmes par terre, et nous prîmes dans nos assiettes de calebasse une bonne portion d'excellent bouillon. Nous ouvrîmes ensuite les noix de coco après en avoir recueilli le lait. Mais Fritz, se levant tout à coup, me dit : « Mon père, et mon vin de Champagne? Vous l'avez oublié. » Il prit en même temps la bouteille; mais, hélas! le vin était devenu du vinaigre. Il n'en fut pas moins bien reçu, car il nous servit à assaisonner nos poissons. Le pingouin était presque rebutant, tant il était gras; à l'aide de ce vinaigre il devint mangeable.

Pendant notre repas, la nuit était venue. Nous regagnâmes notre tente, où ma femme avait eu soin de rassembler une nouvelle quantité de mousse. Tous les animaux reprirent chacun leur place : les poules sur le sommet de la tente, les canards dans les buissons du ruisseau. Fritz et Jack firent coucher le petit singe entre eux deux pour qu'il eût moins froid. Je me couchai le dernier, comme de raison, et nous goûtâmes tous bientôt un profond sommeil.

Nous dormions depuis peu de temps, lorsque je fus réveillé par le bruit de nos poules, qui s'agitaient sur le sommet de la tente, et les aboiements de nos dogues. Je me dressai aussitôt sur mes pieds; ma femme et Fritz en firent autant; nous saisîmes tous trois des fusils, et nous sortîmes de la tente. A la clarté de la lune, nous aperçûmes un effrayant combat. Une douzaine de chacals, au moins, environnaient nos deux braves chiens, qui en avaient mis quatre ou cinq hors d'état de nuire, et qui tenaient les autres à distance.

« Attention! dis-je à Fritz, vise bien et tirons ensemble pour châtier comme il faut ces maraudeurs. »

Nos deux coups n'en firent qu'un; une seconde explosion acheva de disperser nos ennemis; nos deux chiens se jetèrent sur les morts et les dévorèrent.

Fritz leur en enleva pourtant un, et me demanda la permission de le traîner dans la tente pour le faire voir le lendemain à ses frères. Il ressemblait assez à un renard; il était de la taille et de la grosseur de nos chiens. Nous laissâmes ceux-ci s'abreuver du sang des vaincus, auquel ils avaient droit par la bravoure qu'ils avaient montrée; nous revînmes prendre notre place sur la mousse, près de nos enfants chéris, que le bruit n'avait pas même éveillés; et nous dormîmes jusqu'à l'aurore suivante, où ma femme et moi, réveillés par le chant du coq, nous commençâmes à réfléchir sur l'emploi de cette journée.

CHAPITRE V

Voyage au navire. — Commencement du pillage.

« Ah! disais-je, ma chère femme, je vois s'amonceler devant moi tant de peines et de fatigues, je vois tant de choses à accomplir, que je ne sais par quoi débuter. D'abord un voyage au navire est indispensable, car nous y avons abandonné nos bêtes et une foule d'objets de première nécessité, d'un autre côté des soins impérieux me retiennent à terre, où je devrais m'occuper de construire une habitation. »

Ma femme me répondit par ces paroles du Seigneur : « Ne remets jamais au lendemain, car chaque jour a ses devoirs, et fais chaque chose à son tour. »

Je décidai que Fritz, comme le plus fort et le plus adroit, m'accompagnerait au bâtiment, et que la mère demeurerait à terre avec les autres enfants. « Debout! debout ! » criai-je alors.

Mes enfants entendirent ma voix, et se levèrent lentement. Quant à Fritz, il fut debout en un instant, et il courut aussitôt placer son chacal, que la nuit avait refroidi, debout près de la tente, pour jouir de la surprise de ses frères.

En le voyant ainsi sur ses jambes, nos dogues.

furieux, se mirent à aboyer de toutes leurs forces, ce qui amena bientôt les petits paresseux, curieux de connaître la cause du bruit qu'ils entendaient. Jack parut le premier, le petit singe sur l'épaule; mais l'animal fut si effrayé à l'aspect du chacal, qu'il s'enfuit avec rapidité et courut se blottir sous la mousse. Chacun de mes enfants s'en épouvanta de même, et ils décidèrent : Ernest, que c'était un renard ; Jack, un loup ; Franz, un chien ; mais Fritz, triomphant, leur apprit que c'était un chacal.

Lorsque la curiosité fut un peu apaisée : « Enfants, m'écriai-je, celui qui commence la journée sans invoquer le Seigneur s'expose à travailler en vain. » Tous me comprirent, et nous nous jetâmes à genoux. La prière faite, mes enfants demandèrent à déjeuner; mais il n'y avait à leur donner que du biscuit, qui était si sec, qu'ils pouvaient à peine le broyer entre leurs dents. Fritz demanda la permission de prendre du fromage, et, tandis qu'il allait le chercher, Ernest se glissa adroitement vers celle des deux tonnes que nous n'avions pas encore défoncée. Il reparut au bout de quelques instants, d'un air tout joyeux.

Ernest. « Si nous avions du beurre, cela vaudrait bien mieux, n'est-ce pas ?

Moi. *Si, si!* un morceau de fromage vaut mieux que tout les *si* du monde.

Ernest. Allez donc voir la tonne ; car j'ai découvert, par une fente que j'ai agrandie avec mon couteau, qu'elle contient du beurre. »

Et nous courûmes tous à la tonne; nous vîmes, en effet, qu'il ne s'était pas trompé; mais nous ne savions comment nous y prendre pour profiter de sa découverte. Fritz voulait que nous fissions sauter un des cercles et que l'on défonçât le tonneau; je m'y opposai, en faisant remarquer qu'alors la chaleur ferait fondre notre beurre; et je m'arrêtai à l'idée d'y faire seulement une petite ouverture suffisante pour nous permettre d'y puiser, avec une pelle de bois, le beurre nécessaire à nos besoins présents.

Mon projet fut bientôt exécuté, et en quelques instants, à l'aide de ma cuiller de noix de coco, nous étendîmes sur notre biscuit cet excellent beurre; puis nous portâmes les tartines près du feu pour les faire griller. Nos chiens, cependant, couchés près de nous, n'avaient nullement l'air de vouloir partager notre repas. Je remarquai alors que dans le combat de la nuit ils avaient reçu en plusieurs endroits, et notamment au cou, de profondes blessures; .e recommandai à Jack de frotter leurs plaies avec du beurre rafraîchi dans l'eau, ce qui excita les chiens à se lécher, et peu de jours après il n'y parut plus.

Fritz ayant remarqué qu'avec des colliers ils auraient évité la plupart de ces blessures, Jack se chargea de leur en fabriquer. J'encourageai le petit garçon, dont ma femme se moquait un peu, et je dis à Fritz de se préparer à m'accompagner. En m'embarquant, j'avertis ma famille d'élever une perche avec un morceau de toile à voile. En cas d'accident, ils devaient l'abattre en tirant trois coups de fusil. Je les prévins aussi que nous passerions peut-être la nuit sur le navire.

Nous ne prîmes que nos fusils et des munitions.

car nous devions trouver des provisions à bord; seulement Fritz emporta son petit singe, qu'il était impatient de régaler de lait frais.

Nous quittâmes le rivage en silence; Fritz ramait de toutes ses forces, tandis que je tenais le gouvernail. Lorsque nous fûmes un peu éloignés, je m'aperçus que le ruisseau formait dans la baie un courant rapide et qui portait vers le navire; je me dirigeai de ce côté, et en trois quarts d'heure, sans trop de fatigue, nous atteignîmes les flancs du bâtiment, auxquels nous attachâmes notre embarcation. A peine débarqués, le premier soin de Fritz fut de courir aux animaux, et de porter près d'une chèvre le petit singe qu'il avait amené. Nous changeâmes l'eau des auges et nous renouvelâmes les provisions dans les mangeoires. Les animaux nous accueillirent avec les plus amicales démonstrations, tant ils étaient heureux de revoir des hommes après deux jours d'abandon. Nous nous occupâmes alors de chercher pour nous-mêmes quelque nourriture. Lorsque nous fûmes rassasiés, je demandai à Fritz par où nous allions commencer. Il me proposa de faire une voile pour notre embarcation. Cette réponse m'étonna d'abord; car il nous manquait des choses dix fois plus importantes. Mais il m'expliqua qu'il avait senti pendant le trajet un vent frais qui lui soufflait au visage, et qu'il nous aiderait merveilleusement au retour. Je consentis facilement à sa demande, et nous nous mîmes à l'œuvre.

Une perche assez forte fut fichée dans une planche du bateau, et nous disposâmes une voile au sommet. C'était un large morceau de toile figurant assez bien un triangle rectangle, suspendu à un mouffle et attaché à des cordes que je pouvais manier de ma place près du gouvernail. Ce premier travail achevé, Fritz me supplia d'ajouter au-dessus de notre voile une petite flamme rouge en guise de pavillon, et il se montra pour le moins aussi heureux de faire flotter ce pavillon que de voir la voile s'enfler au vent. Nous fîmes ensuite un petit banc près du gouvernail, et nous fixâmes dans les bords de forts anneaux pour maintenir les rames.

Pendant ces travaux, le soir étant arrivé, nous ne pouvions songer à retourner à terre. Nous arborâmes les signaux convenus pour annoncer cette décision à nos gens restés sur le rivage, et nous employâmes le reste de la journée à changer les pierres qui lestaient notre embarcation contre une cargaison plus utile.

Nous pillâmes tout ce qui nous parut bon. La poudre et le plomb, comme munitions de chasse, eurent la préférence; ensuite nous prîmes tous les outils. Notre navire, destiné à l'établissement d'une colonie dans les mers du Sud, était très-bien fourni en ustensiles de toute sorte. Nous étions cependant obligés de faire un choix sévère, attendu la petitesse de notre embarcation. Mais nous n'eûmes garde d'oublier cette fois des couteaux, des cuillers et des ustensiles de cuisine, auxquels nous n'avions point songé d'abord. Nous nous pourvûmes de grils, de chaudières, de broches, de pots, etc. Nous y joignîmes des jambons, des saucissons et quelques sacs de maïs, de blé et d'autres graines. M'étant rappelé que notre coucher à terre était un peu dur, je pris quelques hamacs et les couvertures de laine. Fritz, qui ne trouvait jamais assez d'armes, se munit encore de deux fusils, et apporta une caisse pleine de sabres, de poignards et d épées. J'embarquai en outre un baril de poudre, un rouleau de toile à voile et de la ficelle ou corde en grande quantité.

Nos cuves étaient remplies jusqu'au bord, à l'exception de deux places étroites que nous nous étions réservées. Nous nous préparâmes alors à descendre dans la cabine pour y passer le reste de la nuit, qui était tombée tout à fait pendant nos derniers travaux. Un feu brillant allumé sur la rive nous rassura sur le sort de nos bien-aimés; pour leur répondre, nous allumâmes quatre grandes lanternes, à l'apparition desquelles ils tirèrent quatre coups de fusil, afin de nous faire comprendre qu'ils les avaient aperçues. Nous nous laissâmes alors aller au sommeil, et nous nous endormîmes en recommandant à Dieu le précieux dépôt que nous avions laissé sous sa protection.

CHAPITRE VI

Le troupeau à la nage. — Le requin. — Second débarquement.

Le jour commençait à peine à poindre, lorsque je montai sur le pont, armé d'un excellent télescope, que je dirigeai vers la tente pour tâcher d'apercevoir mes enfants, pendant que Fritz mangeait à la hâte un morceau. Je ne fus pas longtemps sans voir ma femme sortir de la tente. Nous fîmes flotter un linge blanc, et le même signal nous répondit de la rive. Cette vue me rassura et me remplit de joie.

Je résolus alors de prendre avec nous le bétail. Je communiquai mon projet à Fritz, et nous commençâmes à chercher de concert quel moyen il fallait employer pour transporter au rivage une vache, un âne, une truie près de mettre bas, des moutons et des chèvres. Il proposa d'abord de construire un radeau, mais je lui démontrai l'impossibilité de ce projet; enfin, après avoir mûrement réfléchi : « Faisons-leur, me dit-il, des corsets natatoires, et ils nous suivront à la nage.

— Bonne idée! m'écriai-je; allons, à l'ouvrage! »

Un mouton fut bientôt entouré de liége et jeté à l'eau. Nous suivions avec anxiété ce coup d'essai. L'eau sembla d'abord vouloir l'engloutir, et le pauvre animal se démenait comme un possédé, en bêlant d'une manière pitoyable; mais bientôt, exténué de fatigue, il laissa pendre ses jambes, et nous vîmes avec joie qu'il n'en continuait pas moins à se soutenir sur l'eau. Je sautai de plaisir. « Ils sont à nous! criai-je, ils sont à nous! » Fritz alors se jeta à l'eau et ramena à bord le pauvre mouton; nous nous mîmes à confectionner les ustensiles nécessaires pour soutenir les autres.

Deux tonneaux vides, réunis fortement par de la toile à voile, furent fixés sous les flancs de l'âne et de la vache. Nous passâmes deux heures environ à les équiper de la sorte; le menu bétail vint ensuite. Rien n'était plus comique que de voir ces animaux ainsi affublés. L'embarras était de les amener jusqu'à l'eau ; heureusement une ouverture formée par le choc qu'avait reçu le navire nous servit utilement. Nous conduisîmes l'âne jusqu'au bord, puis une secousse inattendue le précipita dans l'eau ; il tomba violemment, mais il se releva bientôt et se mit à nager avec une force et une dextérité qui lui méritèrent tous nos éloges. Pendant qu'il s'éloignait ainsi, nous jetâmes la vache non moins heureusement, et elle se mit à flotter vers le rivage, majestueusement soutenue par ses deux tonnes. Le petit veau vint ensuite. Le cochon seul, plus intraitable, nous donna un mal inouï, et finit par sauter si loin, qu'il s'écarta beaucoup. Quant aux autres, nous avions eu le soin de leur attacher des cordes qui nous permirent de les réunir auprès du bateau. Nous y descendîmes sans perdre de temps, et nous rompîmes les liens qui nous retenaient. Le troupeau suivait en bon ordre, seulement il ralentissait considérablement la marche de notre embarcation, et je m'applaudis alors de l'idée de Fritz et de sa voile, car sans elle tous les efforts de nos bras n'auraient pu diriger la masse énorme que nous traînions après nous. De temps en temps les tonnes penchaient soit à droite, soit à gauche ; mais les balanciers les remettaient bientôt en équilibre.

Nous voguions tranquillement. Fritz, au fond de sa cuve, jouait avec son petit singe, qui commençait à se familiariser ; moi, je rêvais à mes bien-aimés, et je dirigeais sans cesse ma lunette vers la terre pour tâcher d'en apercevoir les signaux ou les traces. Tout à coup j'entendis Fritz me crier d'une voix aiguë : « Mon père, nous sommes perdus! un énorme poisson s'avance vers nous! »

Nous sautons ensemble sur nos armes, qui heureusement étaient chargées, et au même instant nous voyons passer avec la rapidité de l'éclair, presque à la surface de l'onde, un monstrueux requin. Fritz fit feu avec tant de bonheur et d'adresse qu'il l'atteignit à la tête; l'animal tourna à gauche, et une longue trace de sang nous prouva qu'il était bien touché.

Nous nous tînmes toutefois sur nos gardes; Fritz rechargea son fusil, et moi je fis force de rames; mais le reste de la traversée ne fut point troublé, et nous abordâmes bientôt dans un endroit où nos bêtes trouvèrent pied et gagnèrent facilement la terre. Nous y sautâmes nous-mêmes, et nous commençâmes à dépêtrer notre bétail. J'étais assez inquiet de ne pas voir mes enfants, car il se faisait tard, et je ne savais où les chercher, quand tout à coup un cri de joie retentit, et nous fûmes bientôt environnés de la petite famille, qui nous accueillit et tomba dans nos bras.

Ma femme admira l'idée que nous avions eue. « Je n'aurais jamais imaginé cet expédient, disait-elle; car je dois t'avouer que je me suis plusieurs fois fatigué la tête en voulant aviser au moyen de transporter ce bétail, et n'en pouvais trouver aucun.

— Eh bien, lui dis-je, honneur à Fritz! car c'est lui qui l'a trouvé. »

Nous nous étions mis à déballer notre cargaison, lorsque Jack vint à nous majestueusement assis

Fritz fit feu avec tant de bonheur et d'adresse qu'il atteignit le requin à la tête.

sur le dos de l'âne entre les deux tonnes, qu'il portait encore. Je m'approchai pour l'aider à descendre, et je m'aperçus alors pour la première fois qu'il avait une ceinture jaune dans laquelle il avait passé deux petits pistolets.

« Qui a pu t'équiper ainsi ?

— Moi-même. Regardez aussi nos chiens, mon cher papa. »

Je remarquai alors que nos deux braves dogues avaient le cou entouré d'un collier de même peau, hérissé de clous.

« Mais comment as-tu pu confectionner tout cela ?

— La peau du chacal en a fait tous les frais; j'ai taillé le cuir, et maman l'a cousu. »

Je complimentai mon petit corroyeur sur son adresse ; mais Fritz ne put voir sans chagrin l'usage qu'on avait fait de son chacal. Je le réprimandai de sa mauvaise humeur. Fritz ne répondit rien ; mais, comprenant mon reproche, il détourna les yeux.

Tout en causant, je m'aperçus que mon petit Jack exhalait une odeur insupportable, et je l'engageai à s'éloigner un peu. Cette remarque lui mit à dos tous ses frères, qui lui criaient sans cesse : « Plus loin ! plus loin ! » Mais le plaisir lui bouchait les narines, et il n'en tenait aucun compte. Je m'interposai enfin pour lui faire quitter sa ceinture, et il aida ses frères à jeter dans l'eau le cadavre du chacal, qui commençait à répandre aussi une odeur infecte. Ensuite, comme il n'y avait rien de préparé pour notre souper, je commandai à Fritz de m'aller chercher un jambon. Tous mes enfants me regardèrent d'un air étonné; mais leur joie fut extrême quand ils virent leur frère revenir portant un énorme jambon.

« Pardonne-moi ma négligence, me dit alors ma femme ; j'ai là une douzaine d'œufs de tortue ; si tu veux, j'en ferai une omelette.

MOI. Comment! des œufs de tortue?

ERNEST. Mon père, ce sont bien des œufs de tortue; nous les avons trouvés dans le sable, au bord de la mer.

LA MÈRE. Oui, et c'est toute une histoire, que je vous raconterai, si vous voulez bien. »

Il fut convenu que son histoire prendrait place au dessert, et tandis qu'elle faisait cuire son omelette, nous allâmes débarrasser notre bétail des corsets. Le cochon nous donna tant de mal, que Fritz alla chercher les deux chiens, qui le prirent chacun par une oreille et le réduisirent bientôt à l'obéissance. Ernest était tout joyeux de trouver un âne pour lui porter ses fardeaux, et il en témoignait hautement sa joie.

Cependant ma femme avait fini son omelette. Nous nous assîmes autour de la tonne de beurre, et, munis de cuillers, de couteaux, de fourchettes et d'assiettes, nous commençâmes le repas. Nos chiens, nos poules, notre bétail, se pressaient autour de nous et se disputaient les miettes de notre festin. Les oies et les canards se régalaient dans le ruisseau de petits crabes et barbotaient à plaisir. Le repas fut gai; au dessert, Fritz fit sauter le bouchon d'une bouteille de vin des Canaries qu'il avait trouvée dans la chambre du capitaine. J'invitai alors ma femme à nous raconter l'histoire de ses travaux pendant notre absence, et après une pause de quelques instants elle commença ainsi :

CHAPITRE VII

Récit de ma femme. — Colliers des chiens. — L'outarde. Les œufs de tortue. — Les arbres gigantesques.

« Tu feins d'être impatient d'entendre mon récit, me dit-elle en souriant, et tu ne m'as pas laissé placer un mot de toute la soirée. Mais je n'en perdrai rien ; la parole est comme l'eau : plus elle s'est amassée, plus elle coule vite. Le premier jour de votre absence ne vaut pas la peine qu'on en parle, car notre train de vie ne fut nullement changé. Mais ce matin, étant sortie de la tente bien longtemps avant mes enfants, et ayant aperçu votre signal, qui me causa une joie extrême, je me pris à réfléchir sur notre position et à rêver aux moyens de l'améliorer. Il est impossible, me disais-je, de rester toute la journée sans abri, au soleil, sur cette terre brûlante ; allons plutôt dans cette vallée ombragée dont mon mari et Fritz nous ont fait de si belles descriptions.

« Tandis que je réfléchissais ainsi, mes enfants s'étaient éveillés. Jack, armé d'un couteau qu'il aiguisait de temps en temps sur le roc, s'était glissé près du chacal de Fritz et lui avait coupé sur le dos deux larges bandes de peau, qu'il travaillait à débarrasser de toutes ses chairs. Je l'aurais laissé faire ; mais j'entendis bientôt Ernest lui crier : « O le malpropre ! le vilain malpropre ! — Comment ! répliqua celui-ci, qu'y a-t-il de sale à faire deux colliers à nos chiens ? » Je m'interposai pour terminer la querelle, qui commençait à s'échauffer ; je blâmai Ernest de sa répugnance, et j'aidai mon petit bonhomme à terminer son ouvrage, car ses mains et ses habits étaient déjà tout sales. Lorsque les deux bandes furent complétement nettoyées, il les transperça d'une quantité suffisante de longs clous pointus à large tête plate ; puis, ayant coupé un morceau de toile à voile deux fois aussi large, il l'appliqua en double sur la tête des clous, et me donna l'agréable besogne de coudre la toile sur cette peau infecte. Je le remerciai de l'honneur qu'il voulait bien me faire ; mais, en voyant l'embarras du pauvre petit, qui ne savait comment employer le fil et l'aiguille que je lui avais donnés, j'eus enfin pitié de lui, et je fis ce qu'il voulut.

« Quand les deux colliers furent terminés, il me pria de lui coudre en outre une autre bande qu'il destinait à lui servir de ceinture pour mettre des pistolets. J'y consentis encore une fois, et, quand tout fut terminé, je lui fis observer qu'en se séchant ses colliers se racorniraient. En conséquence, et d'après les conseils d'Ernest, il les cloua au soleil sur une planche et les laissa dans cet état. Je fis alors part à ma petite famille de mon projet d'excursion, et ce fut une joie pour eux tous d'entreprendre ce voyage avant que leur père et Fritz fussent de retour. Nous nous équipâmes de notre mieux; au lieu d'un couteau de chasse je pris une hache, et, accompagnés des deux chiens, nous partîmes, en suivant, comme vous l'aviez fait, le cours du ruisseau. Conduits par Turc, qui connaissait le chemin, nous arrivâmes bientôt à l'endroit où vous l'aviez traversé. En sautant de pierre en pierre, Ernest fut bientôt à l'autre bord. Jack, dont les jambes étaient plus courtes, le suivit en se jetant dans l'eau quand il ne savait où mettre le pied, au risque de glisser et de boire un coup; quant à moi, je pris le petit Franz sur mes épaules et passai la dernière. Nous trouvâmes, comme vous l'aviez annoncé, la végétation admirable de ce côté du ruisseau, et pour la première fois depuis notre naufrage mon cœur s'ouvrit à l'espérance à la vue de cette superbe nature. Je remarquai surtout un petit bois, à l'ombre duquel je voulus me reposer; mais pour y atteindre nous fûmes obligés de traverser des herbes si hautes, qu'elles dépassaient la tête de mes enfants, et que nous avions toutes les peines du monde à nous y frayer un passage. Cependant Jack était resté un peu en arrière; quand je me retournai pour le chercher, je le vis essuyant avec le haut de sa chemise un de ses pistolets, et j'aperçus son mouchoir tout mouillé séchant au soleil sur ses épaules. Le pauvre garçon, en traversant le ruisseau, avait inondé tout ce qui était dans ses poches. Tandis que je le blâmais d'y avoir mis ses pistolets, qui par bonheur n'étaient pas chargés, nous entendîmes un grand bruit, et nous vîmes s'élever des herbes et s'envoler devant nous un oiseau d'une grandeur prodigieuse.

« Quand mes deux petits chasseurs stupéfaits se préparèrent à tirer, il était si loin que le coup n'aurait pu l'atteindre. Franz prétendait que c'était un aigle; Ernest lui apprit que ces oiseaux ne nichent pas par terre. Aussitôt mes enfants de se répandre en regrets d'avoir manqué une si belle proie; soudain un second oiseau s'éleva encore des herbes et partit presque sous notre nez. Je ne pus m'empêcher de rire en voyant mes petits chasseurs encore une fois en défaut. Ernest se mit à pleurer, et Jack ôta gravement son chapeau, salua le fuyard en lui disant : « A une autre fois, à une autre fois, seigneur oiseau ! »

« Nous approchâmes de l'endroit d'où il s'était élevé, et Ernest, ayant trouvé un nid grossier, rempli d'œufs brisés, nous apprit que cette découverte le confirmait dans l'idée que nous venions de voir une outarde, qu'il avait cru reconnaître à son ventre blanc, à ses ailes couleur de tuile, et à la moustache de son bec. Tout en conversant, nous avions atteint le petit bois. Des multitudes d'oiseaux de toute espèce voltigeaient dans les branches, et mes enfants tournaient les yeux de tous côtés pour tâcher d'en ajuster quelques-uns; mais les arbres étaient si élevés, que le coup n'aurait sans doute pas porté.

« Mais quels arbres, mon ami! jamais tu n'en as pu voir de si grands; ce que j'avais pris pour une forêt, c'était un bouquet de dix à douze arbres merveilleusement soutenus en l'air par de forts arcs-boutants formés de racines énormes qui semblaient avoir poussé l'arbre tout entier hors de terre, et dont le tronc ne tenait au sol que par une racine placée au milieu et plus petite que les autres.

« Jack grimpa sur l'un de ces arcs-boutants, et à l'aide d'une ficelle il en prit la hauteur, que nous trouvâmes être de trente-trois pieds. Depuis la terre jusqu'à la naissance des branches nous en comptâmes soixante-six, et le cercle formé par les racines avait une circonférence de quarante pas. Les rameaux sont nombreux et donnent une ombre épaisse ; la feuille ressemble à celle du noyer ; mais je n'ai pu découvrir aucun fruit. Le terrain, tout alentour, est couvert d'un gazon frais et touffu, semé de petits arbustes, ce qui fait de cet endroit un délicieux lieu de repos. Je le trouvai si fort à mon goût, que nous résolûmes d'y prendre notre repas. Nous nous assîmes sur l'herbe près d'un ruisseau, et nous mangeâmes d'un bon appétit.

« En ce moment nos chiens, que nous avions un instant perdus de vue, vinrent nous rejoindre et se couchèrent à nos pieds, où ils s'endormirent sans vouloir partager notre dîner.

« Après avoir mangé, nous reprîmes le chemin de la tente ; nous ne vîmes rien d'extraordinaire jusqu'au ruisseau, où je remarquai que le rivage était couvert de débris de crabes, et je m'aperçus que nos dogues avaient trouvé eux-mêmes moyen de fournir à leur nourriture en pêchant une espèce de moule dont ils étaient très-friands.

« Cependant nous continuions à avancer au milieu de débris de poutres et de tonnes vides dont le rivage était couvert. Chemin faisant, Bill disparut tout à coup derrière un rocher ; Ernest la suivit et la trouva occupée à déterrer des œufs de tortue, qu'elle avalait avec une satisfaction marquée.

Nous fîmes nos efforts pour l'éloigner, et nous réussîmes à en recueillir environ une douzaine : ce sont eux qui ont fait les frais de l'omelette que nous venons de manger. En ce moment nos yeux se tournèrent vers la mer, et nous y découvrîmes une voile qui s'avançait vers nous. Je ne savais que penser. Ernest affirma que c'était vous; nous courûmes rapidement au ruisseau, nous le franchîmes de nouveau, et nous arrivâmes à temps pour tomber dans vos bras.

« Tel est, mon ami, le récit détaillé de notre excursion. Si tu veux me faire un grand plaisir, nous quitterons cet endroit dès demain, et nous irons nous établir près des arbres géants. Nous nous posterons sur leurs branches, et nous y serons à merveille.

— Bon! ma chère, lui répondis-je, ce sera, en effet, merveilleux d'aller nous percher comme des coqs sur les arbres, à soixante-six pieds du sol. Mais où trouverons-nous un ballon pour nous y élever?

— Ne te moque pas de mon idée, repartit ma femme; au moins nous pourrons dormir en sûreté contre les chacals et autres animaux, qui ne penseront point à venir nous attaquer si haut.

— C'est très-bien, dis-je, ma chère femme; mais comment veux-tu monter tous les soirs sans échelle à soixante-six pieds pour te coucher? Au moins, pour te consoler, nous pouvons nous établir entre ses racines. Qu'en penses-tu? Tu as compté une circonférence de quarante pas. Le pas fait ordinairement deux pieds et demi : peux-tu me dire combien cela fait de pieds? »

Ernest, après un court calcul, me répondit : « Cent pieds. » Je louai mon jeune mathématicien de son habileté. « Un tel arbre, dis-je, doit être appelé le géant des arbres. » Durant cette longue conversation, la nuit était rapidement venue Nous rentrâmes dans la tente pour y reprendre nos places, et nous dormîmes comme des marmottes jusqu'au lendemain matin.

CHAPITRE VIII

Le pont.

« Écoute, dis-je à ma femme lorsque les premières lueurs du matin nous eurent éveillés tous deux, ton récit d'hier m'a fait faire de graves réflexions; j'ai sérieusement examiné les conséquences d'un changement de résidence, et j'y entrevois de grands inconvénients. D'abord nous ne trouverons nulle part une place où nous puissions être plus en sûreté qu'ici, ayant d'un côté la mer, qui nous apporte en outre les débris du navire, auxquels il faudra renoncer si nous nous éloignons de la côte, et de l'autre ce ruisseau, que nous pouvons aisément fortifier.

— Tu n'as pas tout à fait tort, mon ami : mais tu ne calcules pas aussi quelles fatigues nous avons ici, nous autres, à nous dérober aux ardeurs du soleil pendant que tu cours en mer avec ton Fritz, que tu te reposes à l'ombre des forêts. Tu ne vois pas la peine que nous avons à recueillir quelques misérables huitres, et le danger où nous sommes d'être attaqués pendant la nuit par des animaux, tels que les tigres et les lions, puisque les chacals ont bien pu parvenir jusqu'à nous; et quant aux trésors du vaisseau, j'y renoncerais volontiers pour m'épargner les angoisses où vous me plongez durant votre absence.

— Tu parles à merveille, repris-je, et cela peut s'arranger; tout en allant nous établir auprès des arbres géants, nous pouvons nous réserver ici un pied-à-terre. Nous y ferons notre magasin; nous y laisserons notre poudre, et quand j'aurai fait sauter en quelques endroits les rocs qui bordent le ruisseau, personne n'y parviendra sans notre permission. Mais avant tout il faut nous occuper de construire un pont pour passer nos bagages.

— Quel besoin d'entreprendre un si long ouvrage? l'âne et la vache porteront nos effets. »

Je lui démontrai l'insuffisance et le danger de ce moyen, et j'ajoutai que pour nous-mêmes il fallait un passage plus sûr et plus facile que les pierres qui nous avaient d'abord servi. Elle se rendit à mes remontrances, et notre entretien finit là. Nous éveillâmes les enfants, qui accueillirent avec transport l'idée du pont, aussi bien que celle d'émigrer dans cette nouvelle contrée, que nous baptisâmes du nom de *Terre promise*.

Cependant Jack, qui s'était glissé sous la vache, ayant vainement essayé de la traire dans son chapeau, s'était attaché à ses mamelles pour la teter.

« Viens, cria-t-il à Franz, viens auprès de moi, le lait est délicieux. » Ma femme l'entendit, lui reprocha sa malpropreté; puis, ayant trait l'animal, elle nous en partagea le lait. Je résolus alors d'aller au vaisseau chercher des planches pour mon pont, et je m'embarquai avec Fritz et Ernest, dont je prévoyais que le secours me serait nécessaire au retour. Fritz et moi nous prîmes les rames, et nous nous dirigeâmes vers l'embouchure du ruisseau, dont le courant nous eut bientôt emportés hors de la baie.

A peine en étions-nous sortis que nous découvrîmes une immense quantité de mouettes et d'autres oiseaux, qui voltigeaient au-dessus d'un îlot que nous n'avions pas encore remarqué auparavant, et qui faisaient un bruit effrayant. Je déployai la voile pour quitter le courant et pour voir quelle cause avait rassemblé là tous ces oiseaux. Ernest, qui nous accompagnait pour la première fois depuis que nous avions touché à terre, regardait avec admiration la voile se gonfler au vent; mais Fritz ne perdait pas de vue l'îlot, et aurait volontiers tiré sur les oiseaux, si je ne l'en eusse empêché.

« Ah! s'écria-t-il enfin, je crois que c'est un gros poisson qu'ils dévorent. » Nous vîmes bientôt qu'il avait raison.

« Qui peut avoir amené ce monstre ici? continua-t-il quand nous fûmes tout près; hier il n'y en avait aucune trace.

— C'est peut-être le requin que tu as tiré hier, répondit Ernest; car sa tête est tout ensanglantée, et j'y vois trois blessures. »

En effet, c'était lui; et, me rappelant combien sa

peau était utile, je recommandai d'en prendre quelques morceaux pour nous servir de limes.

Alors Ernest tira la baguette de fer de son fusil, et, frappant à droite et à gauche, tua plusieurs des oiseaux que notre approche n'avait pu écarter. Fritz coupa plusieurs bandes de peau, comme Jack avait fait au chacal, et le tout fut déposé au fond des cuves. Pendant cette opération, je remarquai sur le rivage une quantité de planches que la mer y poussait, ce qui devait nous dispenser d'aller en chercher au navire. A l'aide d'un cric et d'un levier nous soulevâmes les poutres dont nous avions besoin; nous les réunîmes en train, et nous attachâmes dessus de longues planches, de manière à former un radeau; puis nous levâmes l'ancre pour retourner auprès des nôtres, quatre heures après notre départ. Craignant de trouver des basfonds près de la côte, je me dirigeai vers le courant, qui nous emporta rapidement en pleine mer; et là, favorisés par un bon vent, nous rangeâmes le vaisseau à notre droite, et nous nous dirigeâmes droit vers la terre. Ernest cependant examinait avec attention les oiseaux qu'il avait tués.

« Quels sont ces oiseaux? sont-ils bons à manger?

— Non, mon ami, ce sont des mouettes; et, comme ces animaux se nourrissent de poissons morts, leur chair en prend un goût fade et désagréable; ils sont si avides, qu'ils se laissent plutôt tuer que de quitter la proie à laquelle ils sont attachés. »

Des mouettes la conversation tomba au requin. Fritz s'étonnait de voir sa peau se crisper et se racornir sur le mât, où il l'avait accrochée: Je lui répondis qu'elle serait aussi bonne en cet état pour l'usage auquel je la destinais, et qu'elle me fournirait la superbe peau si estimée qu'on nomme en Europe *chagrin*.

Tout en conversant, nous étions arrivés dans la baie et nous avions gagné le débarcadère; mais personne n'était là pour nous recevoir. Cette absence ne nous effraya pas tant que la première fois, et nous nous mîmes tous trois à crier : « Holà ! ho ! » Des cris de joie nous répondirent, et je vis bientôt accourir ma femme et mes deux jeunes fils, qui venaient du côté du ruisseau, portant tous un mouchoir rempli et mouillé. En arrivant près de nous, Jack avait levé son mouchoir en l'air en signe de joie; il l'ouvrit, et j'en vis tomber une quantité de magnifiques écrevisses de rivière. Ma femme et Franz suivirent son exemple, et en quelques instants nous fûmes environnés d'écrevisses qui, se sentant libres, cherchaient à s'enfuir de tous côtés. Mes enfants se précipitèrent pour les retenir, et cet incident donna lieu à des éclats de rire inextinguibles.

« Eh bien, papa, qu'en dites-vous? me cria Jack; nous en avons tant trouvé, que c'était effrayant; il y en avait là au moins deux cents : voyez comme elles sont grosses.

— Est-ce toi qui les as trouvées? et comment cela est-il arrivé?

— Vous allez voir. Quand vous fûtes partis, je pris le singe de Fritz sur mon épaule, et, accompagné de Franz, je me rendis au ruisseau pour chercher un endroit où vous puissiez établir votre pont.

— Oh! oh! ta petite tête a donc quelquefois des idées plus sages? Eh bien, nous irons visiter l'endroit que tu as choisi. Mais continue.

— Nous marchions toujours vers le ruisseau, et Franz ramassait tous les cailloux brillants qu'il rencontrait, en disant que c'était de l'or. Il avança ensuite jusqu'auprès de l'eau, et je l'entendis soudain crier : « Jack, viens donc voir toutes les écrevisses qui sont sur le chacal de Fritz! » J'accourus rapidement, et je m'aperçus avec étonnement que ce cadavre était encore à la place où nous l'avions jeté, et qu'il était couvert d'écrevisses. Alors maman, à qui je courus raconter cette découverte, nous enseigna le moyen de les prendre, et nous en avons fait une belle provision, comme vous voyez.

— Oui, lui dis-je; aussi laissons s'enfuir les plus petites, et remercions Dieu de ce qu'il nous a fait découvrir un pareil trésor. »

J'annonçai alors que, tandis que les écrevisses cuiraient, nous irions transporter à terre les planches qui formaient le radeau, et qui étaient restées dans la baie; mais nous n'avions pas de charrette; et il était impossible de pouvoir transporter à bras ces masses énormes. Je me rappelai alors comment les Lapons parviennent à faire tirer à leurs rennes les plus pesants fardeaux.

J'attachai au cou de l'âne et de la vache des cordes qui passaient entre leurs jambes et venaient entourer l'extrémité des poutres; l'expédient réussit à merveille, et nos animaux apportèrent toutes les planches une à une à l'endroit qu'avait choisi mon petit ingénieur.

La place était vraiment bien trouvée. Le ruisseau

y était plus resserré que partout ailleurs entre deux rives d'égale hauteur, et de chaque côté des troncs d'arbre semblaient placés pour servir de point d'appui.

« Il s'agit maintenant, dis-je alors à mes fils, d'évaluer la largeur du ruisseau pour proportionner les planches : comment faire?

— Mais, dit Ernest, demandons à maman un paquet de ficelle, au bout duquel nous attacherons une grosse pierre; en la jetant sur l'autre rive et en la ramenant ensuite sur l'extrême bord, nous trouverons facilement cette largeur.

— Excellent conseil! Allons, à l'œuvre! »

Tout fut facilement exécuté, et nous trouvâmes une largeur de dix-huit pieds; les planches, pour être solides, devaient avoir au moins trois pieds d'assise de chaque côté : elles devaient donc avoir vingt-quatre pieds. Cependant tout n'était pas fini, et il fallait maintenant amener de l'autre côté ces énormes poutres. Comme nous restions tous aussi embarrassés, je dis à mes enfants : « Allons d'abord dîner; en épluchant nos belles écrevisses, il nous viendra peut-être un moyen. » Tout en surveillant le dîner, notre ménagère avait fait pour l'âne et la vache deux sacs de toile à voile, et, comme elle n'avait pas d'aiguilles assez fortes pour cet ouvrage, elle s'était servie d'un clou. Je la complimentai sur sa patience et son habileté, et nous nous mîmes à table; mais les morceaux furent dévorés à la hâte, tant nous étions pressés de voir notre pont en bon train. Il se termina pourtant, et personne n'avait pu trouver d'expédient. « Voyons, dis-je avec assurance, si je serai plus heureux que vous. »

Il y avait sur le rivage un tronc d'arbre assez fort; je passai alentour une corde dont j'entourai aussi une de nos poutres à quelques pieds au-dessous de son extrémité. A l'autre bout je fixai une autre corde; puis, attachant une pierre, je la lançai de l'autre côté du ruisseau, que je traversai à mon tour en sautant de pierre en pierre. Ne sachant comment faire passer de même l'âne et la vache, qui étaient nécessaires à mon dessein, je pris une poulie que je fixai solidement à un arbre; je jetai sur la roue de ma poulie la corde que j'avais lancée auparavant, et, traversant de nouveau le ruisseau en en emportant l'extrémité, j'y attelai l'âne et la vache. Ces deux animaux firent d'abord quelque résistance; mais enfin ils marchèrent, et la poutre tourna autour du tronc, tandis que son extrémité allait toucher l'autre bord. Mes enfants, pleins de joie, s'élancèrent sur ce frêle pont aussitôt qu'il eut touché terre, et le traversèrent avec une agilité surprenante, malgré mes craintes et mes efforts pour les retenir. Le plus difficile de notre ouvrage était fait, et nous plaçâmes trois poutres à côté de la première, en les faisant glisser sur celle-ci; puis nous les réunîmes à l'aide de fortes planches. Notre pont avait huit à neuf pieds de large, et pouvait cependant être facilement retiré, de manière à interdire le passage du ruisseau. Quand le soir arriva, nous étions si harassés, que nous prîmes notre repas, et courûmes nous coucher, sans entreprendre d'autre travail. Cette journée fut terminée, comme les autres, par une longue prière à Dieu, qui ne nous avait pas abandonnés jusque-là.

CHAPITRE IX

Départ. — Nouvelle demeure. — Le porc-épic. — Le chat sauvage.

Le matin suivant, mon premier soin fut de rassembler autour de moi ma jeune famille, et de lui faire une courte allocution sur les dangers qui pouvaient nous attendre dans un pays dont nous ne connaissions ni les localités ni les habitants, et sur la nécessité de nous tenir bien réunis durant le chemin. Enfin nous fîmes la prière, nous déjeunâmes et préparâmes le départ. Les enfants s'occupèrent à réunir notre bétail, et l'âne ainsi que la vache furent chargés de sacs, ouvrage de notre ménagère. Nous les remplîmes de tous les objets de première nécessité, de provisions, de munitions, des ustensiles de cuisine, des services de table du capitaine; nous y ajoutâmes une bonne quantité de beurre. Enfin nous abandonnâmes le moins de choses utiles qu'il nous fut possible. Après avoir établi l'équilibre entre les deux côtés, je me préparais à jeter par-dessus le tout nos hamacs et nos couvertures, quand ma femme accourut et m'en empêcha, réclamant une place, d'abord pour les poules, qui ne pouvaient rester seules, ensuite pour le petit Franz, qui n'était pas de force à soutenir les fatigues de la route, et enfin pour son sac, que nous avions appelé *enchanté*, et qui pouvait nous être de la plus grande utilité. Je fis droit à sa requête, et comme les paniers de l'âne n'étaient pas tout à fait remplis, j'y glissai son sac merveilleux, et j'assis le petit Franz si solidement entre ces paquets, que l'âne aurait pris le galop sans grand danger pour lui.

Cependant mes fils donnaient la chasse à nos poules, et aucune ne se laissait attraper. Ma femme les railla de l'inutilité de leurs efforts, et les pria de la laisser essayer si elle ne réussirait pas mieux qu'eux. En même temps elle prit dans le sac enchanté deux poignées de graines, et s'approcha doucement des volailles en les appelant. Le coq arriva bientôt pour becqueter les graines : alors ma femme jeta dans la tente tout ce qu'elle en avait, et comme les pauvres bêtes y coururent tout de suite, il lui fut facile de les attraper. Nous les attachâmes alors deux à deux par les pattes, et nous les déposâmes sur le dos de la vache, renfermées dans un panier que nous recouvrîmes d'une couverture, afin qu'elles restassent en repos.

Nous entassâmes alors dans notre tente tout ce que nous pouvions emporter; et après avoir tracé une enceinte avec des pieux fichés en terre, nous roulâmes tout autour quantité de tonnes vides.

Tout étant ainsi disposé, le cortége se forma; chacun de nous, jeune ou vieux, homme ou animal, prit sa place, leste et joyeux. Fritz et ma femme ouvraient la marche; la vache, l'âne monté par Franz, venaient après; les chèvres, conduites par Jack, qui portait en outre le petit singe, composaient le troisième corps d'armée ; Ernest marchait ensuite, conduisant les moutons, et moi je formais l'arrière-garde. Mes deux dogues, placés sur les ailes, allaient sans cesse de la queue du convoi à la tête, faisant ainsi l'office d'adjudants.

Notre petite troupe s'avançait lentement, mais en bon ordre, et avait une mine toute patriarcale. Nous arrivâmes bientôt à notre pont ; là nous fûmes rejoints par notre cochon, qui s'était d'abord enfui, et qui vint alors se réunir de lui-même à notre bande, tout en témoignant son mécontentement par des grognements significatifs. Le pont fut traversé, mais à l'autre bout un obstacle imprévu faillit mettre le désordre dans nos rangs : le gazon épais qui recouvrait le sol tenta si fort notre bétail, qu'il se dispersa à droite et à gauche pour brouter ; heureusement nos chiens le firent rentrer en ligne, et l'ordre, momentanément troublé, fut promptement rétabli. Néanmoins, pour prévenir un second désordre, je fis quitter l'herbe et prendre vers la mer.

Nous avions à peine fait quelques pas dans cette direction, que nos chiens coururent se jeter dans l'herbe en aboyant de toutes leurs forces, comme s'ils eussent eu à combattre quelque animal sauvage. Fritz prit son fusil et les suivit de près ; Ernest se serra près de sa mère tout en apprêtant le sien, et Jack l'étourdi, sans même déranger son fusil, qu'il avait sur le dos, s'élança sur les traces de Fritz.

Craignant de trouver quelque animal féroce, j'armai mon fusil et partis aussitôt dans la même direction ; mais je ne pus les atteindre, et ils arrivèrent bien longtemps avant moi auprès des chiens. J'entendis alors Jack me crier : « Accourez, mon père, accourez! il y a là un porc-épic monstrueux. »

Quand j'arrivai, je vis, en effet, un porc-épic, mais de taille ordinaire, assailli par nos chiens, et qui, toutes les fois que ses ennemis approchaient, se hérissait soudain d'une forêt de dards, dont quelques-uns même s'étaient fichés dans leur museau. Cependant Jack, qui avait armé un des pistolets qu'il portait à sa ceinture, le tira à bout portant dans la tête de l'animal, qui tomba mort.

« Quelle imprudence! s'écria Fritz; tu pouvais blesser mon père, moi ou un de nos chiens.

— Ah! bien oui, blesser! Vous étiez derrière moi, et les chiens à côté : crois-tu que je sois aveugle?

— Mon pauvre Fritz, interrompis-je, tu es un peu trop brusque; souviens-toi du proverbe : *Moi aujourd'hui, demain toi.* Puisqu'il n'est rien résulté de l'imprudence de Jack, ne troublons pas sa joie. »

Jack, ayant donné deux ou trois coups de crosse à l'animal, pour être bien sûr qu'il était mort, se disposa à l'emporter; mais il se mit les mains en sang, et ne put y parvenir. Alors il prit son mouchoir, l'attacha au cou de l'animal et le traîna jusque auprès de sa mère, qui était fort inquiète de notre absence prolongée et du coup de feu qu'elle avait entendu.

« Vois, maman, cria-t-il, un magnifique porc-épic que j'ai tué moi-même; papa assure que c'est excellent à manger. »

Ernest cependant examinait froidement l'animal, et faisait observer qu'il avait les pieds et les oreilles presque comme un homme. J'arrivai à mon tour.

« N'as-tu pas craint, en approchant de lui, dis-je à Jack, qu'il ne te passât ses dards au travers du corps ?

— Pas du tout, je sais qu'ils sont solidement attachés à sa peau, et qu'il ne les lance contre personne.

— Et cependant ne vois-tu pas que nous sommes obligés, ta mère et moi, de débarrasser Turc et Bill des dards qui sont fixés à leur museau.

— Bon ! ils sont allés les chercher eux-mêmes, et ce n'est pas le porc-épic qui les leur a lancés. »

J'applaudis à mon petit homme, auquel je ne savais pas des connaissances si étendues en histoire naturelle, et je leur fis voir comment des circonstances toutes naturelles avaient pu ainsi donner lieu à des fables.

« Mais dis-moi, Jack, ajoutai-je en terminant, que faire de ta capture ? L'abandonnerons-nous ?

— L'abandonner ! mais ne m'avez-vous pas dit que c'est un très-bon mets ! Gardons-le, gardons-le. »

Je cédai à ses instances et posai l'animal, la tête enveloppée d'herbe, derrière le petit Franz, sur le dos de l'âne, à côté du sac de ma femme; puis nous partîmes.

Nous avions à peine fait deux cents pas, que le baudet se jeta de côté, échappant aux mains de mon fils, et se mit à bondir çà et là, en poussant des cris si grotesques, que nous n'aurions pu nous empêcher de rire si la crainte de voir tomber notre petit cavalier ne nous eût trop émus. Je lançai mes deux chiens après le fuyard, qu'ils nous ramenèrent bientôt, mais toujours aussi agité. Nous nous mîmes alors à chercher quel motif avait pu ainsi troubler notre grison, ordinairement si paisible, et nous découvrîmes enfin que les dards du porc-épic avaient percé la triple couverture qui les enveloppait et avaient fini par stimuler notre âne comme des coups d'éperon. Le sac enchanté remplaça la couverture, et le voyage reprit son cours.

Fritz marchait en avant, le fusil armé à la main, espérant faire de nouveau quelque beau coup; mais nous arrivâmes sans autre rencontre aux arbres dont ma femme nous avait parlé.

« Quelle merveille! s'écria alors Ernest. Comme ils sont grands! »

La halte commença. Nous mîmes la volaille en liberté, le cochon aussi, mais avec les deux pieds de devant attachés. Tandis que j'aidais ma femme à décharger nos animaux, nous entendîmes un coup de fusil; puis un instant après, un second derrière nous, et la voix de Fritz qui criait : « Le voilà, le voilà! mon père, c'est un chat sauvage!

— Bravo! lui répondis-je aussitôt que je le vis reparaître chargé de sa proie. Tu viens de rendre un grand service à notre poulailler; car c'est un animal bien dangereux et bien friand de volaille. Comment l'as-tu tué?

— Je l'ai vu sur un arbre, et je l'ai abattu d'un coup de fusil; mais dans un clin d'œil il s'est relevé; et il s'apprêtait à s'élancer, quand je lui tirai un coup de pistolet à bout portant. J'espère qu'il est bien plus beau que le chacal que Jack m'a écorché, et que mon cher frère ne me l'arrangera pas de même.

— Oui, c'est, je crois, un *margaï* d'Amérique; tu peux d'abord t'en faire une ceinture comme celle de Jack, et des quatre jambes des étuis pour les services de table.

— Et moi, mon papa, interrompit alors Jack, ne puis-je rien faire de la peau du porc-épic?

— Tu peux en faire aussi des étuis, car Fritz ne pourra nous en donner que quatre, et nous sommes six à table; mais je crois que tu feras mieux d'en faire une cotte de maille pour l'un de nos chiens. »

Mes enfants trouvèrent mes idées si heureuses, qu'ils ne me laissèrent aucun repos jusqu'à ce qu'elles fussent mises en œuvre. Ernest, cependant, qui se reposait tandis que sa mère et le petit Franz s'évertuaient à nous préparer à dîner, me dit :

« Mais enfin, mon père, de quelle espèce sont ces arbres? »

Nous hésitions entre des mangliers et des noyers, quand ma femme s'aperçut que le petit Franz mangeait une espèce de fruits, et l'entendit dire : « Oh! que c'est bon! » Elle courut à lui, les lui arracha des mains, et lui demanda : « Où as-tu trouvé cela?

— Dans l'herbe, répondit-il, c'en est rempli : les poules et les cochons en mangent. »

J'accourus au bruit, et je vis alors que ces beaux arbres étaient des figuiers; car c'était la véritable figue que le petit Franz avait dans les mains.

Cependant, craignant encore de me tromper sur la nature de ce fruit, j'ordonnai de consulter notre docteur le singe. On lui apporta quelques-unes des figues, qu'il flaira quelques instants avec des mines fort drôles, et qu'il finit par avaler de bon appétit. Ma femme avait allumé du feu et rempli la marmite d'eau, que la flamme avait bientôt fait bouillir. Nous y déposâmes un morceau de porc-épic, tandis qu'un autre fut mis à la broche. Nos regards se portèrent alors vers ces arbres où ma femme voulait établir notre demeure, et nous cherchâmes quelque moyen de parvenir à ces branches si élevées. Tandis que nous étions à nous consulter, ma femme nous appela pour manger la soupe et le rôti de porc-épic, dont nous nous régalâmes.

CHAPITRE X

Premier établissement. — Le flamant. — L'échelle de bambou.

Lorsque le repas fut terminé, je dis à ma femme : « Il faut songer à notre logement pour la nuit au pied de l'arbre, car nous ne pourrons pas nous y établir ce soir ; occupe-toi aussi de préparer des courroies et des harnais, afin d'aider l'âne et la vache à transporter ici le bois nécessaire à nos constructions. »

A l'aide d'une toile à voile posée au-dessus de l'enceinte formée par les racines de l'arbre, notre demeure provisoire fut facilement construite. Ensuite je pris avec moi Fritz et Ernest, et je me rendis au rivage pour tâcher d'y trouver du bois propre à former des échelons. Nous étions à la vérité environnés de branches de figuier sèches; mais je n'osais m'y fier, et je ne trouvais de bois vert nulle part dans le voisinage. La rive était couverte de bois échoué; mais il répondit fort mal à mon attente, et nous allions retourner sur nos pas, aussi peu avancés qu'auparavant, quand par bonheur Ernest découvrit à moitié ensevelis dans le sable une quantité de grands bambous. Aidé de mes enfants, je les degageai de ce limon, et je les coupai en morceaux de quatre à cinq pieds de long, que je divisai ensuite en trois paquets pour pouvoir les porter plus aisément.

J'aperçus dans le lointain un buisson vert dont je pensai que le bois pourrait m'être utile; nous nous mîmes donc en marche, nos armes toujours en état, suivant notre habitude, et précédés de Bill.

Soudain la chienne s'élança en avant, et en quelques sauts pénétra dans le buisson, d'où nous vîmes sortir aussitôt une volée de flamants. Fritz, toujours enchanté de faire le coup de fusil, tira sur les traînards, et en abattit deux. L'un resta couché mort; mais l'autre, qui n'était que légèrement blessé à l'aile, se releva et se mit à courir de toute la vitesse de ses longues jambes. Mon fils, heureux de son adresse, courut pour ramasser le mort et s'enfonça dans la vase jusqu'aux genoux.

Quant à moi, aidé de Bill, je m'élançai sur les traces du fuyard, que je finis par atteindre et dont je liai les ailes. Pendant ce temps, Ernest s'était tranquillement assis sur l'herbe, et attendait patiemment notre retour. Chargé de mon flamant, j'arrivai près de lui, et je fus presque abasourdi de ses cris de joie en voyant les belles couleurs rouges de cet oiseau. Il était temps de retourner au logis; mais je ne voulus pas quitter ce lieu sans couper deux roseaux de l'espèce dont se servent les sauvages pour faire leurs flèches, et je dis à mes enfants que c'était pour mesurer notre arbre géant. Ils se mirent à rire, prétendant que dix de ces roseaux attachés au bout l'un de l'autre ne pourraient seulement pas atteindre la plus basse branche. Je leur rappelai l'histoire des poulets, qu'ils déclaraient imprenables: et, sans leur en dire davantage, nous nous disposâmes à revenir au logis. Ernest se chargea de mes roseaux et de mon fusil; Fritz emporta son flamant mort, et moi je me chargeai du vivant. Mais à peine avions-nous fait quelques pas, que Fritz attacha son flamant sur le dos de Bill.

« A merveille, mon fils! mais vas-tu donc ainsi marcher à ton aise, tandis que ton frère et moi nous sommes si péniblement chargés? »

L'enfant comprit mes paroles, et me demanda à porter le flamant blessé. Je le lui passai, et nous continuâmes à marcher jusqu'au moment où nous arrivâmes près des bambous que nous avions laissés derrière nous.

Je me chargeai de ces paquets, et c'est dans cet équipage que nous arrivâmes près des nôtres, qui nous accueillirent avec des cris de joie et d'admi-

Le flamant, qui n'était que légèrement blessé à l'aile, se mit à courir de toute la vitesse de ses longues jambes.

ration. On ne pouvait se lasser d'examiner le flamant, ses plumes brillantes, son bec et ses longues pattes.

Notre ménagère seule témoigna la crainte que cette bouche inutile ne diminuât la petite quantité de nos provisions. Je la rassurai en lui disant que ce bel oiseau saurait bien lui-même fournir à sa nourriture sans nous être à charge, en pêchant dans le ruisseau voisin de petits poissons et des insectes.

Je me mis ensuite à examiner sa blessure, qui n'avait atteint que l'aile; et je commençai immédiatement à la panser selon mes connaissances, en y appliquant un onguent composé de beurre et de vin. Je lui attachai ensuite à la patte une ficelle assez longue pour lui permettre de se promener et d'aller se baigner dans le ruisseau. Au bout de deux à trois jours il fut complétement apprivoisé, et sa blessure guérie.

Après ce pansement, je m'assis sur l'herbe, et je travaillai à me faire un arc avec un morceau de bambou, et des flèches avec les roseaux que nous avions apportés. Comme ils auraient été trop légers, je les remplis de sable mouillé, et je garnis l'une des extrémités de plumes de flamant; puis je me préparai à en faire l'essai. Aussitôt mes enfants se mirent à sauter autour de moi en criant : « Un arc et des flèches! Laissez-moi tirer, mon père, laissez-moi tirer!

— Restez tranquilles, leur répondis-je; ce n'est point un jouet, mais un instrument nécessaire à mes projets que je viens de fabriquer. Ma bonne femme, pourrais-tu me donner une pelote bien longue de fil très-fort? » Elle trouva dans le sac qu'elle avait eu soin d'attacher sur l'âne ce que je demandais, et au même instant Fritz, que j'avais envoyé mesurer notre provision de corde, vint m'annoncer qu'il en avait compté cinquante brasses, ou deux cent quarante pieds, ce qui était plus que suffisant.

J'attachai alors la pelote de fil à une de mes flèches, et, par un vigoureux effort, je la décochai de manière qu'elle vînt retomber par-dessus l'une des plus fortes branches de l'arbre, entraînant avec elle le fil, que je devidais à mesure. J'attachai à l'extrémité une corde plus forte, et, en mesurant mon fil, je vis que la branche était à une hauteur de quarante pieds. Je tendis alors parallèlement à terre cent pieds de bonne corde, forte de près d'un pouce, de manière à laisser entre les deux morceaux un intervalle d'un demi-pied; je m'assis devant, et Fritz reçut l'ordre de couper des bambous en morceaux de deux pieds, qu'Ernest introduisait dans des nœuds que je faisais de pied en pied le long des deux cordes, et aux extrémités desquels Jack passait deux clous. C'est ainsi qu'en très-peu de temps, et au grand étonnement de ma femme, je parvins à me fabriquer une échelle de quarante pieds.

Nous attachâmes alors l'extrémité de l'échelle à l'un des bouts de la ficelle qui pendait sur la branche, et, en tirant l'autre bout, nous l'élevâmes jusqu'à la branche, dont l'accès nous était maintenant permis. Tous mes fils voulurent alors monter et se précipitèrent vers l'échelle; mais je désignai Jack comme le plus léger des trois aînés : celui-ci grimpa avec l'adresse et l'agilité d'un chat, arriva sans encombre sur la branche, et me fit signe que Fritz pouvait monter sans danger. J'y consentis, mais en lui disant de monter avec le plus de précaution possible, et je lui donnai un marteau et des clous pour fixer solidement l'échelle sur la branche. Tout en suivant avec anxiété son ascension, nous retînmes de toutes nos forces l'échelle par le moyen de la corde qui pendait sur la branche, et nous le vîmes enfin arriver heureusement. Quand l'échelle fut attachée solidement sur l'arbre, je montai à mon tour, et j'emportai une poulie, que je m'occupai à clouer à une branche voisine pour nous faciliter le lendemain les moyens d'élever nos planches et nos poutres. Je redescendis ensuite, heureux de ce travail.

Quand j'arrivai auprès de ma femme, elle me montra ce qu'elle avait fait pendant la journée : c'étaient des harnais pour l'âne et la vache. Tous nos préparatifs étaient donc terminés, et il ne nous restait plus qu'à souper, lorsque je m'aperçus que Jack et Fritz n'étaient pas avec nous. Ma femme me dit qu'elle ne les avait pas vus descendre. Cependant la nuit était venue, et la lune brillait de tout son éclat; je commençai à devenir inquiet de cette absence prolongée, et je cherchais à découvrir mes enfants, quand nous entendîmes au-dessus de nos têtes deux voix entonner l'hymne du soir. Je n'osai les interrompre, tant ce chant avait de charme au milieu de cette belle nature et du silence qui nous entourait; mais quand ils eurent fini, je leur criai de descendre bien vite, et je ne fus complétement rassuré que quand ils eurent touché terre. Pendant ce temps, ma femme, aidée de Franz et d'Ernest, avait allumé un grand feu et préparé notre souper. Nos animaux se réunirent alors pour prendre leur nourriture du soir, que ma femme leur distribua; les pigeons s'envolèrent, et se nichèrent sur les branches de l'arbre; nos poules se perchèrent sur les bâtons de l'échelle. Quant au bétail, il fut attaché autour de nous. Notre beau flamant lui-même se percha sur une des racines; puis, plaçant sa tête sous son aile droite et relevant sa patte gauche, il s'endormit. Pour nous, nous fîmes un grand cercle de feu, afin de nous isoler des animaux sauvages qui pourraient venir nous attaquer la nuit, et nous attendîmes avec impatience le moment de prendre notre repas et de goûter le sommeil à notre tour. Ma femme nous avertit enfin que tout était prêt. Nous nous assîmes en cercle, et nous nous mîmes à dévorer le délicieux porc-épic. Pour dessert, mes enfants nous apportèrent des figues ramassées sous l'arbre. Nous fîmes ensuite une courte prière, puis, au milieu des bâillements réitérés, une ronde générale dans tous les environs. Nous gagnâmes alors nos hamacs : ils furent d'abord trouvés bien incommodes, mais le sommeil eut bientôt mis fin à toutes les plaintes. Quelques moments après, tous les gémissements furent terminés, et je n'entendis plus autour de moi que la respiration faible, mais régulière, de tous ces petits êtres, ce qui me prouva que moi seul de toute la famille je veillais encore.

CHAPITRE XI

Construction du château aérien. — Première nuit sur l'arbre. — Le dimanche. — Les ortolans.

Pendant la première moitié de la nuit, je fus extrêmement inquiet. Au moindre bruit je me redressais avec angoisse, et j'écoutais avec effroi les feuilles agitées par le vent, ou les branches sèches qui tombaient. De temps en temps, quand je voyais un de nos feux se ralentir, je me levais et je courais y jeter du bois : tout était pour moi sujet de crainte. Après minuit, je me tranquillisai un peu en voyant que le calme le plus parfait régnait autour de moi; enfin, vers le matin, je fermai les yeux, et je m'endormis si profondément, que, lorsque je m'éveillai, il était déjà fort tard pour commencer notre travail, aussi nous priâmes, nous déjeunâmes rapidement, et l'on se mit à l'ouvrage. Ma femme donna alors à manger à l'âne et à la vache, puis elle leur endossa les harnais et partit avec eux, escortée d'Ernest, Jack et Franz, pour aller chercher au rivage les planches dont nous avions besoin.

Moi, je montai avec Fritz sur l'arbre pour y faire les préparatifs nécessaires à la commodité de notre établissement. Je trouvai tout mieux disposé encore que je ne pensais : les grosses branches s'étendaient dans une direction presque horizontale; je conservai les plus fortes et les plus droites, et j'abattis les autres avec la hache et la scie. A cinq à six pieds au-dessus de celles-ci, j'en gardai une ou deux pour suspendre nos hamacs; d'autres, plus élevées encore, devaient nous servir à poser le toit de notre édifice, qui consistait en un morceau de toile à voile. Nous travaillâmes à élaguer tout le reste, et ce travail pénible dura jusqu'à ce que ma femme nous amenât deux fortes charges de planches. Nous les hissâmes une à une à l'aide de la poulie, et nous en fîmes d'abord un plancher double, pour qu'il résistât mieux au balancement de l'arbre et au poids de nos corps, puis sur le bord nous établîmes une balustrade solide.

Ce travail et les voyages pour nous amener de nouvelles planches remplirent tellement notre matinée, que l'heure de midi arriva sans que personne eût songé au repas. Il fallut donc nous contenter pour cette fois de biscuit et de fromage.

On se remit à l'ouvrage, et nous nous hâtâmes de hisser la pièce de toile à voile. Elle fut fixée à grand'peine sur les branches supérieures, de manière que les bouts, en tombant, couvrissent à droite et à gauche notre habitation, et une troisième muraille s'élevant jusqu'à elle alla la rejoindre derrière le tronc de l'arbre, de manière à garantir complétement ce côté. Nous nous étions réservé, pour voir et pour entrer dans l'appartement, le quatrième côté de la construction; c'était celui qui était tourné vers la mer, afin de nous ménager un air frais et la vue la plus agréable. Nos hamacs furent aussitôt montés dans le palais aérien, et les places choisies pour le soir.

Je descendis alors de l'arbre avec Fritz, et je trouvai au pied plusieurs planches dont nous n'avions pas eu besoin; je les employai à faire une table et des bancs, que je fixai dans l'espace embrassé par les racines, et que je destinai à nous servir de salle à manger, tandis que mes enfants ramassaient le bois et les branches sèches, et les liaient en fagots, qu'ils amoncelaient autour de l'arbre. Enfin, épuisé par mon travail de la journée, je finis par me jeter sur un banc en essuyant mon front couvert de sueur. « J'ai travaillé comme un cheval aujourd'hui, dis-je alors; aussi, ma chère femme, je veux me reposer demain.

— Tu le peux et tu le dois, me répondit-elle; car c'est demain un dimanche, et le second même que nous passons sur cette côte. Nous avons négligé le premier. »

J'en convins; mais je lui fis sentir que les soins de notre conservation avaient dû naturellement passer les premiers, et j'ajoutai, pour nous justifier, que nous n'avions point manqué de prier le Seigneur chaque jour. L'excellente créature me remercia ensuite de lui avoir construit ce château aérien, où elle pourrait dormir sans craindre pour nous les attaques des bêtes sauvages.

« Bon! lui dis-je; en attendant donne-nous ce que tu peux pour dîner, et appelle les enfants. »

Ceux-ci ne se firent pas attendre, et ma femme, ôtant du feu une marmite de terre, l'apporta près de nous. Le couvercle fut enlevé avec curiosité, et nous vîmes le flamant tué par Fritz, et que ma bonne femme avait fait bouillir, parce qu'elle craignait que l'âge ne l'eût rendu trop dur. La précaution fût trouvée inutile, et la bête dévorée avec appétit. Pendant ce temps, l'autre flamant était venu se mêler aux volatiles qui nous entouraient, et se promenait majestueusement autour de nous en ramassant les miettes de pain qu'on lui jetait. Le petit singe sautait d'une épaule à l'autre, pour tâcher d'attraper quelque bon morceau, et nous faisait les plus comiques grimaces; pour compléter le tableau, notre truie, que nous n'avions pas vue de tout le jour, vint nous rejoindre en témoignant sa joie par des grognements significatifs.

Ma femme avait trait la vache, et chacun de nous avait eu une bonne jatte de lait; mais je la vis abandonner au cochon tout ce qu'il en restait. Je lui reprochai une telle prodigalité; elle me répondit que le lait ne pouvait se conserver par une pareille chaleur, et qu'il valait mieux le donner à la truie que de le perdre.

En sortant de table, j'avais allumé un feu dont la lueur devait protéger notre bétail pendant la nuit. Aussitôt qu'il fut bien brillant, je donnai le signal du repos. Mes trois fils aînés eurent bientôt gravi l'échelle; ma femme vint après eux, le cœur tremblant, mais sans trop oser montrer sa crainte; elle monta lentement, et arriva enfin sans encombre. J'avais tenu l'échelle pendant ce temps; je montai le dernier, portant le petit Franz sur mes épaules, puis, à la grande joie de mes enfants, je retirai l'échelle après moi. Quoique nous trouvant bien en sûreté, je n'en fis pas moins charger les armes à feu, pour qu'elles fussent sous notre main prêtes à foudroyer tout ennemi qui voudrait attaquer les bêtes que nous avions laissées endormies sous la garde de nos dogues.

Peu de temps après, le sommeil avait fermé nos paupières, et la première nuit que nous passâmes sur l'arbre fut d'une tranquillité profonde. Je remarquai au réveil que nos enfants ne se firent nullement prier pour sortir du lit, et qu'ils se vantèrent d'avoir parfaitement dormi; les hamacs, si incommodes la nuit précédente, n'avaient excité celle-ci aucun murmure.

« Que faire aujourd'hui? me demandèrent-ils.

— Rien, mes enfants, car c'est dimanche.

— Un dimanche! un dimanche! s'écria Jack; ah! je vais lancer des flèches et m'amuser toute la journée.

— Non pas, mon enfant; le jour du Seigneur n'est pas le jour de l'oisiveté, mais celui de la prière. Mes amis, nous célèbrerons ce jour aussi religieusement que nous le pourrons dans cette solitude. Nous chanterons les hymnes du Seigneur, et je vous raconterai une parabole qui réveillera en vous des sentiments pieux et sincères.

— Une parabole! une parabole comme celle du semeur de l'Évangile : oh! racontez, racontez, s'écrièrent tous mes enfants.

— Chaque chose a son tour, répondis-je; soignons d'abord nos bêtes, déjeunons, puis je vous raconterai ma parabole. »

Tout fut fait comme je l'avais dit, et nous nous assîmes sur l'herbe, les enfants dans l'attitude de la curiosité, ma femme dans un silencieux recueillement. Je leur composai alors une petite histoire appropriée à leur situation.

Je leur racontai qu'un roi puissant avait voulu former une colonie. A tous ses sujets qu'il y avait envoyés, il avait distribué le même nombre d'outils, des semences égales, pour cultiver chacun des terrains de même grandeur. « Cultivez avec soin, leur avait-il dit, et soyez toujours prêts à me rendre compte de vos travaux, car j'enverrai de temps en temps, et sans vous en prévenir, chercher tantôt l'un, tantôt l'autre de vous; et si je récompense ceux dont la conduite aura été bonne, je saurai punir ceux dont je ne serai pas satisfait. »

Parmi les colons, les uns avaient obéi; les autres, soit négligence, soit mépris, étaient restés dans l'inaction. Mais un jour le grand roi les manda devant lui, et, dans son équitable répartition des peines et des récompenses, il tint tout ce qu'il avait promis : tandis qu'il comblait d'honneurs et de distinctions les colons fidèles et obéissants, il fit enfermer dans d'affreux cachots les sujets qui n'avaient pas écouté sa voix.

J'eus soin de terminer par des conseils donnés directement à chacun d'eux. Je vis avec plaisir que mes paroles n'étaient pas perdues, et que tous avaient saisi mon allégorie.

Je compris bientôt que ces jeunes esprits ne pouvaient rester ainsi toute la journée, et je leur permis de se livrer à leurs jeux. Jack vint me demander de lui prêter mon arc et mes flèches; Fritz se prépara à travailler à ses étuis de margaï, et vint me demander mes conseils; Franz, qui n'osait pas encore toucher aux armes à feu, me pria de lui faire aussi un arc et des flèches. Je conseillai à Jack d'armer ses flèches de pointes de porc-épic, et de les y fixer avec des tablettes de bouillon qu'il devait faire fondre à moitié sur le feu. J'enseignai à Fritz comment il devait s'y prendre pour laver la peau de son margaï et la débarrasser des parties de chair qui pourraient y être restées. Je lui conseillai ensuite de la frotter avec du sable et des cendres, et de prier la ménagère de lui donner quelques œufs de poule et du beurre pour la rendre plus souple. Sa mère lui demanda ce qu'il comptait en faire. Il lui expliqua l'usage de ses étuis, et aussitôt elle combla ses désirs.

Tandis que nous étions ainsi occupés, un coup de fusil partit au-dessus de nos têtes, et deux oiseaux tombèrent à nos pieds; effrayés du bruit, nous levâmes la tête, et nous vîmes Ernest descendre l'échelle d'un air triomphant, et courir avec Franz ramasser ces oiseaux. Fritz et Jack quittèrent aussitôt leur travail, mais pour courir à l'échelle et tâcher de tuer quelque autre oiseau : je les aperçus avant qu'ils fussent montés.

« Qu'allez-vous faire? leur dis-je. Épargnez les créatures du Seigneur pendant le jour qui lui est consacré. C'est déjà trop de deux victimes. »

Ils s'arrêtèrent aussitôt, et revinrent vers moi. Les deux oiseaux étaient, l'un une sorte de grive, l'autre un ortolan, espèces toutes deux bonnes à manger. Je remarquai alors pour la première fois que nos figues sauvages attiraient une quantité innombrable d'oiseaux, et que les branches de notre arbre étaient couvertes de grives et d'ortolans. Je me réjouis fort de cette découverte; car je savais que ces oiseaux rôtis se conservaient très-bien dans le beurre, et qu'ils nous fourniraient ainsi des provisions abondantes pour la saison des pluies.

La prière du soir termina dignement cette journée, pendant laquelle nous ne nous étions livrés à aucun travail fatigant, et nous regagnâmes à la file notre demeure aérienne.

CHAPITRE XII

La promenade. — Nouvelles découvertes. — Dénomination de divers lieux. — La pomme de terre. — La cochenille.

La matinée du lendemain fut tout entière consacrée à une multitude de soins qui devaient contribuer à l'amélioration et à l'agrément de notre demeure aérienne.

Jack continua à s'exercer à tirer de l'arc avec Franz, auquel j'avais confectionné aussi un arc et des flèches, et Fritz à façonner ses étuis. Ma femme nous appela pour le repas, dont l'heure était arrivée. Aussitôt que nous fûmes assis :

« Mes enfants, commençai-je, ne devrions-nous pas donner des noms aux parties de cette contrée que nous connaissons déjà? Cela nous aidera dans nos travaux, et nous nous entendrons beaucoup mieux. Seulement, comme les côtes peuvent être déjà dénommées, nous nous bornerons à donner des noms aux lieux principaux auxquels se rattachent quelques souvenirs.

JACK. Ah! oui, cherchons des noms bien difficiles. Les voyageurs nous ont assez écorché la langue avec leurs noms, tels que Kamtchatka, Spitzberg.

MOI. Petit fou, sais-tu si jamais personne prononcera le nom que tu auras inventé? Contentons-nous de bons mots allemands : la langue de notre patrie est assez belle pour que nous n'allions pas chercher ailleurs. »

Nous commençâmes par la baie où nous avions abordé. Sur la proposition de ma femme, elle reçut le nom de ***Rettungs-Bucht*** (baie du salut); notre première habitation, celui de ***Zelt-Heim*** (maison de la tente); l'île qui était dans la baie, celui de ***Hay-Insel*** (île du requin), en mémoire du requin que nous avions tué; le marais où Fritz avait failli s'enfoncer, celui de ***Flamant-Sumpf*** (marais du flamant). Après bien des débats, notre château aérien reçut celui de ***Falken-Horst*** (l'aire du faucon). La hauteur sur laquelle nous étions montés pour découvrir les traces de nos compagnons s'appela ***Promontoire de l'espoir trompé;*** enfin le ruisseau; ***Ruisseau du Chacal*** (1).

Nous passâmes ainsi, en babillant, le temps du dîner, et nous prenions plaisir à poser les bases de

(1) Nous avons conservé dans le cours de notre traduction les noms de Falken-Horst et de Zelt-Heim, la dénomination française ne pouvant leur être appliquée, tandis qu'elle convient fort bien pour les autres.

la géographie de notre royaume, que nous décidâmes, en riant, devoir être envoyée en Europe par le prochain courrier. Après le dîner, Fritz retourna à ses étuis, qu'il consolida en les doublant d'un morceau de liége. Jack, en voyant le résultat obtenu par son frère, accourut me prier de l'aider à faire la cotte de mailles en porc-épic pour Turc. Nous lavâmes et frottâmes la peau, et Turc, entièrement harnaché, nous parut alors en état de combattre une hyène ou un tigre. Sa camarade, Bill, seule, se trouva mal de ce nouvel essai; car, quand elle s'approchait sans défiance de lui, elle s'enfuyait bientôt en poussant des cris lamentables, piquée qu'elle était par les dards de la cotte de mailles. Pendant ce temps, le soir étant venu et la chaleur du jour étant tombée, je songeai à faire faire à ma famille une petite promenade.

« Où irons-nous? » m'écriai-je.

Toutes les voix furent pour Zelt-Heim. Je proposai de ne pas suivre notre ancien chemin le long du rivage; ma motion fut adoptée. Nous partîmes bientôt tous bien armés, excepté ma femme, qui ne portait qu'un pot vide. Turc marchait devant nous fièrement, revêtu de sa cotte de mailles. Le petit singe voulût prendre sa place accoutumée; mais aussitôt qu'il eût senti les piquants, il fit un bond de côté et courut se réfugier sur Bill, qui n'y mit pas d'obstacle. Enfin il n'y eut pas jusqu'au flamant qui ne voulut être de la partie; après avoir essayé du voisinage de chacun de mes fils, et dégoûté par leurs espiègleries, il vint se placer à mes côtés et chemina gravement près de moi.

Notre promenade était des plus agreables; car

nous marchions, à l'ombre de grands arbres, au milieu d'un gazon touffu. Mes enfants se dispersèrent à droite et à gauche; mais quand nous sortîmes du bois, craignant quelque danger, je les appelai pour les réunir. Ils revinrent tous en courant, et Ernest, tout essoufflé, fut cette fois le premier à mes côtés. Il me présenta trois petites baies d'un vert clair, sans pouvoir d'abord prononcer une parole.

« Des pommes de terre! s'écria-t-il enfin, des pommes de terre!

— Des pommes de terre! serait-il bien vrai? Mène-moi à l'endroit où tu les as découvertes. »

Nous courûmes dans la direction qu'il nous indiqua, et nous trouvâmes, en effet, un champ d'une immense étendue couvert de pommes de terre. Les unes étaient encore en fleur, les autres étaient en pleine maturité; quelques-unes sortaient à peine de terre. Jack se précipita aussitôt pour les déterrer, mais il aurait fait peu de chose si le singe n'eût couru l'imiter. Nous les aidâmes avec nos couteaux: en peu de temps nos gibecières furent remplies, et nous nous préparâmes à continuer notre route. Quelques-uns de mes enfants me firent observer que nous étions déjà bien chargés, et qu'il vaudrait peut-être mieux retourner à Falken-Horst; mais notre excursion à Zelt-Heim était devenue si nécessaire que nous poussâmes toujours dans cette direction.

La conversation se porta naturellement sur le précieux tubercule que nous venions de découvrir. « Il y a là pour nous, dis-je à mes fils, un trésor inestimable. Après la faveur que Dieu nous a faite en nous sauvant du naufrage, ce bienfait est le plus grand, le plus important de tous ceux qu'il nous a accordés jusqu'à ce jour. »

Nous atteignîmes bientôt les rochers au bas desquels coulait le ruisseau du Chacal, et que nous devions longer jusque-là. La mer, à droite, s'étendait dans le lointain comme un miroir; à gauche, la chaîne des rochers présentait le spectacle le plus ravissant et le plus pittoresque. C'était comme une serre chaude d'Europe; seulement, au lieu de mesquines et étroites terrasses, au lieu de pots à fleurs épars çà et là, toutes les crevasses, toutes les fentes de rochers laissaient échapper à profusion les plantes les plus rares et les plus variées. Là les plantes grasses aux tiges épineuses; ici le figuier d'Inde aux larges palettes; ici la serpentine laissant tomber le long du roc ses larges rameaux souples et enlacés; enfin l'ananas surtout y croissait en abondance. Comme ce roi des fruits nous était bien connu, nous nous jetâmes dessus avec avidité; le singe même nous aida à en moissonner, et je fus obligé d'arrêter mes enfants, de peur qu'ils ne se fissent mal. Une autre découverte qui me fit presque autant de plaisir fut celle du caratas; je voulus faire partager à mes fils l'admiration que j'éprouvais pour cette utile plante, qui ressemble à l'ananas, en leur faisant voir ses belles fleurs rouges. Mais ils me répondaient la bouche pleine : « Merci de vos fleurs, nous aimons mieux l'ananas.

— Petits gourmands, leur répliquai-je, vous ne savez pas juger les choses; je vais vous faire bientôt changer d'avis. Ernest, prends dans ma gibecière un briquet et une pierre, et fais-moi le plaisir de m'allumer du feu.

— Mais il me faudrait de l'amadou.

— En voici, » lui dis-je; et je pris une tige de caratas; j'en ôtai l'écorce extérieure, j'en mis un petit morceau sur la pierre et je battis le briquet; aussitôt elle prit feu, et mes enfants sautèrent tout joyeux autour de moi en criant : « Vive l'arbre à amadou! »

« Ce n'est pas tout, leur dis-je; je vais maintenant donner à votre mère du fil pour coudre vos habits quand ils seront déchirés. » Et en disant ces mots je tirai des feuilles de caratas une grande quantité de fils forts et souples qui émerveillèrent mes enfants, et causèrent la plus grande joie à ma bonne femme.

Elle n'y trouva qu'une chose à redire, c'est qu'il serait long d'en extraire un à un tous ces fils. Je lui appris que rien n'était plus aisé, en faisant sécher au soleil les feuilles, dont les fils se détachaient alors d'eux-mêmes.

« Eh bien, dis-je à mes enfants, cette plante vaut-elle l'ananas? » Ils convinrent tous que j'avais raison.

« Cette autre plante que vous voyez auprès, continuai-je, est un figuier d'Inde; on le nomme aussi arbre-raquette, parce que ses feuilles ressemblent, en effet, à des raquettes. Son fruit est très-estimé des sauvages. » A peine eus-je prononcé ces mots, que Jack courut pour en faire une bonne récolte; mais il revint bientôt en pleurant, les doigts traversés de mille petites épines. Je l'aidai à se dégager la main, et je lui montrai la manière de prendre ce fruit sans se blesser. Je fis tomber une figue sur mon chapeau ; j'en coupai les deux bouts avec mon couteau, et, la prenant alors à ces deux endroits, je la dépouillai facilement de son enveloppe, et je la donnai à goûter à mes fils. Elle fut trouvée excellente, peut-être à cause de sa nouveauté, et chacun se mit à en cueillir. Je vis alors mon petit Jack examiner avec beaucoup d'attention une de ces figues qu'il tenait au bout de son couteau. « Que fais-tu là, lui dis-je. — Voyez donc, mon père, me cria-t-il, il y a sur ma figue un millier de petites bêtes rouges comme du sang. — Ah! m'écriai-je, encore une nouvelle découverte! c'est la cochenille. »

Mes enfants me demandèrent ce que c'était que cet animal. « C'est, leur répondis-je, un insecte qui, séché et bouilli, sert à donner une magnifique couleur rouge fort estimée dans le commerce ; l'arbrisseau qui le porte s'appelle nopal ou *cactus opuntia*.

ERNEST. Mais comme nous n'avons rien à teindre en rouge, et que ces fruits, pour être cueillis, demandent trop de soin, je préfère l'ananas.

MOI. Fais donc attention que cet arbrisseau peut nous être utile de plus d'une manière. Il nous sera facile d'entourer notre habitation d'une haie de ces raquettes, et ces feuilles épaisses nous garantiront des animaux malfaisants.

JACK. C'est une plaisanterie, mon père ; vous le voyez, cet arbre n'a pas de solidité, et un couteau aura bientôt fait une ouverture à votre haie, quelle que soit son épaisseur. »

Et pour nous donner une preuve de ce qu'il avançait, il tira son couteau de chasse et se mit à s'escrimer contre un des plus grands arbrisseaux; les raquettes cédaient avec facilité, lorsqu'une d'elles vint tomber sur la jambe du spadassin et lui fit jeter un cri perçant.

Moi. « Eh bien! penses-tu maintenant que cette haie ne soit pas de nature à arrêter les téméraires qui s'exposeraient à la traverser?

Jack. J'en conviens, mon père; c'est une bonne leçon dont je profiterai, surtout si vos connaissances peuvent vous indiquer un moyen de faire cesser la cuisante douleur que les maudites épines me causent. »

Une feuille de caratas étendue sur la partie souffrante enleva tout à coup cette vive douleur, et cet incident n'eut d'autres suites que de nous faire rire aux dépens du jeune imprudent.

Enfin nous nous remîmes en marche, et nous arrivâmes au ruisseau du Chacal; on le passa avec précaution, et nous atteignîmes bientôt la tente, où tout était resté en ordre. Fritz courut chercher de la poudre et du plomb; moi, ma femme et Franz nous allâmes à la tonne de beurre remplir notre pot vide, et Jack et Ernest s'occupèrent à prendre des oies et des canards. Ils y réussirent avec assez de peine, car nos animaux étaient devenus un peu sauvages pendant notre absence; mais enfin ils parvinrent à attraper deux oies et deux canards. La cotte de mailles de Turc fut remplacée par une sacoche de sel, et nous reprîmes le chemin de Falken-Horst, emportant avec nous les oies et les canards enveloppés dans nos mouchoirs. Au milieu de leurs cris, des aboiements de nos dogues et de nos bruyants éclats de rire excités par cette étrange musique, nous arrivâmes sans encombre au logis. Ma femme courut traire la vache, dont le lait nous rafraîchit beaucoup. Les pommes de terre firent les frais de notre repas, et après avoir, dans notre prière, remercié le Seigneur de cette précieuse découverte, nous montâmes notre échelle et nous passâmes la nuit dans un profond et tranquille sommeil.

CHAPITRE XIII

La claie. — La poudre à canon. — Visite à Zelt-Heim. Le kanguroo. — La mascarade.

J'avais remarqué sur le rivage, entre autres choses utiles, une grande quantité de bois qui pouvait me servir à construire une claie, dont j'avais grand besoin pour transporter à Falken-Horst la tonne de beurre et les autres objets de première nécessité, trop lourds pour être portés à bras. Je formai le projet de m'y rendre le lendemain matin, en emmenant avec moi Ernest, dont la paresse se trouverait un peu secouée par cette promenade matinale, tandis que je laisserais auprès des nôtres Fritz, qui pouvait leur être utile.

Aux premières lueurs du crépuscule, je sautai à bas de mon lit, je réveillai Ernest, prévenu la veille, et nous descendîmes l'échelle sans réveiller nos gens : nous prîmes l'âne, et nous lui fîmes traîner une grosse branche d'arbre dont je pensais avoir besoin.

MOI. « Eh bien! mon fils, n'es-tu pas fâché que je t'aie éveillé si tôt, et n'aimerais-tu pas mieux être resté à Falken-Horst, pour tuer des grives et des ortolans?

ERNEST. Non, mon père, j'aime mieux être avec vous. Aussi bien mes chasseurs m'en laisseront-ils encore, et je suis sûr que leur premier coup en fera fuir plus qu'ils n'en abattront dans toute leur chasse.

MOI. Et pourquoi cela, mon ami?

ERNEST. C'est qu'ils oublieront certainement d'ôter les balles qui sont dans les fusils pour les remplacer par du petit plomb; et puis ils tirent d'en bas, sans songer que la distance du pied de l'arbre aux branches est hors de la portée du fusil.

MOI. Tes observations sont justes; mais il eût été mieux de prévenir tes frères que de te réserver le plaisir de te moquer d'eux après leur désappointement. En général, ajoutai-je, mon cher Ernest, je loue et j'estime ton habitude de réfléchir avant d'agir; mais il faut prendre garde que cette habitude, excellente en elle-même, ne dégénère en défaut. Il est des circonstances où il faut savoir prendre une résolution instantanée. La prudence est une qualité, mais la lenteur et l'irrésolution peuvent quelquefois devenir pernicieuses. Que ferais-tu, par exemple, si un ours venait soudain se jeter sur nous? Fuir? les ours ont de bonnes jambes : tirer? tu risquerais de voir ton fusil rater; il faudrait se retrancher derrière ce pauvre âne, que nous sacrifierions, et alors nous trouverions le temps de fuir, ou de tirer à coup sûr. »

Nous arrivâmes cependant au rivage sans avoir rencontré d'ours qui nous mît dans la nécessité d'employer mon plan. Je me hâtai de fixer notre bois sur la branche d'arbre, toute couverte encore de petites branches et qui faisait l'office de traîneau. Nous y ajoutâmes une petite caisse échouée sur le sable, et nous reprîmes le chemin du logis, aidant à l'âne, avec deux longues perches qui nous servaient de levier, à traîner sa cargaison dans les mauvais pas. En arrivant près de Falken-Horst, nous jugeâmes, aux coups que nous entendions, que la chasse aux grives était commencée; nous ne nous étions pas trompés. Les chasseurs s'élancèrent au-devant de nous dès qu'ils nous aperçurent. La caisse fut ouverte; mais elle ne nous fut pas fort utile, car elle me parut avoir appartenu à un simple matelot, et elle ne contenait que des vêtements et du linge à moitié gâtés par l'eau de mer.

Je me rendis alors auprès de ma femme, qui me gronda doucement de l'inquiétude où je l'avais laissée; mais la vue de mon beau bois et la perspective d'une claie pour transporter notre tonne de beurre l'apaisèrent bientôt. Je demandai à mes enfants combien ils avaient tué d'oiseaux, et j'en trouvai quatre douzaines. Je remarquai que ce produit n'était nullement en rapport avec la consommation qu'ils avaient faite de poudre et de plomb. Je les grondai donc de leur prodigalité, je leur rappelai que la poudre était notre plus précieux trésor, qu'elle était notre sûreté, et serait peut-être un jour notre seul moyen d'existence; je conclus à ce qu'on apportât à l'avenir un peu plus d'économie à la dépenser. Je défendis dorénavant le tir aux grives et aux ortolans, et je décidai qu'on y suppléerait par des lacets, que j'appris à mes enfants à fabriquer. Jack et Franz goûtèrent à merveille la nouvelle invention, et leur mère les aida dans ce travail, tandis que je pris Fritz et Ernest pour perfectionner avec moi la claie.

Pendant que nous étions tous ainsi occupés, il s'éleva dans notre basse-cour une grande agitation. Le coq poussait des cris aigus, et les poules fuyaient de tous côtés. Nous y courûmes aussitôt; mais nous ne rencontrâmes, au milieu des volatiles effarouchés, que notre singe. Ernest, qui le regardait du coin de l'œil, le vit se glisser sous une grosse racine de figuier; il l'y suivit aussitôt, et trouva là un œuf tout frais pondu, que le voleur se disposait sans doute à avaler. En le pourchassant dans un autre endroit, on découvrit encore quatre autres œufs. « Ceci m'explique, nous dit ma femme, comment il se fait que nos poules, dans la journée, chantent souvent comme si elles allaient pondre, sans que je puisse jamais rencontrer d'œufs. » Nous résolûmes alors que le petit coquin serait privé de sa liberté toutes les fois que nous croirions les poules prêtes à pondre.

Jack, cependant, était monté sur l'arbre pour placer les piéges, et en descendant il nous donna l'heureuse nouvelle que les pigeons que nous avions rapportés du vaisseau y avaient déjà fait un nid et avaient pondu. Je recommandai de nouveau de ne jamais tirer dans cet arbre, de peur d'effrayer ces pauvres bêtes, et je fis porter les piéges ailleurs, pour ne pas les exposer à s'y prendre. Cependant je n'avais pas cessé de travailler à ma claie, qui commençait à prendre tournure. Deux pièces de bois courbées devant, liées au milieu et derrière par une traverse en bois, me suffirent pour la terminer. Quand elle fut achevée, elle n'était pas trop lourde, et je résolus d'y atteler l'âne.

En quittant mon travail, je trouvai ma femme et mes enfants occupés à plumer des ortolans, tandis que deux douzaines enfilées dans une épée d'officier en guise de broche rôtissaient devant le feu. Ce spectacle était agréable, mais je trouvai qu'il y avait prodigalité, et j'en fis des reproches à ma femme : elle me fit observer que c'était pour les conserver dans le beurre, comme je le lui avais appris, et me rappela que je lui avais promis d'apporter à Falken-Horst la tonne de beurre que nous avions laissée à Zelt-Heim.

Je me rendis à son observation, et il fut décidé que j'irais immédiatement après le déjeuner à Zelt-Heim avec Ernest, et que Fritz resterait au logis. Ma défense de se servir de la poudre comme par le passé causait de vifs chagrins aux enfants. Ils s'en plaignirent pendant le repas. Franz, avec son enfantine naïveté, vint me proposer d'en ensemencer un champ, qu'il soignerait de ses propres mains, si je voulais permettre à ses frères d'user en liberté de celle que nous avions. Cette idée nous amusa beaucoup, et le pauvre petit était tout décontenancé au milieu de ces rires, dont il ne concevait pas la cause.

Ernest trouva là un œuf tout frais pondu, que le voleur se disposait sans doute à avaler.

« Franz croit, dit Ernest, que la poudre se récolte dans les champs comme le froment et l'orge.

— Ton frère est si jeune, répliquai-je, que son ignorance est toute naturelle. Au lieu de te moquer de lui, tu devrais lui apprendre comment se prépare la poudre. »

Cet appel à la science d'Ernest lui faisait trop de plaisir pour qu'il ne se disposât pas à satisfaire sur-le-champ nos désirs. Sa mémoire le servit à merveille : il parla tour à tour des parties constituantes de la poudre, des proportions de charbon, de salpêtre et de soufre qui entrent dans sa composition ; puis des précautions inouïes que sa fabrication exige ; il put facilement démontrer à ses frères que, notre provision épuisée, il nous serait impossible de la renouveler.

Nous partîmes avec la claie, à laquelle nous avions attelé l'âne et la vache, et précédés de Bill. Au lieu de suivre le chemin pittoresque des hautes herbes, nous prîmes le bord de la mer, parce que la claie glissait mieux sur le sable. Nous arrivâmes en peu de temps et sans rencontre remarquable. Notre premier soin fut de détacher nos bêtes pour leur laisser la liberté de paître. Nous disposâmes ensuite sur la claie non-seulement la tonne de beurre, mais encore celle de fromage, un baril de poudre, des balles, du plomb et la cuirasse de Turc.

Occupés ainsi, nous ne nous étions pas aperçus que nos bêtes, attirées par l'herbe tendre, avaient passé le pont, et se trouvaient déjà presque hors de vue. J'envoyai Ernest avec Bill pour les ramener, et je me mis à chercher d'un autre côté un endroit favorable pour prendre un bain, que les fatigues de la marche et de nos travaux avaient rendu nécessaire. En suivant les bords de la baie du Salut, je vis qu'elle se terminait par des rochers qui, en s'élevant de la mer, pouvaient nous servir de salle de bain. J'appelai Ernest, je criai plusieurs fois, mais il ne répondit point. Inquiet de son silence, je sortis du bain pour en découvrir la cause. J'appelai encore, je courus dans la plaine, et ce ne fut qu'après quelques instants de la plus vive inquiétude que j'aperçus mon petit garçon couché devant la tente. Je craignis d'abord qu'il ne fût blessé; mais je reconnus bientôt, en m'approchant de lui, qu'il n'était qu'endormi, tandis que l'âne et la vache broutaient paisiblement près de lui; et je vis que, pour se débarrasser de la surveillance que réclamaient ces animaux, il avait enlevé trois ou quatre planches du pont, qu'il leur était de cette manière impossible de franchir.

Je le réveillai un peu brusquement : « Allons, debout, maître paresseux! Ne rougirais-tu pas si je disais à ta mère et à tes frères qu'au lieu de m'aider tu t'es étendu à l'ombre comme un fainéant? Lève-toi, et va promptement remplir ce sac de sel, que tu verseras dans la sacoche de l'âne; pendant ce temps je vais prendre un bain, et, lorsque ta tâche sera finie, tu y viendras à ton tour. »

Je trouvai le bain délicieux; mais j'y restai peu, afin de ne pas faire trop attendre mon petit Ernest. Je me dirigeai vers la place au sel, et je fus fort étonné de ne point l'y rencontrer. « Allons, me dis-je, mon paresseux sera encore allé s'endormir dans quelque autre endroit. » Mais soudain j'entendis sa voix dans une direction opposée. « Papa!

papa ! cria-t-il, un poisson monstrueux ! Accourez ; il m'entraîne, il ronge la ficelle ! »

J'accourus plein d'effroi, et j'aperçus le petit philosophe couché sur une langue de terre, au bord du ruisseau, employant tout ce qu'il avait de forces à retenir une corde qui pendait dans l'eau, et au bout de laquelle se débattait un superbe saumon qui avait avalé l'appât. Je saisis la corde, et je le laissai regagner une eau plus profonde, où il se fatigua en efforts inutiles ; puis je l'attirai dans un bas-fond, où un coup de hache mit fin à ses angoisses et à sa résistance. Nous le tirâmes sur le sable ; il devait bien peser une quinzaine de livres.

Après cet effort, Ernest se déshabilla et alla prendre un bain ; pour moi, j'ouvris le poisson, je le nettoyai, et je le remplis de sel pour le transporter frais à Falken-Horst. Ensuite, lorsque mon fils revint, nous attelâmes nos bêtes et nous reprîmes la route du logis.

A mi-chemin à peu près, Bill, qui nous précédait, s'élança tout à coup dans l'herbe en aboyant, et fit lever un animal assez gros qui prit la fuite en faisant des sauts extraordinaires. Bill l'ayant chassé de notre côté, je fis immédiatement feu, mais je manquai mon coup. Ernest, qui me suivait, prit tout le temps nécessaire, et visa si juste, que l'animal tomba roide mort. Nous accourûmes pour le relever, et nous restâmes quelque temps stupéfaits devant cette singulière bête, cherchant, d'après ses caractères distinctifs, à le ranger dans une classe d'animaux connus. Enfin, à son museau allongé, à sa fourrure grise et semblable à celle de la souris, et surtout à ses pattes de devant courtes, et à celles de derrière longues comme des échasses, à sa queue longue et forte, nous pûmes reconnaître le kanguroo.

Ernest était tout fier de sa victoire, et son cœur se repaissait par avance des louanges que ses frères allaient lui donner. « Mais comment se fait-il, papa, que vous ayez manqué cet animal, vous qui tirez bien mieux que moi? J'en aurais eu de l'humeur à votre place.

— J'en suis charmé, au contraire, mon enfant, parce que je t'aime mieux que moi-même, et que ta gloire m'est plus précieuse que la mienne. »

Ernest me remercia les larmes aux yeux, et nous nous préparâmes à transporter le kanguroo. Je lui attachai les quatre pattes avec un mouchoir; puis, à l'aide de deux cannes, nous le portâmes jusqu'à la claie. Je remarquai que Bill nous suivait en léchant la blessure sanglante, et je me souvins qu'il fallait saigner l'animal pendant qu'il était encore chaud, pour pouvoir le conserver intact. Nous continuâmes notre route vers Falken-Horst en causant de l'histoire des animaux rongeurs et des marques distinctives qui ont servi à les classer.

Le kanguroo fournit à Ernest une foule de questions. Il s'étonnait surtout de n'avoir jamais vu dans ses livres la description d'un animal semblable. Je fus obligé de lui apprendre que le kanguroo, quadrupède propre à la Nouvelle-Hollande, n'avait été encore vu que par Cook dans son premier voyage. « Les naturalistes, ajoutai-je, attendent que de nouvelles observations aient confirmé celles de l'illustre voyageur, et jusque-là ils se sont bornés à renvoyer à sa relation.

« Lorsque j'ai vu ces bonds qui t'ont frappé, ma mémoire m'a rappelé le passage de cette relation qui convient à l'animal étendu mort par ton adresse. Tu vois l'inégalité entre les jambes de devant et celles de derrière; celles de devant, qui n'ont que huit pouces, peuvent à peine lui servir à creuser la terre, tandis que celles de derrière, qui ont vingt-deux pouces, lui permettent de franchir d'un bond de grandes distances. Remarque aussi que sa tête et ses oreilles ressemblent à celles d'un lièvre; on lui a conservé le nom de kanguroo, que lui donnent les naturels de la Nouvelle-Hollande. »

Nous fûmes forcés souvent d'interrompre cette conversation pour soulager nos animaux, en soulevant la claie au moyen de leviers.

Nous arrivâmes enfin, quoique un peu tard, à Falken-Horst; des cris de joie nous saluèrent de loin; mais nous ouvrîmes de grands yeux en voyant le burlesque spectacle qui nous attendait. Des trois petits garçons, l'un avait un habit de matelot qui l'enveloppait deux ou trois fois et lui tombait sur les talons; celui-ci, des pantalons qui le prenaient sous le menton, et ressemblaient à deux énormes cloches; l'autre, perdu dans une veste qui lui descendait sur les pieds, avait l'air d'un porte-manteau ambulant. Ils paraissaient cependant tout joyeux de leur accoutrement, et se promenaient fiers comme des héros de théâtre.

« Quelle farce avez-vous donc voulu nous jouer là? » m'écriai-je après avoir bien ri de ce spectacle.

Ma femme nous expliqua comment nos trois fils avaient voulu, pendant notre absence, se donner le plaisir du bain; qu'elle en avait profité pour laver leurs habits, mais que, ces habits ne se trouvant pas secs, elle avait cherché dans la caisse repêchée la veille de quoi les vêtir provisoirement.

Après l'accès de gaieté provoqué par ce travestissement, on courut à la claie pour examiner les richesses que nous apportions, et le kanguroo surtout devint l'objet de l'admiration générale. Fritz seul restait sombre au milieu de la joie universelle, et s'efforçait de combattre le mouvement de jalousie que lui inspirait une si belle proie atteinte par son frère; il le surmonta enfin, et vint prendre part à la conversation, sans que d'autres que moi l'eussent remarqué. Cependant il ne put s'empêcher de dire : « J'espère, mon père, que vous m'emmènerez avec vous la prochaine fois, au lieu de me laisser à Falken-Horst, où il n'y a à chasser que des pigeons et des grives. »

Je lui promis que le lendemain il m'accompagnerait, et peut-être pour un voyage au vaisseau; et je lui fis voir que du reste, lorsque je le laissais à Falken-Horst pour protéger sa mère et ses frères, c'était lui donner une preuve de confiance dont il devait être flatté, au lieu de m'en savoir mauvais gré. Nous nous mîmes à table avec un grand appétit. Je résolus de vider ce soir même le kanguroo. Je le suspendis ensuite pour le trouver frais le lendemain; puis nous allâmes prendre un repos dont nous avions tous besoin.

CHAPITRE XIV

Second voyage au vaisseau. — Pillage général. — La tortue. Le manioc.

Au premier chant du coq, je sautai hors de mon lit et descendis de l'arbre pour dépouiller notre kanguroo et partager les chairs, moitié pour être mangées sans retard, moitié pour être salées. Il était temps d'arriver; car nos chiens y avaient tellement pris goût, qu'ils avaient déjà arraché la tête, et qu'ils se préparaient à partager la proie tout entière. Je saisis aussitôt un bâton, et je leur en appliquai deux ou trois coups qui les firent fuir en hurlant sous les buissons. Je commençai aussitôt mes fonctions de boucher; mais, comme je n'étais pas fort expert, je me couvris tellement de sang, que je fus obligé d'aller me laver et changer d'habit avant de me représenter devant mes enfants. Nous déjeunâmes, et j'ordonnai alors à Fritz de tout préparer pour aller à Zelt-Heim prendre le bateau de cuves, et de m'accompagner au vaisseau. Quand il s'agit de partir, nous appelâmes en vain Jack et Ernest pour leur dire adieu. Inquiet, je demandai à ma femme où ils pouvaient être. Elle me répondit qu'ils étaient sans doute allés chercher des pommes de terre, et me fit remarquer qu'ils avaient emmené

Turc avec eux. Je l'engageai à les gronder quand ils reviendraient.

Un peu rassuré, je me mis en marche avec Fritz; nous arrivâmes, sans rien rencontrer, au pont du ruisseau, et là, à notre grand étonnement, nous vîmes sortir de derrière un buisson, en poussant de grands cris, nos deux petits polissons. Ils avaient compté de cette manière nous forcer à les emmener avec nous; mais, comme j'avais dessein de prendre dans le vaisseau tout ce que j'en pourrais enlever, je me refusai absolument à ce qu'ils me demandaient, et je leur recommandai de se rendre sur-le-champ auprès de leur mère, pour lui annoncer de ma part ce que je n'avais pas eu le courage de lui dire en partant : c'est que je passerais la nuit sur le vaisseau.

Ils nous quittèrent un peu confus; pour nous, nous montâmes dans le bateau de cuves, et, à l'aide du courant, nous atteignîmes en peu d'instants les débris du navire. Aussitôt arrivé, je résolus de multiplier nos moyens de transport; car notre bateau de cuves me semblait insuffisant pour l'immense quantité d'objets que je voulais enlever.

Notre bateau n'ayant pas assez d'espace ni de solidité pour transporter une charge considérable, je voulus construire un radeau qui pût y suppléer. Nous eûmes bientôt trouvé un nombre suffisant de tonnes d'eau qui me parurent très-bonnes pour ma construction. Nous les vidâmes aussitôt, puis nous les rebouchâmes avec soin, et nous les rejetâmes dans la mer après les avoir attachées fortement avec des cordes et des crampons aux parois du vaisseau qui étaient les plus solides; cela fait, nous établîmes sur ces tonnes un plancher très-fort, auquel nous fîmes, avec d'autres planches, un rebord d'un pied de hauteur tout autour pour assurer sa charge, et nous eûmes ainsi un très-beau radeau, qui pouvait contenir trois fois la charge de notre bateau de cuves.

Cette construction avait employé toute notre journée, et il commençait à faire nuit quand elle fut terminée. Tout ce que nous pûmes faire, ce fut de chercher quelques vivres pour manger, et puis nous passâmes la nuit sur les matelas du capitaine, où nous fîmes un si bon somme, qu'oubliant les dangers dont la mer nous menaçait, nous ne nous réveillâmes pas avant le lendemain matin.

Dieu eut notre première pensée lorsque nos yeux furent ouverts; nous le remerciâmes de l'excellente nuit qu'il nous avait procurée, et nous procédâmes ensuite au chargement de notre radeau. D'abord nous vidâmes complétement la chambre que nous avions habitée avant le naufrage, puis celle même où nous venions de passer la nuit. Nous nous emparâmes des portes et des fenêtres, de leurs serrures, et de trois ou quatre caisses de bons habits appartenant aux officiers. Je trouvai d'autres caisses qui me firent bien plus de plaisir : c'étaient celles du charpentier et de l'armurier. Toutes ces boîtes furent déposées sur le radeau. La chambre du capitaine était pleine d'une foule d'objets précieux qu'il destinait sans doute aux riches colons de la mer du Sud, en échange de leurs produits. Je ne permis à Fritz d'y prendre que deux montres que j'avais promises à ses frères, et quelques paquets de couverts de fer, qui devaient mettre fin au scrupule qu'avait ma femme de se servir de ceux d'argent du capitaine. Ce que nous trouvâmes de plus précieux fut une caisse remplie de jeunes arbres fruitiers d'Europe, soigneusement empaquetés dans de la paille et de la mousse. Je revis avec attendrissement ces pommiers, ces poiriers et ces châtaigniers, productions de ma chère patrie, et que j'espérais, avec l'aide de Dieu, naturaliser sous ce ciel étranger. Nous prîmes encore une quantité de barres de fer, de plomb en saumon, de meules à aiguiser, de roues de char, de pelles, de socs de charrue, des paquets de fil de fer et de laiton, des sacs pleins de graines d'avoine et de vesce; nous trouvâmes enfin un petit moulin à bras démonté, mais dont toutes les pièces, soigneusement numérotées, pouvaient être aisément reconstruites. Comment choisir parmi tous ces trésors? Les laisser sur le vaisseau, c'était nous exposer à les voir disparaître au premier coup de mer. Nous nous décidâmes à abandonner tous les objets de luxe, et nous complétâmes le chargement avec des armes et des munitions. J'ajoutai encore un grand filet de pêche tout neuf, la boussole du navire, et une superbe montre marine, qui devait nous servir à régler les nôtres. Fritz trouva dans un coin un harpon et un dévidoir à corde, qu'il fixa au devant du radeau pour harponner, disait-il, les gros poissons que nous pourrions rencontrer. Quoiqu'il soit très-rare d'en rencontrer si près des côtes, je lui permis cette fantaisie.

Il était près de midi quand le chargement fut terminé, et nos deux embarcations étaient remplies jusqu'au bord. Nous coupâmes enfin la corde qui les retenait près du navire, et, poussés par un vent favorable, nous prîmes le chemin de la côte. Fritz, ayant aperçu un corps noir qui flottait à la surface de l'onde, me pria de l'examiner avec ma lunette et de lui dire ce que c'était. Je reconnus facilement une tortue de la grande espèce, endormie et se laissant aller au gré des flots. Pour satisfaire Fritz, qui me priait instamment de l'accoster, je dirigeai le bateau vers elle. La voile, en se déployant, me cachait le corps de mon fils, de manière que je ne pouvais apercevoir ses mouvements; mais le sifflement du dévidoir, et la rapide impulsion que notre bateau reçut tout d'un coup, me firent comprendre qu'il avait jeté son harpon sur la tortue.

« Au nom du Ciel! lui criai-je, coupe la corde, imprudent; je ne suis plus maître du radeau, nous allons chavirer.

— Touchée! touchée! criait mon jeune fou plein de joie, elle ne nous échappera pas. »

Je laissai la voile et courus à l'avant du navire, une hache à la main, pour couper moi-même la corde; mais Fritz me fit remarquer que nous ne courions encore aucun danger, et me pria d'attendre. J'y consentis, tout en me tenant toujours prêt à couper la corde à la première apparence de péril. La tortue, exaltée par la douleur, nous entraînait avec une effrayante rapidité, et j'avais toutes les peines du monde à maintenir notre embarcation en équilibre. Je remarquai tout à coup que l'animal faisait un coude et cherchait à regagner la haute mer; je déployai aussitôt la voile, et cette résistance parut si forte à la pauvre bête, qu'elle reprit le chemin de terre; mais, au lieu de suivre le courant qui portait au vaisseau, elle le traversa et nous entraîna à gauche, vers la hauteur de Falken-Horst.

Nous traversâmes assez heureusement les écueils qui bordent toute la côte; enfin le bateau vint échouer sur un banc de sable, et par bonheur resta droit. Je sautai aussitôt dans l'eau, et courus à la tortue, qui se cachait dans le sable, et d'un coup de hache je lui coupai la tête. Fritz poussa alors un cri de joie, et tira son coup de fusil en l'air pour faire venir les nôtres. Ils accoururent, en effet, et nous accablèrent de caresses. Quand ils virent toutes nos richesses, ils s'extasièrent, puis ils coururent admirer la tortue, que Fritz avait frappée au cou.

Quand la curiosité fut satisfaite, je priai ma femme et mes fils d'aller aussitôt à Falken-Horst chercher la claie et nos deux bêtes de trait, afin de mettre dès le soir une bonne partie de notre butin à l'abri. Un orage ou simplement une forte marée eût suffi pour engloutir ces richesses si précieuses et si laborieusement acquises. Le reflux avait laissé nos embarcations presque à sec. Nous roulâmes sur la côte quelques masses de plomb et nos plus grosses barres de fer, auxquelles nous attachâmes les cordes des radeaux. Cette amarre me parut assez solide pour le moment. La claie arriva enfin; nous ne la chargeâmes que de la tortue et de quelques objets moins pesants, car j'esti-

« Touchée ! touchée ! criait mon jeune fou plein de joie : elle ne nous échappera pas. »

mai que cette bête pouvait bien peser à elle seule trois quintaux.

Chemin faisant, nous racontâmes ce que nous avions vu au vaisseau, et Fritz parla de la caisse de bijoux : tous mes enfants regrettaient que nous ne l'eussions pas apportée.

« Mes bons amis, leur dis-je, il faut abandonner ici certains préjugés que vous avez apportés d'Europe. Par exemple, l'or et les bijoux, vous devez le comprendre, sont loin d'avoir par eux-mêmes la valeur que nous leur attribuons ordinairement. C'est le luxe et le commerce qui en font tout le prix.

Ma femme nous apprit alors que le petit Franz avait découvert, à ses dépens, un essaim d'abeilles, et que par conséquent nous allions avoir du miel. Tout en plaignant le pauvre petit et en nous félicitant de sa découverte, nous arrivâmes près de notre château aérien. Là commença un nouveau travail pour décharger et surtout pour ouvrir notre grosse tortue. Je la retournai sur le dos, et à force de soins et de précaution, je parvins à séparer la carapace du plastron, sans les briser ni l'un ni l'autre. Je découpai ensuite autant de chair qu'il nous en fallait pour un repas, et je priai notre ménagère de nous la faire cuire sans autre assaisonnement qu'un peu de sel. Les pattes, les entrailles et la tête furent jetées aux chiens, et le reste destiné à être conservé dans la saumure. Ma femme voulut jeter la graisse verdâtre qui pendait tout autour; mais je lui appris que c'était la partie la plus exquise de cet animal, et elle consentit enfin à vaincre sa répugnance.

« Maintenant, papa, s'écrièrent à la fois mes enfants, donnez-nous cette belle écaille.

— Elle n'est pas à moi, leur répondis-je ; elle est à Fritz, qui seul en disposera: d'ailleurs qu'en voulez-vous faire ? »

L'un, c'était Jack, la destinait à lui servir de bouclier ; l'autre, Franz, de petit bateau.

« Pour moi, dit Fritz, je compte en faire un bassin pour recevoir l'eau du ruisseau qui coule auprès de nous.

— Bien, mon enfant! toi seul as pensé au bien général : c'est ainsi qu'il faut agir. Nous placerons ton bassin aussitôt que nous aurons rencontré de la terre glaise, qui d'ailleurs ne saurait manquer ici.

— Elle est toute trouvée, s'écria aussitôt Jack ; c'est moi qui l'ai découverte ce matin en tombant dessus...

— A tel point, ajouta la mère, que j'ai été obligée de faire une lessive de ses vêtements.

— Eh bien, hâtez-vous donc de poser votre bassin, dit Ernest ; je viendrai y faire rafraîchir les racines que j'ai trouvées ce matin aussi. Elles sont très-sèches et ressemblent assez aux grosses raves : je les crois bonnes à manger, car notre cochon s'en régalait avec beaucoup de plaisir ; mais je n'ai pas osé y goûter avant de vous les avoir montrées. »

Je le louai de sa prudence, et je lui demandai à voir ces racines. Je reconnus avec joie que c'étaient des racines de manioc.

« Prises dans l'état naturel, elles peuvent être nuisibles, lui dis-je ; mais, cuites et préparées, elles servent à faire une sorte de gâteau qui remplace fort bien le pain : ainsi réjouis-toi de cette découverte, mon enfant. »

Cependant la claie était déchargée ; nous reprîmes le chemin de la mer, tandis que ma femme et Franz restaient pour préparer le dîner. En cheminant, j'appris à mes enfants que la tortue qui fournit la belle écaille employée dans les arts, et qu'on appelle caret, n'a pas une chair bonne à manger, et que celle que nous avions tuée ne pouvait, en revanche, fournir des écailles pareilles. Nous chargeâmes cette fois la claie en partie de nos effets, ainsi que du moulin à bras, que la découverte du manioc nous rendait maintenant doublement précieux.

Lorsque nous revînmes au logis, le repas était prêt ; mais, avant de nous mettre à table, ma femme me prit à part, et me dit : « Vous me semblez bien fatigués ; aussi je vais vous faire goûter d'un nectar qui sans nul doute vous rendra vos forces. »

En disant ces mots, elle me conduisit derrière notre arbre ; là je trouvai caché dans un buisson, pour le tenir frais, un petit tonneau.

« Voilà ma trouvaille, » dit-elle. Je goûtai et bus avec délices, car c'était de l'excellent vin des Canaries. Elle l'avait trouvé le matin en se promenant au bord de la mer avec Ernest. Celui-ci l'avait mis en perce, et nous avait gardé le secret assez fidèlement pour nous laisser le plaisir de la surprise. La soupe de tortue fut trouvée délicieuse ; mes enfants, qui avaient paru d'abord assez peu alléchés par la graisse verte, n'en eurent pas plutôt goûté, qu'ils ne se firent pas prier pour en reprendre, et ma femme elle-même avoua qu'elle s'était trompée. Ce fut un des meilleurs repas de ma vie.

Tout le monde reçut ensuite un verre de bon vin, qui nous ranima tellement, que nous trouvâmes des forces pour hisser dans notre demeure aérienne les matelas que nous avions apportés. Enfin nous remerciâmes Dieu de cette journée de bénédiction, et nous nous étendîmes avec bonheur sur nos lits, où un doux sommeil vint bientôt fermer nos yeux.

CHAPITRE XV

Voyage au vaisseau. — Les pingouins. — Le manioc et sa préparation. — La cassave.

Dès mon lever, j'allai visiter les deux embarcations, sans réveiller aucun de mes enfants. Je me glissai avec le moins de bruit possible au bas de l'arbre, et je trouvai là vie et activité.

Les deux chiens, pressentant que j'allais faire une course, sautaient autour de moi et m'accablaient de caresses. Le coq battait des ailes en criant, et les poules accouraient au-devant de moi. L'âne seul était encore étendu tout de son long, et visiblement peu disposé à la course matinale que j'avais projetée. Je l'éveillai et l'attelai à la claie, sans y joindre la vache, que je ne voulais pas fatiguer avant qu'elle eût donné son lait du matin ; et, accompagné des chiens, je me rendis vers la côte, flottant entre la crainte et l'espoir. Je vis avec plaisir, en arrivant, que les masses de plomb auxquelles j'avais fixé mes embarcations avaient été suffisantes pour les défendre contre la marée montante; le flot les avait un peu dérangées, mais elles étaient en bon état. Je me hâtai de charger modérément la claie, et je repris le chemin de Falken-Horst, où j'arrivai quand le soleil était déjà assez élevé ; cependant tout le monde dormait encore.

Je poussai un cri perçant, comme un cri de guerre, pour réveiller les dormeurs : ma femme fut la première à sortir du lit, et fut tout étonnée de trouver le jour si avancé.

« Ce sont ces matelas, dit-elle, qui nous ont fait si bien dormir. En vérité, ils ont une influence magique, car mes enfants ne sont pas disposés à les quitter.

— Debout ! debout ! criai-je alors aux petits paresseux qui s'étiraient; la paresse est un ennemi auquel il ne faut pas céder, car tous ces délais sont autant de victoires pour elle : méfiez-vous, mes enfants, de la propension à la mollesse; il faut, dans un homme, de la vigueur et de l'énergie pour le faire triompher des obstacles et lui permettre de se passer des autres. » Fritz fut le premier, Ernest le dernier à sortir du lit, selon leur habitude.

Quand toute la famille fut sur pied, nous fîmes un déjeuner rapide, et nous nous acheminâmes tous vers la côte pour opérer le déchargement du radeau ; nous fîmes successivement deux voyages avec la claie, et, au second, j'attelai la vache pour soulager un peu notre âne. En quittant le rivage, je m'aperçus pour la première fois que la marée montait ; je dis en conséquence adieu à mes autres enfants, et je montai avec Fritz dans le bateau de cuves pour attendre qu'il fût à flot. Jack me témoigna un tel désir d'être de ce voyage, que je consentis à le laisser monter avec nous.

Nous ne tardâmes pas à nous trouver à flot. Encouragé par la beauté du temps, je résolus de faire un autre voyage au vaisseau. Arrivés à la baie du Salut, le courant nous y porta avec sa rapidité accoutumée ; néanmoins, comme nous remarquâmes que l'heure était déjà avancée, nous nous dispersâmes pour tâcher de faire quelque butin ; car j'avais averti mes enfants que nous remettrions à la voile avant que le vent qui s'élève chaque soir de la côte eût eu le temps de nous saisir. Jack revint bientôt, rapportant avec lui une brouette qu'il assurait devoir être commode pour transporter les pommes de terre à Falken-Horst. Fritz revint ensuite sans rien rapporter ; mais son air joyeux m'annonçait qu'il était content de ses recherches : en effet, il me dit qu'il avait trouvé au milieu d'un enclos de planches une pinasse démontée, accompagnée de deux petits canons pour l'armer.

Plein de joie à cette heureuse nouvelle, je quittai tout pour le suivre, et je m'assurai bientôt que mon fils ne s'était pas trompé ; mais je compris que nous aurions bien de la peine pour la mettre en état de voguer.

Pour cette fois je laissai les choses dans l'état où elles se trouvaient, et, comme le temps pressait, je chargeai mes fils de placer sur le radeau quelques ustensiles de ménage, une grande chaudière de cuivre, des plateaux de fer, des râpes à tabac, un tonneau de poudre, un autre de pierre à feu; trois brouettes, des courroies pour les porter; et, sans prendre le temps de manger, nous remîmes à la voile en diligence.

Nous arrivâmes heureusement près de la côte; mais quel fut notre étonnement en apercevant au bord de l'eau, rangés de front, une quantité de petits hommes habillés de blanc! Ils nous paraissaient immobiles, les bras tantôt pendants, tantôt tendus vers nous, comme s'ils eussent voulu nous témoigner leur affection.

« Ce sont des Lilliputiens, s'écria Jack; mais ils me semblent un peu plus gros que ceux dont j'ai lu la description. »

Fritz se moqua un peu de son frère, et lui apprit que ces Lilliputiens n'avaient jamais existé; il ajouta que ces animaux devaient être des oiseaux, car il voyait bien que ce que nous prenions pour des bras étaient leurs ailes.

Sa conjecture fut reconnue juste, et il se trouva que c'était une bande de pingouins manchots. Nous étions arrivés à peu de distance du bord, quand soudain, sans me prévenir, Jack l'étourdi sauta dans l'eau et courut à terre; puis, avant que les imbéciles d'oiseaux songeassent à s'enfuir, il leur distribua une volée de coups de bâton qui en abattit une demi-douzaine. Les autres prirent la fuite.

Fritz n'était pas content de ce que son frère

l'avait ainsi empêché de tirer; mais je me moquai de sa manie meurtrière, et je ris de bon cœur de l'exploit de Jack, tout en le grondant de l'imprudence avec laquelle il s'était jeté dans l'eau.

Nous nous occupâmes ensuite à débarquer notre cargaison; mais, comme le soleil était déjà bien bas, nous prîmes chacun une brouette, que nous chargeâmes, selon nos forces respectives, de râpes à tabac et de plaques en fer, sans oublier les pingouins de Jack, puis nous nous remîmes en marche.

Quand nous arrivâmes à Falken-Horst, les deux dogues arrivèrent les premiers à notre rencontre, et la joie avec laquelle ils nous accueillirent se manifesta si vivement, qu'ils renversèrent plusieurs fois le pauvre Jack, dont les faibles mains distribuaient à tort et à travers à ses amis d'inutiles coups de poing. Cette lutte, dans laquelle Jack était loin d'avoir l'avantage, nous amusa quelque temps. Ma femme accourut aussitôt, et fut très-contente de la découverte des brouettes.

Cependant quelques-uns de nos pingouins, que le bâton de Jack avait seulement étourdis, avaient commencé à se remuer. J'ordonnai de les attacher par la patte à l'une de nos oies, pour les habituer à la vie de basse-cour. L'expédient ne plut ni aux uns ni aux autres, et nos pauvres bêtes ne comprenaient absolument rien à cet arrangement.

Ma femme me montra alors une bonne provision de pommes de terre qu'elle avait recueillies pendant notre absence, et Ernest et Franz un énorme monceau de la racine qu'Ernest avait découverte la veille, et que j'avais prise avec raison pour du manioc. Je donnai à chacun la part d'éloges due à son activité.

« Ce sera bien mieux encore, dit alors le petit Franz, quand tu verras un jour, en revenant du vaisseau, un beau champ de maïs, de courges, de melons.

— Oh! le petit bavard, dit ma femme. Oui, mon ami, nous avons semé toutes ces graines dans les trous de pommes de terre. »

Je remerciai ma femme de la surprise qu'elle me ménageait, et je l'assurai que je n'en avais pas moins de plaisir de l'avoir connue plus tôt. Je lui annonçai ensuite la découverte de la pinasse. Elle accueillit avec assez peu de joie cette nouvelle; car elle prévoyait de nouveaux voyages au vaisseau. Tout ce que je pus obtenir d'elle par mes raisonnements et mes démonstrations les plus convaincantes, c'est qu'elle consentit à nous dire : « Il est certain que si jamais j'étais obligée de retourner sur la mer, j'aimerais bien mieux m'y exposer sur un bon navire que sur notre méchant bateau de cuves.

« Mais, dis-moi, mon ami, ajouta-t-elle, que veux-tu faire de ces râpes à tabac? Tu ne veux pas sans doute habituer tes enfants à priser, et je ne pense pas, du reste, que tu trouves du tabac dans cette île.

— Sois tranquille, ma bonne femme, ce n'est point là mon but; et bientôt, quand tu mangeras de bon pain frais, tu béniras ces râpes, au lieu de crier après elles.

— Ma foi, je ne comprends pas ce que ces râpes

peuvent avoir de commun avec du pain frais; il vaudrait mieux avoir un four.

— Ces plaques de fer que tu as regardées avec tant de dédain nous en tiendront lieu. Je ne te promets pas du pain bien levé, mais au moins quelque chose qui nous en tienne lieu; en attendant, fais-moi un sac solide avec de la toile à voile. »

Ma femme se mit sur-le-champ à l'ouvrage, et, comme elle ne se fiait pas trop à mes talents en pâtisserie, elle remplit ensuite la chaudière de pommes de terre, qu'elle mit cuire pour avoir quelque chose à nous donner.

Pendant ce temps-là j'étendis par terre une grande pièce de toile, et je rassemblai tous mes enfants autour de moi pour commencer à exécuter mon projet. Je remis à chacun d'eux une râpe; puis je leur donnai des racines de manioc bien lavées, et je leur recommandai de râper.

Ils se mirent à l'œuvre en riant, mais avec une telle ardeur, ardeur de l'enfance pour tout ce qui est nouveau, qu'en peu de temps nous eûmes un grand tas de farine qui ressemblait assez à de la sciure de bois humide.

« Mange donc, se disaient-ils entre eux, mange donc de ton bon pain de raves. »

Leur mère elle-même partageait un peu leur prévention, et, tout en préparant le sac que je lui avais demandé, elle surveillait la cuisson des pommes de terre, sur lesquelles elle comptait beaucoup plus que sur le résultat de nos efforts. Toutes les plaisanteries me trouvaient insensible. « Allons, Messieurs, leur dis-je, riez à votre aise, égayez-vous, et cependant vous allez voir un pain qui fait

La mère tout en préparant le sac, surveillait la cuisson des pommes de terre.

la principale nourriture de plusieurs peuples de l'Amérique, et que les Européens qui le connaissent préfèrent même à celui de froment : si je ne me suis pas trompé sur l'espèce de manioc, vous me remercierez, j'espère.

— Il y a donc plusieurs espèces de manioc, dit Ernest.

— Il y en a trois : deux sont vénéneuses ou malsaines lorsqu'on les mange crues ; la troisième peut se manger sans faire de mal ; mais on lui préfère les deux autres, parce qu'elles sont plus productives et qu'elles ont l'avantage de mûrir plus vite.

— Comment! on laisse ainsi ce qui est bon et sain! dit Jack ; mais c'est de la folie. Pour mon compte, je vous remercie de votre pain empoisonné. »

Et il jeta de côté, avec son petit air mutin, la râpe et la racine qu'il tenait à la main.

« Sois tranquille, lui dis-je ; je ferai en sorte de ne pas t'empoisonner, et il suffira pour cela de bien presser notre farine avant de nous en servir.

— Pourquoi la presser?

— Parce que tout le principe malfaisant réside dans le suc de la plante, et que, quand nous l'aurons extrait par la pression, il ne nous restera qu'une nourriture saine et sans danger. Au surplus, nous aurons soin, avant d'y toucher, d'en faire l'épreuve sur le singe et les poules.

— C'est-à-dire que mon pauvre singe paiera pour tous. Je ne veux pas qu'on l'empoisonne, reprit encore Jack.

— Ne crains rien ; comme tous les animaux, ton

singe est doué d'un instinct que l'homme n'a pas, et il est présumable que, si le gâteau de manioc que nous lui présenterons renferme quelques parties malfaisantes, il se gardera d'y toucher. »

Jack, rassuré, se mit à la besogne comme ses frères, et je vis avec plaisir le monceau de farine s'élever.

Le sac de ma femme était enfin cousu; j'y plaçai ce que mes fils avaient râpé. Il fallut alors songer à un pressoir, qui était de toute nécessité.

Je pris une forte et longue branche d'arbre, puis j'établis deux ou trois planches au-dessous d'une des racines du figuier; je plaçai sur ces planches le sac rempli de farine, je le couvris d'une nouvelle planche, et j'étendis au-dessus ma grosse branche, dont une extrémité passait dans la racine de l'arbre, tandis qu'à l'autre bout je suspendis tout ce que je pus trouver d'objets pesants : des pierres, du plomb, des barres de fer qui la firent incliner vers la terre. Cette mécanique produisit l'effet que j'attendais, et nous ne tardâmes pas à voir le jus sortir à flots. Mes fils étaient émerveillés de la simplicité et en même temps des résultats de mon expédient.

« Je croyais, me dit Ernest, que le levier n'avait d'autre propriété que celle de soulever les fardeaux ou de déplacer les masses. »

Je lui démontrai que la pression est une conséquence naturelle de la première propriété; car, si la racine eût été moins forte, le levier l'aurait soulevée ou arrachée, et c'est la résistance qui produit la pression.

« Les sauvages, continuai-je, qui ne connaissent pas encore les propriétés de cette puissante mais simple machine, pour extraire du manioc les sucs malfaisants qu'il contient, l'enferment dans des paniers d'écorce faits exprès. Ces paniers sont beaucoup plus longs que larges ; mais, à force de les remplir, l'écorce se distend, et ils deviennent aussi larges qu'ils étaient longs. On les pend alors à des branches d'arbre, en attachant au bas de grosses pierres, dont le poids leur fait insensiblement reprendre leur première forme. Le procédé n'est pas expéditif; mais il est certain. »

Ma femme voulut savoir si le jus n'était propre à aucun usage.

« Si, lui répondis-je ; les sauvages en font un mets qu'ils estiment, et dont la préparation consiste simplement à y mêler du poivre et quelquefois du frai d'écrevisse. Les Européens ne le mangent pas ; ils le laissent déposer dans des vases, et en retirent un amidon très-fin. »

Ma femme me demanda aussi si cette farine se gardait, ou s'il ne nous faudrait pas forcément employer en une seule fois tout ce que nous avions râpé de manioc, en me faisant remarquer que la journée entière suffirait à peine à la préparation et à la confection de notre pain. Je la rassurai en lui disant que la farine de manioc pouvait se conserver des années, pourvu qu'elle fût bien séchée; mais je la prévins en même temps que le bouillon devait la réduire considérablement.

Cependant le jus avait cessé de couler ; et tout le monde désirait voir le succès de ma paneterie.

« Si nous faisions le pain? » s'écria Fritz.

J'y consentis; mais j'annonçai qu'au lieu de procéder sur-le-champ à confectionner le pain que nous devions manger, on se contenterait d'abord d'en faire un pour le singe et les poules.

Je retirai le sac, je le vidai et j'étendis la farine pour la faire sécher; puis, en ayant délayé une poignée dans un peu d'eau, je fis une sorte de galette que je plaçai sur une de nos plaques de fer au-dessus d'un feu ardent. Nous eûmes bientôt un joli gâteau, bien doré, et de la mine la plus friande.

« Oh! que cela est bon! disait Ernest; c'est bien dommage de n'en pouvoir manger tout de suite.

— Pourquoi pas? répondit Jack, je suis prêt, et Franz aussi, je pense.

— Mais moi, mon enfant, je ne veux pas; je crois volontiers qu'il n'y aurait aucun danger à tenter l'expérience; par prudence nous allons en laisser faire l'essai à notre singe. »

Aussitôt que le gâteau fut refroidi, j'appelai le singe et les poules, et je leur en fis la distribution. Ils l'accueillirent avec tant de joie, que je ne pus m'empêcher d'être rassuré sur le succès de mon expérience. Le singe surtout dévorait les morceaux avec un plaisir qui fit plus d'une fois envie à mes fils.

J'appris à mes enfants que les Américains appelaient ce pain de la cassave. « A présent, continuai-je, préparons-nous à faire de la cassave pour nous; pourvu toutefois que nos bêtes n'éprouvent ni coliques ni étourdissements. »

Ces mots l'ayant frappé, Fritz me demanda si tels étaient toujours les effets du poison.

« Ce sont les plus ordinaires, répondis-je; mais il y en a qui endorment, comme l'opium; qui corrodent, comme l'arsenic. Mes enfants, vous pourriez peut-être trouver ici un arbre d'un aspect séduisant ; son fruit ressemble à une petite pomme jaune tachée de rouge, fuyez-le bien ; c'est un des poisons les plus violents ; on dit qu'il suffit même de s'endormir sous son ombre pour mourir. Il s'appelle le mancenillier. »

Je recommandai ensuite de ne jamais toucher à aucun fruit sans me l'avoir auparavant montré.

Cependant ma femme avait fait rôtir un pingouin, que d'une commune voix nous déclarâmes détestable. Jack seul en mangea, parce que c'était le produit de sa chasse. Nous le laissâmes faire, tout en le raillant.

Le reste de la journée fut employé à faire quelques voyages au bateau, et à ramener dans les brouettes les divers objets qu'il avait fallu y laisser la veille. La découverte du nouveau pain était pour nous un bienfait immense ; aussi nous comblait-elle de joie ; et, quand vint la nuit, notre prière contint des remercîments encore plus ardents qu'à l'ordinaire pour le Seigneur, dont la main ne cessait de nous combler de présents.

CHAPITRE XVI

La pinasse. — La machine infernale. — Le jardin potager.

Le lendemain matin, nous allâmes visiter nos poules; toutes étaient bien portantes, ainsi que notre singe, qui gambadait de toutes ses forces. Je commandai en conséquence de reprendre les travaux de boulangerie. « A l'œuvre! m'écriai-je, Messieurs, à l'œuvre! » et je distribuai à chacun les ustensiles nécessaires. Les noix de coco, les plaques de fer furent accaparées en un instant. Des brasiers s'allumèrent.

« Voyons qui fera le meilleur pain, » m'écriai-je.

Comme mes enfants, tout en travaillant, ne se gênaient pas pour goûter, il nous fallut assez de temps pour en faire une provision. Mes fils bondissaient de joie, et ma bonne femme me demandait pardon, en riant de son incrédulité primitive. Le gâteau, mêlé au lait de notre vache, nous procura un des repas les plus délicieux que nous eussions faits dans cette île. Les pingouins, les oies, les poules et les singes eurent leur part du régal; car mes petits ouvriers avaient assez manqué et brûlé de gâteaux pour que nous pussions en faire une abondante distribution.

J'éprouvais une envie démesurée de retourner

au vaisseau; l'idée de la pinasse se présentait sans cesse à mon esprit, et je ne pouvais me résigner à abandonner aux flots une découverte aussi précieuse. Mais un voyage au vaisseau était toujours pour ma femme un sujet d'inquiétude, et ce ne fut qu'avec la plus grande peine que j'obtins d'elle d'emmener avec moi tous mes enfants, à l'exception du petit Franz, parce que j'avais besoin de beaucoup de bras. Je lui promis de revenir le soir même, et nous partîmes bien pourvus de manioc et de pommes de terre cuites, sans oublier nos corsets de liége, qui devaient, en cas de besoin, nous soutenir sur l'eau. Notre voyage jusqu'à la baie du Salut fut sans aucun événement; nous nous embarquâmes, et, comme je connaissais parfaitement l'espace à parcourir, nous arrivâmes bientôt au vaisseau.

Notre premier soin fut de porter sur notre embarcation tout ce que nous trouvâmes d'utile, afin de ne pas retourner les mains vides. Vint ensuite la grande affaire, le but unique du voyage, la pinasse. Je reconnus avec plaisir que toutes les parties en étaient si exactement numérotées, que je pouvais sans trop de présomption espérer de la reconstruire en y mettant le temps nécessaire. Mais comment la tirer de cet enclos de planches, qui nous présentait un obstacle insurmontable? Comment la lancer de là à la mer? Il nous fallait nécessairement la reconstruire sur place, et nos forces n'étaient pas suffisantes pour la transporter autre part. Cent fois je me frappai le front en me demandant ce qu'il y avait à faire, cent fois je restai sans réponse et sans expédient. Cependant, plus je considérais ces membres épars, plus je fus convaincu de l'utilité pour nous d'une chaloupe solide et légère qui remplacerait ce bateau de cuves, où nous n'osions presque pas nous hasarder sans nos corsets de liége.

Je m'en remis donc à la Providence pour trouver des moyens, et je commençai à élargir avec la scie et la hache l'enclos dans lequel la barque était renfermée. Lorsque le soir arriva, cet ouvrage pénible était loin d'être terminé ; mais nous ne quittâmes le travail qu'en nous promettant bien de le reprendre le lendemain. Nous trouvâmes sur le rivage le petit Franz et sa mère. Elle nous prévint alors que, pour être plus près de nous, elle avait résolu de s'établir à Zelt-Heim tant que dureraient nos voyages au vaisseau. Je la remerciai tendrement de cette marque d'affection, car je savais combien peu elle aimait cette résidence, et nous étalâmes devant elle les provisions que nous avions recueillies : deux tonnes de beurre salé, trois de farine, des sacs de céréales, du riz, et une foule d'autres objets de ménage, qu'elle accueillit avec beaucoup de plaisir.

Il se passa une semaine avant que nos travaux fussent terminés; chaque matin nous quittions notre bonne ménagère, qui ne nous voyait plus que le soir : pour elle, elle allait de temps en temps à Falken-Horst chercher des pommes de terre, et nous la trouvions, à notre retour, guettant l'embarcation, assise sur quelque pointe de rocher.

Cependant la pinasse était entièrement reconstruite dans son enclos de planches; elle était élegante, même gracieuse; elle avait sur la proue un tillac, des mâts, une petite voile, comme une brigantine. On pouvait, à la voir, juger qu'elle marcherait bien, car elle devait tirer peu d'eau. Toutes les ouvertures avaient été calfeutrées et garnies. Nous avions même songé au superflu; car nous avions placé et assujetti à son arrière, avec des chaînes, comme sur les grands vaisseaux, deux petits canons.

Malgré tous nos soins, notre petit bâtiment restait immobile sur sa quille, et nous n'entrevoyions guère par quels moyens nous pourrions lui faire quitter le vaisseau pour le mettre à flot. Les parois du navire étaient si fortes en cet endroit, les planchers si longs et si épais, qu'il y eût eu folie de notre part à vouloir pratiquer une ouverture, à force de bras, jusqu'au milieu du vaisseau où elle se trouvait. Une tempête, un coup de vent pouvait d'ailleurs s'élever pendant cette longue opération et détruire en même temps vaisseau, pinasse et ouvriers. D'un autre côté, je ne pouvais supporter l'idée d'avoir essuyé tant de fatigues, d'avoir travaillé si longtemps, le tout inutilement. Mon désespoir même me suggéra un moyen; et, sans en rien révéler à mes fils, je me hasardai à le mettre à exécution.

J'avais trouvé un mortier de cuisine en fonte; j'y attachai une chaîne en fer; je pris ensuite une forte planche de chêne que je fixai au mortier par des crochets aussi en fer; j'y pratiquai une rainure avec un couteau, et dans cette rainure je passai un bout de mèche à canon assez long pour pouvoir brûler au moins deux heures. J'avais rempli le mortier de poudre avant de le couvrir avec la planche, et avant de rabattre sur les anses du mortier les crochets dont je l'avais garnie. Je calfeutrai de goudron les jointures, je croisai pardessus la chaîne de fer en divers sens, et j'obtins ainsi une espèce de pétard dont l'effet pouvait répondre à mes espérances, mais dont je craignais les suites.

Je le suspendis alors dans l'enclos de la pinasse, en calculant, autant que je le pus, le recul, de manière à ce qu'elle ne pût en souffrir. Quand tout fut arrangé à mon gré, je fis monter mes fils dans le bateau, je mis le feu à la mèche du pétard, et nous partîmes. Nous arrivâmes bientôt à Zelt-Heim. A peine étions-nous descendus à terre et commencions-nous à débarquer notre cargaison, que nous entendîmes une détonation effroyable. Les rochers la répétèrent avec un bruit terrible, et ma femme et mes fils en furent tellement frappés, qu'ils interrompirent tout à coup leurs travaux.

« C'est un vaisseau qui fait naufrage, dit Fritz; courons à son secours.

— Non, dit ma femme, la détonation me semble venir de notre vaisseau. Vous avez sans doute laissé du feu qui se sera communiqué à un baril de poudre, et dont l'explosion aura achevé de briser le navire. »

Je parus croire qu'en calfeutrant la pinasse nous avions, comme elle le disait, oublié quelque lumière, et je proposai à mes fils de retourner immédiatement au navire pour connaître la vérité.

Tous, sans me répondre, sautèrent chacun dans

leur cuve, et nos rames, auxquelles la curiosité donnait une impulsion plus violente, nous conduisirent bientôt auprès du navire. Je remarquai avec joie qu'il ne s'en élevait ni flamme ni fumée, et quand nous fûmes près d'aborder, au lieu de fixer le bateau à l'endroit habituel, je lui fis faire le tour, et nous nous trouvâmes vis-à-vis d'une immense ouverture qui laissait apercevoir notre pinasse un peu couchée sur le côté. La mer était couverte de débris; mais je ne laissai pas à mes fils le temps de s'affliger de ce spectacle, et je m'écriai : « Victoire! cette belle pinasse est enfin à nous!

— Ah! je commence à comprendre, s'écria Fritz; c'est vous qui avez fait tout cela, mon père, pour dégager la pinasse. »

J'avouai à mes fils le stratagème dont j'avais cru devoir user; nous montâmes sur le vaisseau, et nous trouvâmes le pétard enfoncé dans la paroi opposée; alors, à l'aide du cric et des leviers, nous commençâmes à faire glisser notre gracieux et léger bâtiment sur des cylindres placés exprès sous sa quille. Un câble très-fort fut disposé de manière à l'empêcher de s'éloigner du vaisseau, et nos efforts réunis l'eurent bientôt mis en mouvement et lancé à la mer. Je fis alors appel à toutes mes connaissances dans l'art de gréer un navire, de le munir de mâts et de voiles. La nuit nous surprit à l'ouvrage; nous nous contentâmes d'assurer notre nouveau trésor contre les flots, et nous reprîmes le chemin de Zelt-Heim. Il fut convenu que, pour ménager à la bonne mère une surprise complète, on se contenterait de lui dire qu'un petit baril de poudre avait fait explosion et endommagé une partie du vaisseau, comme elle l'avait pensé.

Le gréement de notre pinasse dura deux jours entiers; enfin, quand tout fut terminé, mes fils, au comble de la joie de voir ce léger navire glisser sur les flots avec rapidité, me demandèrent comme grâce de saluer leur mère de deux coups de canon en arrivant à la côte, et, comme ils avaient travaillé avec le plus grand zèle et montré la plus grande discrétion, je ne crus pas devoir leur refuser ce plaisir.

Fritz fut donc immédiatement érigé en capitaine. Jack et Ernest, canonniers, chargèrent leurs pièces; puis, aux commandements successifs du capitaine, les deux canons partirent l'un après l'autre. Quant à Fritz, qui n'était jamais en retard quand il s'agissait de tirer, il avait déchargé en même temps ses deux pistolets. Cette petite scène de guerre avait monté la tête à mes enfants, et Jack disait qu'il voudrait bien se trouver en présence d'une flotte de sauvages, pour avoir le plaisir de la canonner et de la couler à fond.

« Plaise à Dieu, au contraire, lui répondis-je, mon enfant, que nous n'ayons jamais occasion de nous servir de notre artillerie! »

Cependant nous touchions à la côte, où ma femme et mon petit Franz nous attendaient, ne sachant s'ils devaient se réjouir ou s'effrayer; mais ils reconnurent bientôt nos voix.

« Soyez les bienvenus! s'écria ma femme, tout en témoignant de son admiration à la vue de notre belle pinasse qui se balançait mollement dans la baie. A la bonne heure! j'aurai moins peur de l'eau dans cette pinasse que dans votre vilain bateau de cuves. »

Après avoir loué notre habileté et notre persévérance, elle nous dit avec une sorte d'orgueil : « Vous nous avez ménagé une surprise, Messieurs; eh bien! Franz et moi nous ne serons point en reste avec vous; nous ne sommes point demeurés inactifs pendant que vous travailliez, et, si nous ne pouvons annoncer nos œuvres à coups de canon, quelques plats de bons légumes qui arriveront en temps et lieu les recommanderont peut-être à votre attention. »

Je voulus lui demander des explications. « Suivez-moi, nous dit-elle, suivez-moi par ici. » Elle nous conduisit du côté où la rivière du Chacal tombait en cascade, et là elle nous fit voir, à l'abri des rochers, un potager superbe, divisé en compartiments et en planches séparées entre elles par de petits sentiers.

« Voilà, dit-elle, notre ouvrage; là j'ai placé des pommes de terre, ici des racines fraîches de manioc, de ce côté des laitues; plus loin tu pourras planter des cannes à sucre, et voici des places disposées pour réunir les melons, les fèves, les pois, les choux et tous les trésors que le vaisseau pourra nous fournir. Autour de chaque plantation j'ai eu soin de déposer en terre des grains de maïs : comme il vient haut et touffu, il abritera mes jeunes plantes et les défendra contre l'ardeur du soleil. »

Je la félicitai bien sincèrement, et je complimentai surtout le petit Franz de la discrétion qu'il avait mise à garder le secret de sa mère.

« Je n'aurais jamais cru, lui dis-je, qu'une femme seule et un enfant de six ans pussent parvenir à de tels résultats en huit jours.

— Je n'y comptais pas non plus, me répondit ma femme, et voilà pourquoi nous avions voulu vous faire un secret de notre entreprise, afin de n'en avoir pas la honte en cas d'insuccès. D'un autre côté, je soupçonnais quelque surprise aussi de votre part, et je me suis dit : Je ne serai point en reste avec eux. »

Nous reprimes le chemin de la tente. Cette journée fut une des plus heureuses que nous eussions encore passées, et j'eus soin de faire remarquer à mes enfants quelles jouissances pures et vraies le travail apporte à ceux qui s'y livrent.

Chemin faisant, ma bonne femme me rappela les plantes d'Europe qui étaient depuis huit jours à Falken-Horst, et elle m'invita doucement à m'en occuper si je ne voulais pas les laisser périr. Je lui promis d'y songer dès le lendemain.

La pinasse déchargée, nous la fixâmes au rivage, et la plupart des objets qu'elle contenait furent déposés sous la tente; chacun de nous se chargea comme il put de ceux qu'il était facile d'emporter, et nous reprîmes le chemin de Falken-Horst, où ma femme seule avait fait quelques apparitions depuis six jours pour soigner nos bestiaux, qui commençaient à souffrir de notre absence trop prolongée.

CHAPITRE XVII

Encore un dimanche. — Le *lazo*. — Excursion au bois des Calebassiers. — Le crabe de terre. — L'iguane.

Pendant notre séjour à Zelt-Heim et malgré les occupations qui nous ramenaient au vaisseau, nous n'avions point encore négligé de célébrer un dimanche. Le troisième tombait le jour de notre arrivée à Falken-Horst, et nous le célébrâmes par des exercices religieux et des lectnres pieuses qui remplirent la matinée.

Quand nous eûmes dîné, je donnai à ma jeune famille la permission de reprendre ses jeux.

J'avais à cœur de développer en eux tout ce que la nature y avait mis de force et d'adresse; aussi je leur recommandai bien de s'exercer à sauter, tirer de l'arc, lutter et courir.

Ces exercices du corps étaient assez du goût de mes enfants, Ernest excepté, qui avait besoin d'admonestations pour y prendre part. Néanmoins, lorsque le jeu était nouveau, il se décidait assez facilement. Quand ils eurent épuisé leurs jeux ordinaires : « Mes enfants, leur dis-je, je vais vous montrer un jeu d'adresse mis en usage chez les Patagons, nation renommée par ses habitudes guerrières parmi les sauvages de l'Amérique du Sud, et qui en habitent la pointe méridionale. »

Je pris alors deux balles que j'attachai chacune à un bout de corde d'environ six pieds, et je présentai à mes enfants cette nouvelle arme. Les sauvages, qui n'ont à leur disposition ni cuivre, ni plomb, se servent simplement de gros cailloux.

Je leur expliquai ensuite comment les Patagons faisaient usage de cette arme en la lançant contre les animaux qu'ils voulaient attaquer, et comment les deux balles, en revenant sur elles-mêmes, entouraient fortement la partie que la corde avait touchée.

« C'est ainsi, leur dis-je, qu'il leur arrive de prendre leur proie vivante en lui lançant leur fronde dans les jambes. » Cette description paraissait si neuve, que je lançai la fronde que je venais de faire contre un arbuste placé à peu de distance pour la leur mieux faire comprendre, et la force du coup fut telle, que je coupai la tige en deux. Le succès ne pouvait manquer d'être assuré; il me fallut aussitôt en fabriquer trois autres, et Fritz, qui adopta passionnément cet exercice, n'eut pas de cesse qu'il n'y fût devenu d'une grande force. Je me plaisais à voir ainsi mes fils s'habituer à des armes qui devaient encore exercer leur agilité, leur force et leur coup d'œil.

Je leur appris que cette fronde, en usage chez la plupart des peuplades de l'Amérique du Sud, a reçu le nom de *lazo*.

Le lendemain, je remarquai de notre château que la mer était très-agitée : le vent soufflait avec force de manière à effrayer de vrais marins; nous ne pouvions donc nous hasarder sur les flots.

J'annonçai à ma femme que nous resterions à

terre toute la journée, et que nous étions à sa disposition. Elle nous montra que, pendant nos absences continuelles, elle avait pris assez d'ortolans à Falken-Horst, à l'aide de nos piéges, pour en remplir une demi-tonne, où elle les avait roulés dans le beurre. Nos pigeons avaient dressé leur nid et couvaient tranquillement dans les branches du figuier. En faisant ainsi la ronde autour de nos possessions, nous arrivâmes près des arbres fruitiers, et je jugeai qu'il était bien temps de m'en occuper, car ils étaient déjà à moitié desséchés.

Cette occupation remplit notre journée tout entière, et, quand vint le repas du soir, nous trouvâmes nos ustensiles de cuisine en si mauvais état, qu'on décida à l'unanimité qu'il fallait les remplacer, et se rendre pour cela en famille au bois des Calebassiers; car ni ma femme ni Franz ne voulaient rester à la maison en pareille occasion. A la pointe du jour nous étions sur pied, et, munis des provisions nécessaires, nous quittâmes Falken-Horst. L'âne seul était attelé à la claie, que nous devions charger de calebasses, et sur laquelle je comptais placer le petit Franz, si ses faibles jambes étaient trop fatiguées. Turc, cuirassé selon son habitude, ouvrait la marche; Bill errait çà et là, portant sur son dos Knips (c'était le nom donné au petit singe), et mes enfants, bien armés, la suivaient partout. Quant à moi, je marchais un peu en arrière avec ma femme, qui tenait Franz par la main.

Nous nous dirigeâmes vers les marais du Flamant. Ma femme était enthousiasmée devant l'admirable végétation qui se déployait à nos yeux.

Fritz s'était enfoncé dans les herbes avec Turc · nous l'entendîmes faire feu, et nous vîmes soudain tomber dans les herbes un oiseau énorme; mais il n'était pas mort, et nous trouvâmes mon fils aux prises, ainsi que les dogues, avec cette forte bête, qui se défendait vaillamment contre eux à coups de pieds et d'ailes. Turc avait déjà deux profondes blessures à la tête; quand je m'approchai à mon tour, je fus assez heureux pour envelopper avec mon mouchoir la tête de l'animal. Privé de la lumière, il donna des coups moins dangereux, et nous parvînmes facilement à nous rendre maîtres de lui. En l'examinant, je ne lui trouvai qu'une blessure à l'une des ailes. Je les assujettis toutes deux et lui liai une patte, puis nous le portâmes ainsi garrotté sur la claie.

« Ah! le bel oiseau! » s'écrièrent-ils tous en l'apercevant.

Ernest, qui s'était rapproché, l'examinait attentivement. « Mon père, dit-il enfin, je pense que c'est une oie outarde.

— Tu as en partie raison, lui répondis-je; c'est bien une outarde, mais elle n'a pas les pieds membraneux comme ceux de l'oie, et elle est de l'espèce que les naturalistes appellent poule outarde, bien qu'il lui manque au pied l'ergot qui distingue les poules. La blessure ne paraît pas incurable, ajoutai-je en même temps, et je m'estimerais très-heureux de pouvoir l'apprivoiser et de la placer dans notre basse-cour. » Ma femme se permit alors de me faire, sur l'inutilité de ce nouvel hôte, quelques observations qu'elle appuya de lamentations en faveur de ses petits, qui attendaient peut-être le retour de leur mère. Je la rassurai en lui apprenant que ses petits couraient tous seuls comme les poussins au sortir de l'œuf, et que l'outarde pourrait fournir un rôti au cas où nous ne pourrions la conserver.

L'outarde bien attachée sur notre claie, nous nous remîmes en route, et nous ne tardâmes pas à arriver au bois des Singes, nom que nous avions donné au bois où ces messieurs s'étaient chargés de nous fournir une abondante provision de cocos. Fritz raconta en riant à sa mère les détails de cette aventure; et ses jeunes frères, surtout le gourmand Ernest, appelaient de tous leurs vœux une nouvelle troupe de singes pour leur envoyer ces belles noix qui pendaient au-dessus de leur tête; mais rien ne paraissait, et l'on cherchait inutilement le moyen de suppléer à ces animaux, quand tout à coup une noix tomba à mes pieds, puis une seconde, puis encore une troisième. Tous aussitôt de lever la tête et de chercher la main qui détachait ainsi pour nous ces fruits; mais elle semblait invisible, et le feuillage restait immobile sans que rien parût à nos yeux.

« C'est étrange! s'écria Jack: est-ce que nous sommes dans le royaume des fées? »

A peine eut-il achevé ces mots, qu'une noix vint lui effleurer le visage. Plusieurs noix tombent encore, tandis que nous cherchons inutilement le mot de l'énigme. Mais tout à coup Fritz, qui s'était réfugié sous l'arbre même pour se mettre à l'abri des projectiles, s'écrie: « Je l'ai découvert le sorcier! à moi le sorcier! le voilà qui descend de l'arbre; voyez la vilaine bête! »

En effet, c'était un bien hideux animal. Il descendait de l'arbre, disposé à jouir de sa récolte, quand Jack l'aperçut; l'étourdi, tout en se récriant sur la laideur du sorcier, courut à lui et voulut l'assommer d'un coup de crosse de fusil; mais il le manqua. L'animal, dans lequel j'avais reconnu le crabe de terre, peu effrayé de cette démonstration, marcha droit à son agresseur en étendant vers lui des pinces si larges et si formidables, qu'après avoir fait bonne mine quelques moments celui-ci se prit à fuir en criant. Cependant, comme ses frères se moquaient de lui, le dépit lui rendit le courage, et suppléant par la ruse à son manque de forces, il ôta sa veste et s'arrêta droit devant son ennemi; puis, quand celui-ci fut assez près, il l'en couvrit tout entier. Sachant qu'il n'y avait aucun danger pour lui, je le laissai lutter quelques instants; mais il fallait, pour paralyser les forces de l'ennemi, plus de vigueur que n'en avait mon pauvre Jack, et je voyais le moment où le vilain animal s'en serait allé tranquillement, emportant la veste de mon petit guerrier, lorsque je me décidai à lui appliquer un coup de hache qui le tua sur-le-champ.

La laideur de l'animal, la terreur et la bravoure successives de Jack nous occupèrent encore quelque temps; nous plaçâmes sur la claie le sorcier et ses noix de coco, et nous nous mîmes en marche. Peu après le bois s'épaissit; bientôt il nous fallut recourir à la hache pour ouvrir un passage à l'âne et à la claie qu'il traînait après lui. La chaleur était devenue extrême; nous marchions maintenant en silence et la tête baissée, car nos gosiers altérés et secs nous interdisaient la parole. Mais tout à coup Ernest, toujours observateur, nous appela auprès de lui, et nous montra une plante à l'extrémité de laquelle pendaient quelques gouttes d'une eau limpide et pure. Une première incision avait fait tomber assez d'eau pour que le petit égoïste se désaltérât; mais je m'aperçus qu'il en restait encore, et que le défaut d'air seul l'empêchait de couler; je fendis alors la plante dans toute son étendue, et tous, jusqu'à l'âne, nous pûmes nous désaltérer à notre tour. « Bénissons Dieu, m'écriai-je alors avec l'accent de la reconnaissance; remercions-le d'avoir ainsi créé, au milieu du désert, des plantes bienfaisantes qui s'offrent au voyageur égaré comme des fontaines de salut. »

La joie nous revint avec nos forces; poussant un peu de côté, vers la rive, nous atteignîmes bientôt les calebassiers et la place où nous nous étions déjà arrêtés. Fritz, se rappelant parfaitement tout ce que je lui avais dit la première fois que nous avions passé devant ces arbres, répéta la leçon à ses frères, et leur enseigna les usages auxquels ils étaient propres, et l'utilité qu'en tiraient les sauvages de l'Amérique.

Pendant qu'il parlait, je m'étais un peu éloigné pour choisir les plus belles calebasses, et voir si nous n'avions pas quelque malice à redouter de la part des singes; je reconnus avec plaisir qu'ils étaient sans doute ailleurs, car je n'en aperçus aucune trace. En revenant, je trouvai Fritz et Jack ramassant du bois sec et des cailloux, tandis que ma femme s'occupait à soigner l'outarde, dont la blessure n'était pas dangereuse. Elle me représenta qu'il était bien cruel de laisser cette pauvre bête toujours chaperonnée, et, pour lui faire plaisir, je lui ôtai le mouchoir et l'attachai seulement avec une longue ficelle à un arbre. La pauvre bête resta fort tranquille, si ce n'est lorsque nos chiens l'approchaient; du reste elle ne s'effarouchait nullement de notre présence, ce qui me confirma dans l'idée que la côte était inhabitée, puisqu'elle paraissait n'avoir jamais vu d'hommes. Cependant Jack, aidé de Fritz, avait allumé un grand feu; et tous deux étaient si affairés, que je ne pus m'empêcher de leur dire :

« Ah! ah! Messieurs, pourquoi ce feu par une telle chaleur? quels sont vos projets, s'il vous plaît?

JACK. Mon papa, nous voulons faire cuire le sorcier dans une calebasse, à la mode des sauvages.

MOI. A merveille! et vous voulez faire rougir les cailloux que vous jetterez dans l'eau; mais, avant tous ces efforts, vous auriez dû vous assurer, ce me semble, des deux éléments essentiels de votre cuisine, des vases et de l'eau. »

Ma femme, qui m'entendit, me fit observer qu'elle avait besoin aussi de plusieurs ustensiles; aussitôt les enfants se mirent à l'ouvrage pour façonner des calebasses; beaucoup furent gâtées; mais ils parvinrent à fabriquer quelques-uns des ustensiles dont nous avions besoin.

Nous fîmes des assiettes plates, des nids pour nos pigeons, des ruches pour nos abeilles. Pendant que nous travaillions, Ernest, qui avait complétement manqué ses ustensiles de calebasses, s'était enfoncé dans l'épaisseur du bois pour y chercher quelque filet d'eau. Soudain nous le vîmes revenir en courant de toutes ses forces et en criant : « Un sanglier! un sanglier! Vite! vite! »

Fritz sauta sur son fusil, et nous nous élançâmes tous deux vers l'endroit qu'Ernest nous indiquait.

Nos chiens avaient pris les devants, et des grognements horribles nous indiquèrent bientôt l'endroit où se débattait avec nos vaillants combattants, au lieu d'un sanglier, notre truie, que son humeur capricieuse nous avait contraints de laisser courir à sa guise. Cette découverte fut le sujet d'interminables plaisanteries, comme toutes celles du même genre. Tout en parlant, nous aperçûmes notre cochon dévorant de petites pommes colorées qui jonchaient la terre. Craignant cependant quelque danger, j'empêchai mes fils d'en manger, et nous nous mîmes en route pour chercher de l'eau, chacun de notre côté. Jack partit en avant; mais à peine eut-il franchi quelques buissons que nous le vîmes à son tour revenir plein d'effroi, en nous assurant qu'il avait vu un crocodile endormi sur un rocher. Tout en marchant vers le lieu qu'il nous avait désigné, je lui appris qu'il était peu probable qu'il y eût des crocodiles dans un lieu aussi aride ; en effet, je reconnus et lui désignai, dans l'animal que nous trouvions endormi, l'énorme lézard vert que les naturalistes nomment *iguane*.

Je les rassurai sur le naturel de cet animal, qui n'est nullement dangereux, et je leur dis qu'on regardait, en Amérique, sa chair comme une grande friandise. Fritz allait lui tirer un coup de fusil; je l'arrêtai en lui faisant observer que la balle s'amortirait contre les écailles et rendrait son coup inutile, et que l'animal irrité deviendrait peut-être à craindre.

« Laissez-moi faire, dis-je ensuite ; je veux essayer un moyen bien simple et assez singulier de se rendre maître de cet animal. » Je demandai en même temps une baguette légère et une ficelle, au bout de laquelle je fis un nœud coulant. Je me mis ensuite à siffler ; puis profitant de l'espèce d'engourdissement que cette mélodie occasionnait à l'animal, je lui jetai par précaution le nœud coulant autour du cou. Voyant qu'il ne donnait aucun signe de colère, je plongeai dans une de ses narines entr'ouvertes la baguette dont j'étais armé : le sang coula en abondance, et l'animal mourut à l'instant sans avoir souffert aucune douleur.

Mes fils, étonnés, s'approchèrent alors ; je leur appris que j'avais lu dans les voyages ce singulier moyen de tuer l'iguane ; mais je ne croyais pas, ajoutai-je, qu'il m'eût aussi bien réussi. Il s'agissait maintenant d'emporter l'animal ; je le pris sur mon dos, et mes fils supportèrent la queue ; ainsi disposés, nous regagnâmes l'endroit où nous avions laissé la claie. Ma femme et Franz, inquiétés par notre absence prolongée, nous cherchaient de tous côtés. Le récit de notre chasse les intéressa beaucoup ; mais, comme nous n'avions pas trouvé d'eau, nous goûtâmes, pour nous désaltérer, les petites pommes que j'avais ramassées, et dans lesquelles je crus reconnaître les fruits du goyavier ; puis nous reprîmes le chemin de Falken-Horst,

Je reconnus, dans l'animal que nous trouvâmes endormi, l'énorme lézard vert que les naturalistes nomment *iguune*.

laissant la claie au milieu du campement. Seulement l'âne fut chargé du lézard et de notre vaisselle de courge. Nous sortîmes du bois des Calebassiers; en passant à l'extrémité, nous renouvelâmes notre provision de voyage; puis nous atteignîmes un bois de chênes magnifiques, entrecoupé de quelques beaux figuiers de la même espèce que ceux de Falken-Horst. La terre était jonchée de glands; un de mes enfants s'étant avisé d'en manger un, et l'ayant trouvé excellent, nous suivîmes son exemple, et nous en récoltâmes une bonne quantité. Nous arrivâmes bientôt au logis; pendant que j'éventrais et préparais l'iguane, mes enfants déchargèrent l'âne et placèrent l'outarde à côté du flamant, dans le poulailler. L'iguane fût trouvé délicieux; mais le crabe de Jack fut jeté aux chiens. Nous soupâmes à la hâte, et nous courûmes chercher le repos dans notre château aérien.

CHAPITRE XVIII

Nouvelle excursion. — Le coq de bruyère. — L'arbre à cire. — La colonie d'oiseaux. — Le caoutchouc. — Le sagoutier.

On comprend que le lendemain mon premier soin fut d'aller chercher notre claie; mais, comme je voulais faire une excursion au delà des rochers, et que j'étais curieux de savoir jusqu'où s'étendaient les limites de notre empire, je résolus de n'emmener que Fritz avec moi.

Je laissai donc mes trois cadets près de leur mère, sous la garde de Bill, qui était pleine, et nous partîmes, Fritz et moi, accompagnés de notre baudet et de Turc, qui bondissait autour de nous.

Arrivés au bois de chênes, nous y trouvâmes notre truie qui se régalait de glands, et, après lui en avoir enlevé quelques poignées, nous continuâmes notre route. Nous remarquâmes dans les branches des compagnies d'oiseaux que nous ne connaissions pas encore. Fritz tira deux ou trois coups de fusil, et je reconnus parmi ceux qu'il avait abattus le grand geai bleu de la Virginie et des perroquets de deux espèces. Il y avait entre autre un ara rouge magnifique et une perruche verte et rouge. Mais, pendant que nous étions occupés à les considérer, un bruit soudain, semblable à celui d'un tambour mouillé, vint frapper notre oreille.

La première pensée qui se présenta à nous fut qu'il y avait dans le voisinage une horde de sauvages dont nous entendions la musique guerrière. Cependant nous nous glissâmes vers l'endroit d'où le bruit partait, et nous écartâmes les branches d'arbres qui nous obstruaient la vue. Nous découvrîmes alors, au lieu de sauvages que nous redoutions, un coq de bruyère perché sur un tronc d'arbre pourri, et occupé à donner le spectacle à une vingtaine de gelinottes réunies autour de lui et en admiration devant les gentillesses de toutes sortes auxquelles il se livrait pour captiver leur attention. C'était un spectacle étrange dont j'avais déjà lu la description, et que je n'avais jamais pu croire. Cris modulés, battements d'ailes, roulements de tête, le singulier acteur de cette scène n'épargnait rien pour plaire. Tantôt il agitait les plumes de son cou avec une telle violence, qu'on aurait dit un nuage qui l'entourait ; d'autres fois il se tenait majestueusement immobile et poussait un cri perçant, puis il recommençait aussitôt sa pantomime. Le nombre des poules qui étaient assemblées autour de lui s'augmentait à chaque instant, quand Fritz, ajustant l'acteur et le tuant, mit fin à ses ébats. Les gelinottes prirent la fuite. Je grondai mon fils de cette ardeur inconsidérée, et, comme son action m'avait causé une impression désagréable, je ne pus m'empêcher de lui dire avec vivacité : « A quoi bon cette rage de détruire sans cesse ? La mort, et toujours la mort ! Est-ce donc un bonheur pour toi de ne laisser d'autres marques de ton passage que la dévastation ? Crois-tu qu'il y eût eu moins de plaisir pour nous à jouir de ce spectacle nouveau qu'à trouver l'acteur gisant devant nous ? »

Fritz parut honteux de son action ; mais comme le mal était irrémédiable, je crus qu'il était convenable d'en tirer le meilleur parti possible, et j'envoyai le chasseur ramasser son gibier.

« C'est un superbe animal, dit-il en le rapportant, et je regrette beaucoup de l'avoir tué ; il eût été fort utile dans notre basse-cour.

— C'est vrai, lui répondis-je, mais nous pouvons encore remédier à cette perte. Quand une de nos poules sera sur le point de couver, nous amènerons ici notre singe ; son instinct le guidera sans doute vers quelque nid de gelinottes. Nous prendrons lès œufs et les confierons à nos poules ; nous pourrons ainsi introduire dans notre basse-cour une nouvelle espèce de volatiles. »

Nous déposâmes ensuite le coq sur le dos de l'âne ; et, continuant notre route, nous arrivâmes en peu de temps au bosquet des goyaviers, dont les petites pommes nous rafraîchirent comme la veille.

Nous arrivâmes ensuite aux calebassiers ; nous trouvâmes en bon état les divers objets que nous y avions laissés la veille. Comme il nous restait encore beaucoup de temps, je résolus de pousser une excursion au delà des rochers, et d'entrer dans la partie du pays que nous n'avions pas encore visitée.

Après avoir suivi pendant quelque temps les rochers, nous arrivâmes à une plaine couverte de plantes peu élevées. Nous ne nous y avancions qu'avec précaution, jetant nos regards à droite et à gauche pour ne rien laisser échapper, et nous mettre en mesure d'éviter le danger s'il s'en présentait. Turc marchait le premier ; le baudet venait après lui. Nous rencontrâmes de distance en distance de petits ruisseaux, des champs de pommes de terre ou de manioc, et de temps en temps des troupes d'agoutis, qui jouaient tranquillement et ne paraissaient pas du tout effrayés de notre approche. Fritz aurait volontiers lâché des coups de fusil ; mais ils étaient trop éloignés pour qu'il pût espérer les atteindre, et cette circonstance seule le retint.

Au bout de quelques instants de marche, nous

pénétrâmes dans un fourré de buissons qui nous étaient inconnus, et parmi lesquels nous découvrîmes le *myrica cerifera,* arbre dont les baies produisent la cire. J'engageai Fritz à en cueillir le plus qu'il lui serait possible ; car je savais que cette découverte ferait plaisir à ma femme.

Un peu plus loin, nous vîmes une espèce d'oiseaux qui paraissaient vivre en société dans un nid immense où habitait la tribu tout entière, et sous lequel chacun trouvait un abri. Il était placé au milieu de l'arbre, à la naissance des branches et des rameaux, et ressemblait extérieurement à une grosse éponge, à cause des ouvertures nombreuses qui se montraient sur toutes les parois et qui conduisaient à chaque nid particulier. Mêlés aux habitants du nid, une foule de petits perroquets volaient çà et là en poussant des cris aigus et en disputant aux propriétaires l'entrée de leur nid. Curieux d'examiner de près cette intéressante tribu, Fritz grimpa sur l'arbre; et, après plusieurs tentatives, il fut assez adroit pour dénicher un de ces petits oiseaux, qu'il put mettre vivant dans la poche de sa veste, malgré les cris, les battements d'ailes et les coups de bec de ses frères. Fritz était heureux de sa capture : elle ramena son attention sur le phénomène singulier de ces animaux vivant en société, phénomène sur lequel notre conversation roula pendant assez longtemps. Je lui rappelai les prodiges accomplis par les castors, qui construisent des digues capables de résister à des courants violents, et font même déborder des rivières pour établir leurs demeures dans les étangs formés par l'inondation.

Je lui racontai les travaux merveilleux accomplis par la fourmi céphalote. Je lui fis la description de ces belles et grandes fourmilières qu'on rencontre dans plusieurs endroits de l'Amérique, hautes et larges de six pieds, et dont les remparts sont maçonnés avec autant d'art et de solidité que s'ils eussent été construits par la main des hommes. Puis je lui parlai d'un animal moins étonnant, mais non moins intéressant, la marmotte, dont le souvenir nous rappelait notre chère patrie.

Cette leçon d'histoire naturelle avait fait disparaître la longueur du chemin, et nous étions arrivés à un bois d'arbres qui nous étaient encore inconnus : ils ressemblaient au figuier sauvage; leur fruit était âpre; ils avaient de quarante à soixante pieds d'élévation, et leur écorce était crevassée et couverte d'aspérités. Ils portaient en outre çà et là de petites boules de gomme qui s'étaient durcies à l'air. Fritz, qui s'était plusieurs fois servi, pour vernisser, de la gomme qui tombe des arbres d'Europe, prit celle-ci, et voulut la ramollir dans ses mains; mais l'action de la chaleur ne fit que l'étendre, et elle reprenait sur-le-champ sa première forme par un mouvement élastique. Surpris de la découverte, il vint à moi en s'écriant : « J'ai trouvé la gomme élastique !

— Serait-il possible! lui dis-je avec empressement : heureux si tu dis vrai! »

Je m'en assurai, et je vis qu'en effet nous étions près de l'arbre à caoutchouc. Fritz ne se rendait pas compte de la joie qui m'animait.

« La gomme élastique nous sera tout à fait inutile, dit-il; nous n'avons rien à dessiner, et par conséquent pas de crayon à effacer.

— Un moment, lui dis-je, et écoute-moi : la gomme élastique est non-seulement utile au dessinateur, mais elle peut servir à faire un tissu imperméable, et nous pourrons en fabriquer des chaussures pour la saison des pluies. » Cette idée plut extrêmement à mon fils, et je fus obligé de lui indiquer comment je pensais arriver à ce résultat et la manière d'employer le caoutchouc.

« Le caoutchouc, lui dis-je, est cette gomme qui se dégage de l'arbre que tu vois; elle en tombe goutte à goutte, et on la recueille dans des vases où l'on a bien soin de ne pas la laisser se solidifier. On la prend à l'état liquide, et l'on en couvre de petites bouteilles de terre que l'on présente ensuite à la fumée d'un feu de bois humide qui sèche l'enduit. C'est de là que le caoutchouc prend la teinte noire avec laquelle il parvient en Europe. Quant à la forme, elle est telle qu'on la donne aux moules. On applique sur ces moules plusieurs couches successives de gomme, et quand elles sont suffisamment séchées, on brise la bouteille, dont les morceaux sortent par l'ouverture supérieure. C'est ce procédé que je compte appliquer à la confection de nos chaussures. Nous remplirons de sable un de nos bas, et nous étendrons dessus les couches de caoutchouc nécessaires pour donner une botte épaisse et solide. »

Nous avançâmes encore quelque temps, et nous ne découvrîmes qu'un nouveau bois de cocotiers : c'était celui qui se prolongeait jusqu'au bord de la mer, près du promontoire de l'Espoir-Trompé. De petits singes qui s'y ébattaient nous fournirent des noix dont nous nous régalâmes ; mais en considérant les arbres qui s'élevaient autour de nous, j'en remarquai quelques-uns d'une plus petite espèce qui me parurent être des sagoutiers. Parmi nos découvertes, celle-ci était une des plus précieuses. Je me hâtai donc de m'assurer de la réalité en frappant de ma hache un de ces arbres étendu par terre, et je trouvai une moelle d'un goût agréable, qui était, en effet, celui du sagou que j'avais mangé en Europe. Ce qui me confirma encore dans mon opinion, ce furent les grosses larves dont j'avais lu la description dans les relations de voyages, et dont les Indiens sont très-friands. J'en embrochai plusieurs dans une baguette, et les fis rôtir à la flamme d'un feu que j'allumai. L'odeur qu'elles répandaient était délicieuse. Je les goûtai en me servant d'une pomme de terre en guise de pain, et Fritz, qui d'abord, à l'inspection, avait protesté que jamais de sa vie il ne toucherait à un pareil mets, se décida enfin à partager ma cuisine, et la trouva si bonne, qu'il recueillit toutes les larves qu'il put trouver pour les faire griller à son tour.

Après ce repas délicat, nous nous levâmes, et nous continuâmes encore quelque temps notre excursion sans rien rencontrer de nouveau. La terre offrait partout cette même végétation si riche et si puissante. Mais des champs de bambous nous offrirent un obstacle insurmontable. Nous nous dirigeâmes donc à gauche le long du rivage, à travers la plantation des cannes à sucre, et, comme il était tard, nous nous hâtâmes de reprendre la route de Falken-Horst. Nous prîmes par le chemin le plus court pour regagner le bois des Calebassiers, où nous retrouvâmes la claie; l'âne fut attelé, et nous retournâmes vers les nôtres, qui nous attendaient avec une inquiétude motivée par notre longue absence.

Ma femme témoigna beaucoup de joie à la vue du sagou; puis elle s'approcha pour écouter Fritz, qui racontait avec feu les découvertes du jour, le coq gelinotte et le nid habité par une colonie d'oiseaux.

Le perroquet de Fritz, auquel Jack et Franz adressaient déjà la parole, fut salué par tout le monde du nom classique de *Jacquot*, et reçut une quantité de glands doux dont il se régala.

Je racontai alors à mon tour la découverte du caoutchouc, qui devait nous donner des bottes imperméables, et des baies à cire, avec lesquelles je promis de faire des bougies. Ma femme reçut avec une attention spéciale celles que nous rapportions.

Après le repas et à la nuit tombante, nous remontâmes sur notre arbre, tirant l'échelle après nous, et nous nous livrâmes à un sommeil qui nous était nécessaire.

CHAPITRE XIX

Les bougies. — Le beurre. — Embellissement de Zelt-Heim. Dernier voyage au vaisseau. — L'arsenal.

Nous étions à peine debout, que ma femme et mes fils s'empressèrent autour de moi, et qu'il me fallut m'occuper de la fabrication des bougies, métier pour moi bien nouveau. Je cherchai dans ma mémoire tout ce que j'avais appris sur l'art du cirier, et je me mis à l'ouvrage. J'aurais voulu pouvoir mêler à mes baies du suif ou de la graisse pour donner à mes bougies plus de blancheur et les faire brûler plus facilement; mais il fallut en prendre notre parti. Ma femme préparait des mèches avec du fil à voile, tandis que je m'occupais à faire fondre la cire. J'avais placé sur le feu un vase rempli d'eau, j'y jetai les baies, et je vis bientôt nager à la surface une matière huileuse de couleur verte; je l'enlevai avec soin; je la plaçai dans un vase, à proximité du feu pour l'empêcher de prendre consistance. Lorsque je crus en avoir obtenu une quantité suffisante, je commençai à tremper dans la cire tenue à l'état liquide les mèches en fil, puis je les suspendis à des branches d'arbre pour les faire sécher, et je recommençai jusqu'à ce que mes bougies fussent de bonne grosseur. Je les plaçai dans un endroit frais pour les faire durcir, et le soir même nous pûmes en faire l'essai. Ma femme était heureuse; et, bien que la lueur n'en fût pas d'une pureté irréprochable, ces bougies allaient ainsi nous permettre de prolonger nos soirées, et nous empêcher de nous coucher en même temps que le soleil, comme nous l'avions fait jusqu'alors.

Le succès qui couronna cette entreprise nous encouragea à en tenter une seconde. Ma femme regrettait beaucoup de voir se perdre chaque jour la crème qu'elle levait du lait de notre vache; elle désirait pouvoir en faire du beurre; mais il lui manquait pour cela l'instrument nécessaire, la baratte. Mon inexpérience ne me permettant pas d'en fabriquer une, j'y suppléai en mettant en usage un procédé que j'avais vu employer par les Hottentots. Seulement, au lieu de la peau de bouc dont ils se servent, je coupai une courge en deux parties égales, que je refermai hermétiquement. Je l'emplis aux trois quarts de lait; puis, ayant attaché à quatre pieux disposés exprès un long morceau de toile, sur lequel je plaçai la courge, j'ordonnai à mes fils de l'agiter dans tous les sens. La singularité de cette opération, peu pénible en elle-même, leur servit de jouet. Au bout d'une heure, la courge, longtemps ballottée comme un enfant au berceau, nous fournit d'excellent beurre. La cuisinière le reçut avec satisfaction, et mes petits gourmands n'en furent pas moins charmés. Mais ces travaux n'étaient rien; il en est un qui me donna plus de peine, et que je fus plus d'une fois sur le point d'abandonner. Il s'agissait de la construction d'une voiture plus commode que notre claie pour transporter nos provisions et nos fardeaux. Je gâtai une quantité prodigieuse de bois, et je ne parvins à faire qu'une machine lourde et informe de quatre à cinq pieds à laquelle j'adaptai deux roues de canon enlevées au navire, et dont les bords furent façonnés en bambous croisés. Quelque grossière que fût cette voiture, elle nous fut d'une grande utilité.

Pendant que je m'occupais ainsi à ce pénible travail, ma femme et mes fils ne restaient pas les bras croisés; ils exécutaient divers embellissements, dans lesquels un mot suffisait pour les guider, tant ils y mettaient de zèle et d'intelligence; ils transplantèrent la plupart de nos arbres d'Europe dans les lieux où je supposais qu'ils devaient le mieux réussir. La vigne fut placée contre notre grand arbre, dont le feuillage nous parut propre à la défendre contre les rayons du soleil. Les châtaigniers, les noyers, les cerisiers furent rangés sur deux belles allées, dans la direction du pont de Falken-Horst. Cette promenade ombragée était ménagée pour nos voyages à Zelt-Heim. Nous arrachâmes toute l'herbe, et au milieu nous établîmes une chaussée bombée, afin qu'elle fût toujours sûre et propre. Les brouettes étant insuffisantes pour y transporter le sable nécessaire, je construisis un petit tombereau, que l'âne traînait.

Comme la nature avait entièrement déshérité Zelt-Heim, nos efforts d'embellissements se portèrent principalement sur ce point. Nous y transférâmes notre résidence pour les exécuter à loisir. Nous y plantâmes en quinconce tous ceux de nos arbustes qui ne redoutaient pas l'ardente chaleur, tels que les limoniers, les citronniers, les pistachiers et les orangers cédrats, qui atteignent une hauteur extraordinaire et portent des fruits plus gros que la tête d'un enfant. L'amandier, le mûrier, l'oranger sauvage et le figuier d'Inde y trouvèrent aussi leur place. L'aspect du site fut ainsi changé; à une plage brûlante nous fîmes succéder un frais bosquet; nous abritâmes les sables du rivage d'ombres hautes et épaisses, qui devaient favoriser la crue des herbes et offrir de la nourriture à nos bestiaux, si nous étions forcés de nous retirer en cas d'invasion étrangère.

Après avoir planté le long du ruisseau des cèdres pour attacher notre barque et nous donner aussi de l'ombre, il nous vint dans l'idée d'entourer notre demeure de fortifications, de haies vives et fortes, en un mot, de la mettre en état de soutenir le siége contre une armée de sauvages, s'il en était besoin. Notre artillerie devait naturellement prendre place dans ces projets belliqueux. Aussi nous construisîmes une plate-forme, sur laquelle furent hissés les deux canons de la pinasse.

Ces divers travaux nous occupèrent six semaines environ, sans pourtant nous empêcher de célébrer le dimanche par les exercices accoutumés; et j'admirai comment mes fils, fatigués par six jours de travail assidu, trouvaient encore assez de forces le dimanche pour se livrer à tous les jeux gymnastiques, grimper aux arbres, courir, s'exercer à nager ou à lancer le lazo: tant il est vrai que le changement d'occupation repose autant que l'inaction!

Une seule chose nous inquiétait, c'était l'état de délabrement de nos habits. Les costumes d'officiers et de matelots que nous avions trouvés sur le navire étaient usés; et je voyais avec crainte le moment où nous serions forcés de renoncer aux habillements européens. D'un autre côté, ma superbe voiture commençait à se fatiguer considérablement ; l'essieu ne tournait plus que difficilement, et encore était-ce avec un bruit capable de déchirer l'oreille la moins délicate. De temps en temps j'y mettais bien quelque peu de beurre; mais ce secours était insuffisant, et ma femme aurait voulu voir son beurre mieux employé. Je me rappelai que le vaisseau, qui contenait encore plusieurs objets, pourrait bien renfermer quelques tonnes de graisse et de goudron. Le désir de savoir dans quel état il se trouvait depuis que nous l'avions visité, joint à nos besoins urgents, me détermina à mettre la pinasse en mer et à tenter un voyage que j'annonçai à ma femme comme devant être le dernier. Nous profitâmes du premier jour de calme pour mettre ce projet à exécution.

La carcasse du navire était à peu près dans l'état où nous l'avions laissée; prise comme elle l'était entre les rochers, la mer et le vent ne lui avaient enlevé que quelques planches. Nous parcourûmes les chambres, nous fîmes main basse sur tous les objets qu'elles renfermaient, puis nous descendîmes dans la cale; nous y trouvâmes, comme je l'avais pensé, plusieurs tonnes de graisse, de goudron, de poudre, de plomb, ainsi que des canons de gros calibre, des chaudières d'une grande capacité, qui devaient servir à une raffinerie de sucre. Les moins pesants de ces objets furent embarqués, les autres furent attachés à des tonnes vides bien bouchées, et je projetai alors, pour en finir et nous rendre maîtres des débris du navire, de faire sauter la carcasse, dont les flots devaient nous apporter toutes les planches au rivage. Quoique les préparatifs de cette entreprise fussent extrêmement simples, ils durèrent quatre jours. Je me contentai de placer dans la quille du bâtiment un baril de poudre, auquel j'attachai une mèche qui devait brûler plusieurs heures, et nous nous éloignâmes précipitamment pour regagner la côte.

Quand nous fûmes arrivés, je proposai à ma femme de porter le souper sur le promontoire, d'où l'on pouvait apercevoir le vaisseau; elle y consentit volontiers. Nous nous mîmes gaiement à table, attendant avec anxiété le moment de l'explosion; mais l'obscurité, qui dans ces contrées, comme je l'ai déjà dit, succède immédiatement au jour, commençait à peine à envelopper la terre, que nous vîmes s'élever tout à coup au-dessus des flots une immense colonne de feu; puis une explosion retentit, et tout rentra dans le calme. C'étaient les derniers débris du navire qui se séparaient; avec eux disparaissaient les derniers liens qui nous attachassent à l'Europe. Cette idée pleine de tristesse se communiqua spontanément à chacun de nous; aussi, à la place des cris de joie sur lesquels j'avais compté, l'explosion du navire ne fut reçue que par des pleurs, auxquels je ne pus moi-même résister. Nous retournâmes à Zelt-Heim en proie aux plus tristes pensées.

Le repos de la nuit changea le cours des pénibles impressions de la veille. Nous nous levâmes avec le jour, et nous nous hâtâmes d'aller à la côte. Des planches et des poutres flottaient çà et là;

il nous fut facile de les réunir sur le rivage. Les chaudières de cuivre surnageaient, ainsi que deux ou trois canons. Nous amenâmes à terre, à l'aide de l'âne, tout ce qu'il nous fut possible, et les chaudières nous servirent à assurer notre magasin de poudre, en les renversant par-dessus les tonnes qui la contenaient. Nous choisîmes une place, à l'abri des rochers, pour en faire notre arsenal; de telle sorte qu'une explosion ne nous présentait plus aucun danger. Nous creusâmes tout autour un petit fossé pour garantir la poudre de l'humidité, et nous remplîmes avec du goudron et de la mousse l'intervalle qui restait entre les tonnes et la terre sur laquelle elles étaient appuyées. Les canons furent couverts, tant bien que mal, avec des planches; ma femme surtout insistait pour nous faire prendre des précautions, car elle avait une grande frayeur des résultats que pouvait avoir une explosion.

Tandis que nous étions occupés à ces travaux importants, je découvris que deux canes et une de nos oies avaient couvé sous un buisson, et conduisaient déjà à l'eau une petite famille de poussins. Canetons et oisons furent salués avec une grande satisfaction : nous les apprivoisâmes bientôt en leur jetant quelques morceaux de pain de manioc.

Les dernières dispositions à faire pour la sécurité de Zelt-Heim et des provisions que nous y avions déposées, nous y retinrent encore une journée; mais chacun désirait le départ pour retrouver le bien-être qui nous attendait chez nous. Aussi je m'empressai de donner le signal, et la joyeuse caravane partit pour Falken-Horst.

CHAPITRE XX

Voyage dans l'intérieur. — Le vin de palmier.
Fuite de l'âne. — Les buffles.

En parcourant l'avenue qui conduisait à Falken-Horst, nous trouvâmes nos jeunes arbres courbés par le vent, et je résolus aussitôt de protéger leur faiblesse avec des tuteurs de bambous, qu'il nous serait facile de trouver de l'autre côté du promontoire de l'Espoir-Trompé. A ce mot, tout le monde voulut être de l'expédition. Les récits que nous avions faits des richesses de cette contrée, encore inconnue à plusieurs de mes fils, avaient vivement piqué la curiosité générale. Ma femme et ses jeunes fils inventèrent cent prétextes pour ne pas me laisser partir seul avec Fritz : nos poules étaient près de couver, il était urgent d'aller chercher des œufs de poule de bruyère; les baies de cire manquaient, il fallait renouveler la provision de bougies; Jack voulait manger des goyaves, et Franz sucer des cannes à sucre : en un mot, chacun avait une raison valable pour être admis à faire partie de l'excursion du lendemain. Je consentis donc à ce que le voyage se fît en famille. Nous partîmes par une belle matinée : l'âne et la vache furent attelés à la charrette; nous prîmes une toile à voile destinée à nous servir de tente, car je prévoyais que l'absence serait inévitablement de plusieurs jours. La caravane organisée se mit en marche : nous parvînmes à la grande colonie d'oiseaux, et nous nous arrêtâmes pour laisser reposer nos animaux. Nous reconnûmes la grande république de volatiles, auxquels je pus enfin donner un nom certain : c'était une réunion de *loxia socia.* Tout autour du grand nid s'élevait une grande quantité d'arbres à cire tout chargés de leurs baies brillantes. Nous remarquâmes que les oiseaux du grand nid s'en nourrissaient; mes enfants voulurent en goûter; mais ils les trouvèrent très-fades et très-mauvaises. Nous nous contentâmes donc d'en faire provision pour nos bougies. Nous n'étions qu'à peu de distance de l'endroit où Fritz avait abattu le coq de bruyère; mais nous résolûmes de mettre la recherche des œufs à notre retour, afin de ne pas courir le risque de les briser pendant notre voyage. Nous reconnûmes les arbres à caoutchouc, et j'eus soin de pratiquer dans l'écorce plusieurs incisions profondes, au-dessous desquelles nous plaçâmes des coquilles de coco destinées à recevoir la gomme qui en découlait.

Nous parvînmes ensuite au bois de palmiers, et, après avoir tourné le cap de l'Espoir-Trompé, nous dirigeâmes si heureusement notre marche entre les cannes à sucre et les bambous, que nous nous trouvâmes en pleine campagne, dans la contrée la plus fertile et la plus délicieuse que nous eussions encore rencontrée sur cette terre.

Nous avions à notre gauche les cannes à sucre, à notre droite les bambous et un rideau de hauts et magnifiques palmiers, et enfin devant nous la baie de l'Espoir-Trompé, puis l'Océan et son immensité.

L'aspect de ce ravissant point de vue nous fit prendre la résolution de faire de ce lieu le centre de nos excursions; nous balançâmes même quelques instants pour savoir si nous ne changerions pas pour cette résidence nouvelle notre beau palais de Falken-Horst; mais Falken-Horst avait déjà tout l'attrait d'une propriété que nous avions créée et dont nous connaissions les environs.

Notre demeure sur l'arbre était à l'abri de tout danger, et, de plus, elle était voisine de Zelt-Heim, que nous venions de fortifier et d'embellir. Ces considérations l'emportèrent, et il fut résolu que ce lieu ne serait pour nous qu'un but de promenade. Nous déliâmes nos bêtes, et nous nous arrangeâmes pour passer la nuit. Nous nous restaurâmes avec les provisions que nous avions eu soin de prendre avec nous, et chacun se sépara, les uns pour aller aux cannes à sucre, les autres pour cueillir des bambous, première cause de notre excursion. Le travail aiguisa sensiblement l'appétit de mes jeunes gens, et nous ne tardâmes pas à les voir revenir fort disposés à faire honneur une seconde fois aux provisions; mais ma femme n'était pas de cet avis. Il y avait bien à quelques pas de nous de hauts palmiers chargés de noix de coco: mais comment parvenir à ces tiges élevées de soixante à quatre-vingts pieds? Nous levions inutilement les yeux en l'air; les noix restaient immobiles aux branches; Fritz et Jack se décidèrent enfin à grimper. Je les aidai d'abord; mais, parvenus à une certaine hauteur et abandonnés à eux-mêmes, ils sentirent bientôt leurs bras se fatiguer, et comme les troncs étaient trop gros pour qu'ils pussent les embrasser, ils furent obligés de se laisser couler à terre. Ce petit échec les avait rendus honteux. Je vins à leur secours, et je tâchai de suppléer par l'expérience à la faiblesse de leurs membres. Je leur donnai des morceaux de peau de requin, que j'avais eu soin d'apporter; ils se les attachèrent aux jambes, et je leur enseignai en même temps à s'aider d'une corde à nœud coulant, comme font les nègres de l'Amérique. Le moyen réussit beaucoup mieux que je ne l'avais espéré, et mes petits grimpeurs arrivèrent au sommet des palmiers, où, se servant de la hachette dont ils étaient munis, ils nous firent tomber une grêle de belles noix.

Fritz et Jack étaient tout fiers de leur prouesse; de temps en temps ils s'approchaient du paresseux Ernest, et lui présentaient une noix ouverte en lui disant : « Seigneur, daignez vous rafraîchir après les longues fatigues que vous avez souffertes. » Mais le patient Ernest ne semblait pas s'apercevoir de leurs plaisanteries. Il savourait doucement les noix de coco, paraissait méditer profondément, quand tout à coup il se lève, prend une hachette et vient me demander de lui ouvrir une noix de coco de manière à en faire une coupe qu'il pourrait suspendre à sa boutonnière. Cette demande nous étonna tous; mais ce fut bien pis encore quand notre petit bonhomme, s'adressant à moi d'un air plein de gravité, me dit :

« Je veux bien faire violence à mes molles habitudes et donner des gages de dévouement et de piété filiale. Je vais monter à mon tour sur un de ces arbres : heureux si je puis par là me concilier la bienveillance de mon père et égaler les exploits de mes frères !

— Bravo ! » lui dis-je, tandis qu'il s'approchait de l'un des plus hauts palmiers. Je lui offris le même secours qu'à ses frères; mais il n'accepta que la peau de requin. Je fus étonné de son agilité et de sa vigueur; mais ses frères le regardaient avec un air railleur que je ne compris que plus tard; ils avaient remarqué que le palmier choisi par Ernest ne portait point de fruit, et ils attendaient qu'il fût en haut pour le lui apprendre.

Ernest n'en continuait pas moins à grimper; il parvint enfin à l'extrémité de l'arbre, et là, tirant sa hache, il se mit à couper et à tailler tout autour de lui.

Nous vîmes enfin tomber à nos pieds un rouleau de feuilles jaunes et tendres étroitement serrées les unes contre les autres : c'était le chou du palmier.

L'esprit méditatif d'Ernest lui avait rappelé ce qu'il avait lu dans l'histoire naturelle. Il savait qu'il y a plusieurs espèces de palmiers : l'un produit des noix, l'autre du sagou; un autre enfin porte au sommet un bouquet de feuilles, qu'on a appelé chou, et dont les Indiens sont très-friands. Mais ses frères, qui n'étaient pas aussi forts que lui en histoire naturelle, n'accueillirent qu'avec de nouvelles plaisanteries la découverte du savant. La mère elle-même n'y crut pas, et elle reprocha à son fils ce qu'elle considérait comme une boutade d'enfant contrarié.

« Méchant, lui dit-elle, tu veux punir de ton étourderie cet arbre innocent. A présent que tu l'as découronné, il périra inévitablement.

— Ernest, leur dis-je, a parfaitement raison, et il vient de faire preuve du profit qu'il sait tirer de ses lectures; que l'admiration remplace vos sarcasmes. Il est plus lent que vous, il n'a ni votre force ni votre hardiesse; mais il est plus réfléchi que vous, il compare et étudie. C'est ainsi qu'il a découvert successivement les présents les plus précieux dont la Providence nous a gratifiés.

« Défiez-vous, mes amis, de cet esprit de jalousie et de rivalité qui tend à se faire jour parmi vous. Ce n'est qu'en réunissant en un faisceau bien uni toutes vos qualités séparées, ce n'est qu'en confondant, pour ainsi dire, toutes vos forces et toutes vos facultés, que vous triompherez des obstacles que nous aurons à vaincre dans notre solitude. Qu'Ernest soit la tête, et vous le bras de la colonie; à lui la pensée, à vous l'action. Mais, avant tout, soyez unis, car l'union fait la force. »

Cependant Ernest ne descendait point; il restait immobile sur le haut de son palmier. « Veux-tu donc, lui cria Fritz, remplacer le chou que tu as si bien coupé ?

— Non; mais je veux vous apporter un vin généreux dont nous pourrons l'arroser; il coule plus lentement que je ne croyais. »

Des grands éclats de rire et des marques d'incrédulité saluèrent cette nouvelle prétention d'Ernest. Pour faire taire ses frères, il se hâta de descendre, et tira de sa poche un flacon rempli d'une liqueur rose et d'un goût semblable à celui du vin de Champagne. Il m'en présenta d'abord, puis à sa mère, enfin aux enfants. C'était le vin du palmier, qui enivre comme le suc de la vigne, et qui de même restaure quand on en boit modérément.

Le petit Franz, émerveillé de tant de prodiges, me demandait naïvement si nous n'étions pas dans une forêt enchantée, ajoutant qu'il serait bien possible que tous ces arbres fussent des princes et des princesses qui lui rappelaient ceux des contes dont sa bonne l'amusait autrefois.

La mère le prit alors sur ses genoux, et essaya de lui faire comprendre que rien n'était plus faux que des contes; elle ne put guère y réussir.

Cependant, le jour avançant vers son déclin, nous songeâmes à établir notre tente pour la nuit. La toile que nous avions apportée de Falken-Horst fut étendue sur des piquets et recouverte de mousse et de branchages; mais, tandis que nous étions occupés à ce travail, notre âne, qui paissait tranquillement au pied d'un arbre, prit tout à coup le galop en poussant des braiements aigus, lançant des ruades à droite et à gauche, et disparut complétement.

Nos dogues, ne comprenant pas ce que nous leur demandions, ne surent pas nous indiquer sa trace, si bien que le baudet nous échappa, et qu'après de longues et infructueuses recherches nous fûmes obligés de revenir sans lui. Cette fuite soudaine m'inquiétait, d'abord parce que l'âne nous était indispensable, et ensuite parce que je redoutais l'approche de quelque bête féroce qui avait pu effrayer le grison.

Nous allumâmes autour de la tente de grands feux; et comme nous avions peu de bois, nous y élevâmes en outre des flambeaux de cannes à sucre destinés à nous éclairer, et dont la vive lumière devait nous protéger.

Nous nous retirâmes ensuite sous la tente, qui nous défendit très-bien contre la fraîcheur de la nuit. Nos armes chargées étaient à côté de nous.

Nous nous étendîmes sur un lit de mousse, et, comme nous étions tous fatigués, le sommeil ne tarda pas à s'emparer de nous. Je veillai seul jusqu'à ce que les bûchers fussent consumés. J'allumai alors les flambeaux de cannes à sucre, et je m'endormis jusqu'au jour.

Le matin, réveillés sans qu'aucun accident eût troublé notre nuit, nous remerciâmes Dieu de la protection qu'il nous avait accordée, et nous déjeunâmes de lait froid et de fromage de Hollande. J'avais pensé que nos feux de la nuit ramèneraient le baudet; mais je m'étais trompé. Désireux de le trouver, j'arrêtai le plan d'une battue, et à cet effet je résolus de franchir, s'il était nécessaire, les épais roseaux qui s'étendaient devant nous. Jack ne concevait pas pourquoi cet animal avait pu nous quitter pour s'en aller courir dans le désert, au milieu des tigres et des lions dont il avait peut-être fait la rencontre; par cela seul, disait-il, il est tout à fait indigne de nos regrets. Je fis revenir l'étourdi de cette première opinion, et je lui annonçai que je l'avais choisi pour mon second dans l'entreprise que je méditais. Les deux dogues nous suivirent; Fritz et Ernest restèrent pour veiller sur leur mère et sur nos provisions. Jack ne pouvait maîtriser sa joie. Nous partîmes armés jusqu'aux dents, et, après avoir marché une heure dans le bois de bambous, nous découvrîmes sur le sable les traces de notre âne. Nous suivîmes cette indication précieuse, et bientôt nous parvînmes à un ruisseau si rapide, que nous descendîmes un peu son cours pour trouver à le passer sans danger. De l'autre côté, nous remarquâmes l'empreinte des pieds de l'âne; mais il s'y en mêlait d'autres que nous jugeâmes être d'un sabot plus large et plus fort; les unes et les autres disparurent complétement; des buissons et deux ou trois petits ruisseaux nous les firent perdre tout à fait.

Nous marchions donc au hasard, examinant attentivement sur la plaine immense qui se déroulait devant nous; elle offrait de tous côtés le même calme, la même solitude; à peine rencontrions-nous quelques oiseaux. A notre droite s'élevait majestueusement la chaîne de rochers qui partageait l'île : quelques-uns semblaient monter jusqu'aux nues, les autres se dessinaient en formes variées. A notre gauche se prolongeait une suite de collines tapissées d'une herbe haute, et du plus beau vert; une rivière traversait la plaine, et semblait un large ruban d'argent. Désespérant de rien trouver, nous allions revenir sur nos pas, quand nous découvrîmes dans le lointain une troupe de quadrupèdes tantôt réunis, tantôt épars; ils semblaient être de la taille des chevaux. Je fis la réflexion que notre fugitif pourrait bien se trouver parmi eux, et nous nous dirigeâmes de leur côté; plus nous nous approchions, plus la terre devenait humide; nous étions dans un marais où nous enfoncions à chaque pas. Nous sortîmes donc avec peine de la forêt de roseaux qui couvrait ce marais; j'aperçus avec effroi que nous avions devant nous, à la distance de trente pas, un troupeau de buffles. Je connaissais la férocité de ces animaux, et je me sentis saisi de frisson à la pensée de nous trouver face à face avec ces terribles adversaires. Je jetai un regard de pitié et d'effroi sur mon bon Jack, et mes yeux se remplirent de larmes. Néanmoins nous étions trop avancés pour reculer : il était trop tard pour fuir. Les buffles nous regardaient avec plus d'étonnement que de colère ; car nous étions probablement les premiers hommes qu'ils eussent rencontrés. Ceux qui étaient couchés se relevaient lentement, les autres se tenaient immobiles. J'entrevis la possibilité de nous échapper; mais ma première frayeur paralysait mes jambes : heureusement nos chiens, qui s'étaient tenus quelque temps en arrière, sortirent des roseaux ; s'ils eussent été avec nous quand nous découvrîmes les buffles, ceux-ci se seraient jetés sur eux et sur nous en même temps, et ils nous auraient écrasés en un moment. Nos efforts pour retenir les deux dogues furent inutiles; ils avaient fondu sur les buffles dès qu'ils les avaient aperçus.

Le combat était engagé, et le troupeau tout entier poussait d'horribles mugissements. Ces terribles animaux battaient du pied la terre, la faisaient voler à coups de cornes; c'étaient, en un mot, les préludes d'un affreux combat, où nous devions inévitablement succomber. Turc et Bill, suivant leur manière habituelle d'attaquer, se jetèrent sur un jeune buffle qui se trouvait séparé des autres : ils le saisirent fortement par les oreilles. Nous avions pu, pendant ce temps, reculer de quelques pas, et préparer nos armes. Le jeune buffle faisait des efforts inouïs pour se débarrasser de ses ennemis. Sa mère vint à son aide, et de ses cornes longues et pointues elle se préparait à éventre l'un de nos chiens. Je profitai du moment : je donnai le signal à Jack, qui faisait à mes côtés une admirable contenance ; et deux coups de feu partis à la fois produisirent sur le troupeau l'effet de la foudre. A notre grande satisfaction, nos dangereux adversaires se mirent à fuir avec une extrême rapidité. En un instant la plaine fut libre, et les échos ne nous rapportaient que de faibles mugissements. Cependant nos dogues n'avaient pas lâché prise ; la mère seule de l'animal captif, renversée par nos deux balles, se roulait en mugissant. Le sable volait sous ses coups de pied redoublés ; et, toute blessée qu'elle était, la rage qui l'animait mettait les chiens dans un imminent danger. Je m'approchai, et un coup de pistolet tiré entre les deux cornes acheva de la tuer. Nous commençâmes alors à respirer librement. Nous avions vu la mort de près : et quelle mort ! Je louai Jack du sang-froid qu'il avait montré, et de ce qu'au lieu de trembler et de pousser des cris il avait bravement fait le coup de feu à mes côtés. Mais nous n'avions pas le temps de nous livrer à de longues conversations, car nos deux dogues luttaient toujours avec le buffletin, et je craignais que, lassés à la fin, ils ne vinssent à quitter leur proie. Je désirais beaucoup les aider, sans savoir cependant comment y parvenir. La détonation semblait avoir rendu l'animal furieux.

J'aurais pu le tuer comme sa mère ; mais je voulais le prendre vivant, espérant que sa force, dès qu'il serait dompté, suppléerait à celle de notre âne, que nous n'étions pas tentés d'aller chercher plus loin. Cependant les coups de pied qu'il lançait et les efforts qu'il faisait pour se débarrasser des chiens le rendaient inabordable. Tandis que je réfléchissais, Jack eut la bonne idée de tirer de sa poche son lazo; il s'en servit si adroitement, qu'il entortilla les jambes de derrière de l'animal et le renversa aussitôt. J'approchai alors, j'écartai les chiens, et avec une corde solide je liai les jambes de derrière; muni du lazo, j'en fis autant pour les jambes de devant.

« Victoire! s'écria alors mon intrépide compagnon; ce bel animal remplacera notre stupide baudet; nous l'attellerons à la charrette, où il figurera très-bien à côté de notre vache. Oh! que je vais être heureux de le ramener avec nous! comme ma mère et mes frères vont être étonnés!

— Patience! patience! le buffle n'est pas encore à la charrette! il est là étendu, mais je ne sais pas comment nous ferons pour le sortir d'ici.

— Délions-lui les jambes, et il marchera.

— Tu crois donc qu'il suffirait de lui dire : Tu es en liberté, suis-nous, ou, va devant?

— Mais les chiens le forceront à marcher.

— Et si d'un coup de pied il venait par hasard à les tuer, il pourrait alors facilement s'enfuir au galop. Je crois que le meilleur moyen sera de lui passer aux jambes une corde assez lâche pour le laisser marcher, et pas assez pour lui permettre de courir. En attendant, ajoutai-je, je vais mettre en pratique un procédé dont les Italiens ont coutume

Deux coups de feu, partis à la fois, produisirent sur le troupeau l'effet de la foudre.

de se servir pour dompter les taureaux sauvages, et qui, j'espère, nous réussira. La circonstance justifie suffisamment la cruauté du moyen; ne t'en effraie pas. »

Je commandai en même temps à Jack de tirer de toutes ses forces la corde qui tenait les jambes de l'animal, afin de l'empêcher de remuer; je tendis les deux oreilles aux dogues, et quand je vis la tête immobile, je pris mon couteau, qui était pointu et bien tranchant, j'en traversai les naseaux de l'animal, et fis glisser dans la blessure une corde qui devait me servir de frein pour modérer sa fougue. Ce moyen barbare eut un plein succès, et je pus attacher à un arbre le buffle devenu soumis tout à coup, tandis que je dépeçai sa mère. Je pris la langue, sur laquelle j'étendis une poignée de sel, que nous portions toujours sur nous; je salai également plusieurs autres parties; et après avoir lavé la peau des jambes pour nous en faire des bottines, selon la coutume des chasseurs américains, j'abandonnai le reste du cadavre à nos dogues. Ils se jetèrent dessus avec avidité; et j'allai me laver à la rivière, auprès de laquelle nous nous assîmes pour manger un peu. Nous remarquâmes alors des groupes d'oiseaux de proie qui disputaient le buffle à nos chiens; ils se battirent d'abord, et ce ne fut qu'après d'assez longs combats que chacun put prendre sa part de la curée. Mais enfin l'énorme buffle ne fut bientôt qu'un squelette.

Dès qu'une compagnie d'oiseaux de proie s'en était rassasiée, une autre lui succédait. Nous remarquâmes parmi ces brigands des airs le vautour royal, le callao, qu'on nomme aussi l'oiseau-rhinocéros, à cause de l'excroissance qu'il porte sur la partie supérieure du bec. Jack avait encore envie d'abattre quelques-uns de ces oiseaux; mais je l'en détournai.

« A quoi bon, lui dis-je, troubler sans cesse la tranquillité des habitants de cette île? Notre sûreté personnelle, les besoins de notre existence ne nous ont que trop autorisés à jeter parmi eux le trouble et la désolation. »

L'esprit léger de Jack écoutait peu ces considérations; je fus obligé, pour détourner son attention de ces oiseaux, de lui procurer une autre occupation. Je le chargeai de couper quelques tiges de roseaux géants qui croissaient alentour. Le petit paresseux se garda bien de s'attaquer aux plus gros. Ceux-ci avaient un tel diamètre, qu'il eût été facile d'en faire des vases d'un pied de large. Nous nous arrêtâmes aux plus petits, que dans ma pensée je destinai à servir de moules à nos bougies.

Enfin nous songeâmes à nous mettre en route. Le buffle, retenu par la corde qui lui traversait les naseaux, ne se montra pas trop rétif, et nous partîmes sans nous occuper davantage de l'âne. D'ailleurs je me rappelai tout ce que nous avions à emporter, et je ne voulais pas prolonger l'inquiétude des nôtres par une plus longue absence.

CHAPITRE XXI

Le jeune chacal. — L'aigle du Malabar. — Le vermicelle.

Nous retrouvâmes le passage étroit des rochers, et nous le franchîmes sans obstacles. Nous avions mis les roseaux sur le dos de notre buffle : il regimba d'abord; mais quelques coups de corde le rendirent obéissant. Soudain nous rencontrâmes sur notre route un gros chacal qui prit la fuite; Turc et Bill s'élancèrent après lui, s'en emparèrent sans peine et l'étranglèrent : c'était une femelle. Jack voulut pénétrer dans son repaire, que j'avais trouvé dans un creux de rocher; mais, comme je craignais que le mâle n'y fût caché, je pris la précaution de tirer d'abord un coup de pistolet dans la cavité : rien n'en sortit. Jack y pénétra alors; l'obscurité l'empêcha d'abord de voir; mais bientôt il aperçut dans un coin Turc et Bill occupés à étrangler et à dévorer une nichée de petits chacals, et ce ne fut qu'à grand'peine qu'il parvint à en sauver un de leurs griffes. Il me demanda la permission de l'élever : j'y consentis par pitié, et il l'emporta.

Je fis en sortant de là une nouvelle découverte : je reconnus dans l'arbre auquel j'avais par hasard attaché le buffletin tandis que Jack était occupé de son chacal, le palmier épineux, que je destinai à être planté en haie près de Zelt-Heim. Nous arrivâmes à la nuit auprès des nôtres, qui nous attendaient avec impatience. On admira notre buffle noir, nouvel hôte sur les épaules duquel nous avions trouvé moyen de nous décharger de nos fardeaux. Jack, avec sa vivacité ordinaire, raconta la conquête du buffle et la découverte de son petit chacal, qu'il présenta avec orgueil. Enfin il parla tellement, et souleva tant de questions, que nous étions revenus depuis longtemps sans qu'il m'eût été possible de demander à ma femme comment elle avait employé sa journée, elle et ses deux fils.

Ma femme commença par me rendre bon témoignage de la conduite de mes enfants pendant mon absence. Ils n'étaient pas restés oisifs; ils avaient réuni des branches pour les feux de la nuit et préparé des flambeaux de cannes à sucre; et ce dont je ne les aurais pas crus capables, ils avaient abattu un palmier très-grand, celui dont Ernest avait tranché la cime. Ce travail pénible leur avait demandé autant d'adresse que de patience. Ils avaient employé tour à tour la scie et la hache, et une corde attachée aux premières branches de l'arbre les avait aidés à diriger sa chute. Mais pendant qu'ils se livraient à leurs travaux, une bande de singes s'était glissée dans la hutte et l'avait mise au pillage; ils avaient bu le vin de palmier, volé les noix de coco, dispersé les pommes de terre; de sorte qu'à leur retour mes enfants eurent beaucoup de peine à réparer le dégât. En sortant le soir, Fritz avait aussi fait une chasse superbe, il s'était emparé d'un oiseau de proie déjà couvert de toutes ses plumes, quoique très-jeune encore, et que je reconnus pour l'aigle de Malabar. Comme cet oiseau est facile à apprivoiser, je conseillai à mon fils de prendre soin du sien, de lui bander les yeux, de le porter souvent sur son poing, et de l'élever ainsi que font les fauconniers, de manière qu'il pût devenir utile à la chasse.

Quand j'eus terminé mes conseils à mes enfants, ma femme, qui ne s'associait point à notre enthousiasme, glissa, selon son habitude, un mot de lamentation à propos de toutes les bêtes vivantes et mangeantes que nous introduisions chaque jour dans la colonie ; elle en fit le recensement avec une sorte d'effroi, et j'eus beaucoup de peine à lui faire comprendre que ces animaux étaient bien moins des objets de luxe ou de parade que des ressources en cas de disette ; ponr la rassurer davantage encore, je déclarai solennellement que quiconque amènerait avec lui un nouvel hôte devait se charger exclusivement de son entretien, et qu'à la première négligence la liberté serait rendue aux captifs dont les maîtres se seraient montrés insouciants. Ensuite je recommandai d'allumer un peu de bois vert, ce qui me donna une fumée abondante dont j'avais besoin pour apprêter les morceaux de buffle que nous ne mangerions pas sur-le-champ. Tandis que notre cuisine se préparait ainsi, je n'oubliais pas nos animaux vivants ; nous leur distribuâmes une abondante nourriture, et le buffle se trouva fort bien d'une large portion de pommes de terre et de quelques gorgées de lait de vache, qu'il but de manière à me prouver qu'il n'était pas loin de s'apprivoiser. Jack donna aussi du lait à son chacal.

Vint alors notre tour de souper : les fatigues de la journée nous avaient procuré à tous un excellent appétit. Le repas fut gai ; on plaisanta quelque peu sur les bottines que Jack devait se faire avec la peau des jambes du buffle, et sur le combat dans lequel il s'était couvert de gloire. Il se défendit très-bien, et les rieurs passèrent de son côté. Nos arrangements pour la nuit furent les mêmes que la veille : le buffle fut attaché à un arbre près de la vache ; Fritz voulut coucher son aigle près de lui ; cet oiseau, qui avait toujours les yeux bandés, s'y prêta si bien, que de toute la nuit il ne donna pas un signe d'inquiétude. Les chiens reprirent leur poste de garde devant notre porte, et nous nous endormîmes enfin profondément. Notre nuit fut si tranquille, que pas un de nous ne put s'éveiller pour entretenir nos feux, et le soleil était levé sur l'horizon quand nous ouvrîmes les yeux. Après un déjeuner assez frugal, je me disposai à donner le signal du retour pour Falken-Horst ; mais ma femme et mon fils en avaient autrement ordonné.

« Crois-tu donc, me dit-elle en riant, que nous nous soyons donné la peine d'abattre un beau palmier sans vouloir en tirer quelque profit ? Ernest m'a dit que sa moelle devait être du sagou. Vérifie cela ; et, si le savant ne s'est pas trompé, je serai enchantée de faire, pour nos potages, une provision de cette précieuse pâte. »

Je reconnus qu'en effet c'était bien un sagoutier : mais comment parvenir à fendre en deux cet arbre de soixante-dix pieds de longueur? Certes, ce n'était pas un petit ouvrage. Toutefois, avant même d'avoir réfléchi aux moyens, j'adoptai le plan de ma femme : j'annonçai à ma jeune famille que nous allions fabriquer du sagou et du vermicelle. Une autre idée me vint en même temps à l'esprit : si je réussissais à séparer l'arbre en deux, je voulais me servir de chacune des parties pour faire des canaux destinés à conduire l'eau de la rivière des Chacals au potager de ma femme, et de là dans notre plantation d'arbres européens. J'envoyai Ernest et Franz me chercher de l'eau, et, aidé de Fritz et de Jack, je soulevai une extrémité de l'arbre; je la plaçai sur de petites fourches qui le retenaient ainsi dans une position inclinée, puis nous commençâmes à le fendre en mettant des coins dans la fissure. Comme le bois était tendre, nous n'eûmes pas beaucoup de peine, et nous arrivâmes bientôt à la moelle. Une moitié de l'arbre fut posée à terre, et nous entassâmes toute la moelle. Mes petits garçons sautaient de joie à l'idée de cette occupation nouvelle.

Ernest revint alors avec ses vases pleins d'une eau que lui avaient fournie ses lianes. Nous versions doucement l'eau sur la farine; nos enfants, les bras nus, pétrissaient la pâte : quand le mélange me parut complet, j'attachai à l'un des bouts de l'auge, faite avec un des côtés de l'arbre, une râpe à tabac, et, poussant de ce côté la moelle que nous avions bien pétrie, nous vîmes bientôt sortir, par les trous de la râpe, de petits grains, que ma femme avait le soin de faire sécher au soleil. Lorsque je jugeai notre quantité de sagou suffisante, je procédai à la confection du vermicelle ; j'eus soin de rendre la pâte plus épaisse ; et, en la pressant plus fortement contre la râpe, j'obtins par les trous de petits tuyaux de longueur inégale et parfaitement semblables au plus beau vermicelle d'Italie. Ma femme nous promit, pour notre peine, de nous en préparer un plat, assaisonné de fromage de Hollande, à l'instar du macaroni à la napolitaine.

Nous obtînmes ainsi une nourriture saine et substantielle. Il nous eût été facile de rendre notre provision plus abondante ; mais l'impatience de regagner Falken-Horst, d'y porter nos conquêtes, et surtout la perspective de pouvoir recommencer au besoin, en abattant un autre sagoutier, nous firent hâter le travail. Ce qui restait de pâte fut destiné à produire des champignons par la décomposition, et nous eûmes soin de l'arroser pour hâter la fermentation.

Le reste du jour fut employé à charger nos divers ustensiles et ce que nous devions rapporter de notre excursion. Le sagou, les noix de coco, le buffle salé, que j'avais eu soin de fumer dès notre retour, ne furent pas oubliés. Le lendemain, la caravane reprit la route de Falken-Horst : le buffle, attelé à côté de la vache, commençait son apprentissage domestique ; nous n'eûmes qu'à nous louer de sa douceur ; et d'ailleurs je marchais devant lui, tenant à la main la corde passée dans ses naseaux, prêt à le rappeler à l'obéissance s'il tentait de s'y soustraire.

Nous suivîmes le même chemin qu'en allant, et nous atteignîmes bientôt nos arbres à caoutchouc.

Les vases que j'avais disposés pour recevoir le liquide n'étaient pas aussi pleins que je l'avais espéré; le soleil avait fermé trop tôt les ouvertures pratiquées à l'écorce des arbres; néanmoins la provision suffisait pour nous permettre de tenter quelques essais. En traversant le petit bois de goyaviers, nous fûmes subitement effrayés par les hurlements de nos chiens, que nous vîmes se jeter dans un fourré et en sortir aussitôt. Je craignis un moment que ce ne fût une bête sauvage qui causait leur inquiétude, et j'allais lâcher mon coup de fusil dans le buisson, quand Jack, qui s'était approché, et qui avait eu soin de se jeter à terre pour découvrir la cause de cette peur subite, se leva en éclatant de rire.

— C'est la truie, nous cria-t-il, qui se moque encore une fois de nous. »

Un grand éclat de rire accueillit cette découverte; un grognement sourd sorti du buisson y répondit, et confirma ces paroles. Nous pénétrâmes dans le fourré pour tâcher de découvrir ce que faisait là cet animal que nous maudissions de bon cœur; la position dans laquelle elle se trouvait nous réconcilia soudain avec elle. Elle venait de mettre bas, et elle était occupée à allaiter sept ou huit petits cochons. Mes enfants, qui voyaient déjà toute la famille à la broche, ne purent s'empêcher de témoigner leur joie à ce spectacle.

Leur mère leur reprocha leur inhumanité, de condamner ainsi ces pauvres animaux qui étaient à peine nés; et il fut résolu que deux seraient pris pour être élevés avec la mère, et que les autres seraient abandonnés dans les bois, où il leur serait loisible de se multiplier, et qu'enfin la mère, après le temps d'allaitement, serait tuée, et nous fournirait ainsi une bonne provision de lard salé.

Nous arrivâmes enfin à Falken-Horst, que nous retrouvâmes avec bien du plaisir. Tout était en bon ordre : les hôtes de la basse-cour vinrent à nous en caquetant de la manière la plus bruyante. Nous les accueillîmes en leur jetant de nouvelles provisions. Le buffle et le chacal furent attachés jusqu'à ce que l'habitude les eût rendus sociables ; l'aigle de Fritz le fut également, et on le plaça près du perroquet ; mais mon fils eut l'imprudence, en lui passant une ficelle à la patte, de lui découvrir les yeux, qu'il avait eus bandés jusqu'alors. La lumière produisit sur l'oiseau vorace un effet dont nous fûmes presque effrayés. Nous le vîmes s'emporter soudain, lancer à droite et à gauche des coups de griffe et de bec, si bien que le pauvre perroquet, qui se trouvait malheureusement à sa portée, fut déchiré avant même que nous eussions pu le secourir. Fritz entra en colère, et voulut tuer l'oiseau.

Ernest accourut aussitôt et l'arrêta. « Cède-moi cet animal, lui dit-il, je me fais fort de le rendre souple comme un petit chien.

— Te le céder? Non vraiment ; c'est moi qui l'ai pris, c'est à moi qu'il appartient. Apprends-moi ton secret. »

Ernest secoua la tête négativement.

Mon intervention devint alors nécessaire. « Pourquoi, dis-je à Fritz, veux-tu que ton frère te donne son secret sans retour, qu'il tienne moins aux fruits de ses lectures et de ses méditations que tu ne tiens toi-même au produit de ton adresse ? »

Je terminai enfin le débat en proposant à Fritz de donner son singe en échange du secret d'Ernest. Cet arrangement, qui fut agréé, mit fin à la contestation.

« Mon aigle, dit Fritz, est un vaillant animal ; je le préfère à un singe, dont tout le mérite gît dans ses grimaces.

— Soit, dit Ernest, je tiens peu à être un héros, j'aime mieux devenir un savant. Je serai l'historiographe et le poëte des hauts faits que tu accompliras avec ton aigle.

— Tu verras ; mais en attendant dis-nous ton secret. Que faut-il faire pour le calmer ?

— J'ai lu, je ne sais où, que les Caraïbes, en pareil cas, fument sous le nez de l'oiseau rebelle. La fumée de tabac a sur eux la même influence que sur les abeilles, qu'elle endort. »

Fritz se crut dupé, et il voulait reprendre son singe, attendu que le prétendu secret d'Ernest lui paraissait beaucoup trop simple.

« Qu'importe, lui dis-je alors, la simplicité du moyen, s'il réussit ? »

J'appuyai de toute mon autorité les paroles d'Ernest, et je priai Fritz d'en faire sur-le-champ l'épreuve, afin d'arrêter les cris et les battements d'ailes du bel oiseau, qui avait mis le désordre parmi nos volailles. Dès les premières bouffées, l'oiseau se calma ; Fritz s'approcha, et lui enveloppa la tête d'un nuage épais de fumée. Peu à peu l'animal perdit ses forces, et nous le vîmes bientôt, complètement ivre, jeter sur nous des regards fixes ; puis il devint tout à coup immobile.

« Ah! mon aigle est mort! s'écria Fritz ; c'est une cruelle méchanceté. »

Je le rassurai en lui faisant observer que, s'il était mort, il ne pourrait pas se tenir sur ses jambes comme il le faisait, et j'ajoutai qu'il n'était qu'endormi, comme le sont les abeilles qu'on enfume pour enlever leur miel.

En effet, il revint à lui peu à peu, sans faire aucun bruit, quoiqu'on lui débandât les yeux ; il nous regardait d'un air étonné, mais sans fureur, et chaque jour il devint plus apprivoisé. Le singe fut unanimement adjugé à Ernest, et nous courûmes alors gagner nos bons lits, qui nous parurent encore meilleurs après les deux nuits pendant lesquelles nous en avions été privés.

CHAPITRE XXII

Les greffes. — La ruche. — Les abeilles.

Nous partîmes dès le lendemain matin pour établir à nos jeunes arbres des tuteurs avec des bambous. Nous emmenâmes la claie chargée de morceaux de fer pointus pour creuser la terre, et nous laissâmes au logis la bonne mère et son petit Franz, en leur donnant commission de nous préparer un bon dîner pour le retour et de faire fondre de la cire pour nos bougies. Le buffle resta à l'écurie : je voulais que sa blessure fût entièrement cicatrisée avant de le soumettre au travail, et déjà quelques poignées de sel nous avaient obtenu son amitié. D'ailleurs la vache suffisait pour traîner notre léger fardeau de bambous.

Nous trouvâmes nos arbres couchés par le vent tous du même côté. Des bambous furent plantés et attachés solidement aux arbres avec une espèce de liane qui croissait aux environs, et leur fournirent ainsi l'appui dont ils avaient besoin. Mes trois fils aînés, qui étaient avec moi, travaillaient avec beaucoup de zèle, et la nature même de notre occupation donnait lieu à des questions que j'accueillais avec beaucoup de plaisir; elles avaient toutes rapport à l'agriculture et à la botanique. Elles furent même si nombreuses, qu'elles finirent par m'embarrasser; mais je compris que le moment était favorable pour leur donner des renseignements utiles : aussi je m'empressai d'y répondre autant que mes connaissances me le permirent.

Fritz. « Les arbres dont nous nous occupons sont-ils des sauvageons, ou des sujets greffés?

Jack. Des sauvageons? Ne vas-tu pas nous faire croire qu'il y a des arbres sauvages comme des buffles sauvages, et qu'il en existe d'autres dont les branches se courbent complaisamment pour nous laisser cueillir leurs fruits, comme un animal domestique obéit à la voix de son maître?

Ernest. Tu as voulu faire là de l'esprit, et, mon pauvre Jack, tu n'as rencontré qu'une sottise. Sans doute il n'y a pas là d'arbres dont les branches se courbent à la voix de l'homme; mais crois-tu que tous les êtres obéissent de la même manière? Alors mon père devrait, quand tu es désobéissant, te passer une corde sous le nez comme il a fait au buffle.

MOI. Sans doute, il y a des arbres sauvages que l'on soumet à un genre d'éducation qui leur est propre, et qui a pour but de modifier la nature de leurs produits. Approchez, regardez cette branche : il vous est aisé de voir qu'elle a été insérée dans celle-ci ; la sève de cette branche s'est répandue dans l'arbre entier, et le sauvageon est devenu un bel et bon arbre.

ERNEST. C'est ce qu'on appelle enter ou greffer.

MOI. Oui, c'est bien cela; mais ces deux manières subissent des modifications suivant la nature de l'arbre auquel on les applique. Ainsi on ente en écusson ou en œillet : les uns avec un bouton non enveloppé, les autres avec une branche ; mais souvenez-vous que dans ces associations de divers produits de la nature, il faut toujours observer cette règle générale : que les contraires ne s'allient point, et que les arbres que l'on marie doivent être de même nature. Ainsi, on ne greffera point des pommes sur un cerisier, parce que l'un de ces fruits est à noyau, et l'autre à pepins. Quant aux arbres qui viennent ici sans culture, tels que les palmiers, les cocotiers et les goyaviers, la Providence a sans doute voulu par ce bienfait dédommager les pays chauds de plusieurs grands inconvénients.

ERNEST. Comment a-t-on pu avoir l'idée première de la greffe, et d'où a-t-on tiré les premières bonnes branches pour les insérer dans celles des sauvageons?

MOI. Ta question est très-sensée, et prouve que tu apportes une grande attention à mes explications.

Les bons arbres fruitiers sont originaires de quelques pays où ils portent naturellement des fruits aussi exquis que l'art et les soins en peuvent produire chez nous. Ces arbres ont été arrachés jeunes de leur sol natal et transplantés en Europe, où ils ont servi à greffer les sauvageons; car le sol d'Europe est si peu propre à produire naturellement de bons fruits, que le meilleur arbre fruitier sortant de sa propre semence redevient sauvage et a besoin d'être greffé. Des jardiniers rassemblent à cet effet dans des enclos une quantité de jeunes arbrisseaux; on appelle ces enclos des pépinières, et c'est là qu'on va chercher les boutures dont on a besoin.

ERNEST. Mais sait-on bien exactement quelle est l'origine de nos fruits d'Europe, et par quels emprunts faits à l'Asie ou à l'Amérique l'homme est parvenu à les perfectionner?

MOI. Oui, à peu près, et je puis sur ce point satisfaire ta curiosité. »

Je pris de là occasion d'apprendre à mes enfants l'origine de la plupart des fruits d'Europe; je leur appris que tous nos fruits à coquille, tels que la noix, l'amande, la châtaigne, sont originaires de l'Orient, que la cerise vient du Pont, la pêche de la Perse, l'orange de la Médie, etc.

Ces explications étaient entrecoupées d'exclamations assez comiques, qui décelaient la prédilection de chacun pour tel ou tel fruit. Je craignais d'abord de fatiguer l'attention ou la mémoire de mes enfants; mais ils me conjurèrent de continuer, m'assurant qu'ils étaient bien loin d'oublier ou de confondre.

« Heureux les pays! » s'écria Fritz en s'arrêtant devant les orangers, les citronniers, les pistachiers et toute la belle plantation dont nous avions environné Zelt-Heim, qui se trouvaient alors en plein rapport; « heureux les pays où croissent de tels arbres!

— Sans doute, lui répondis-je, ces pays ont bien quelque droit à être appelés fortunés; mais les chaleurs qui les brûlent et les dessèchent ne rendent que trop nécessaires les fruits acides qui les enrichissent. Ainsi l'orange et le citron appartiennent aux latitudes brûlantes d'où l'on tira les fruits, tous cultivés avec succès, apportés en Europe, en Espagne, en France, en Italie. C'est à Malte surtout que le climat leur a été favorable. Les olives viennent de la Palestine; c'est Hercule, suivant la mythologie, qui les apporta le premier en Europe, et qui les planta sur le mont Olympe, d'où elles se répandirent dans toute la Grèce. Les figues sont originaires de la Lydie, et les abricots d'Arménie. Les prunes sont dues à la Syrie, et viennent directement de Damas. Ce sont les croisés qui en ont apporté en Europe les principales espèces, quoique quelques-unes puissent bien être européennes. La poire est un fruit de la Grèce; le mûrier est dû à l'Asie, et le cognassier passe pour venir de l'île de Crète. C'est l'arbre sur lequel le poirier se greffe avec le plus de succès. »

Ces instructions produisirent d'autant plus d'effet sur l'esprit attentif de mes enfants, qu'ils en avaient autour d'eux l'application immédiate. A midi notre travail fut terminé; nous revînmes à Falken-Horst avec un appétit prodigieux; notre bonne ménagère l'avait prévu, et nous trouvâmes un macaroni au fromage de Hollande, accompagné du chou du palmier, qui fut trouvé délicieux. Ernest, qui nous l'avait procuré, fut bien remercié.

Après le repas, nous allâmes rendre visite au buffle; il commençait à s'habituer à son nouveau genre de vie; le sel que nous lui donnions y contribuait beaucoup; au lieu de ruer comme les jours précédents à notre approche, il étendait vers nous sa langue raboteuse pour obtenir quelque parcelle de cette friandise. J'espérai alors qu'à l'aide de bons traitements j'obtiendrais de ce robuste animal des secours qui nous seraient bien utiles.

Après cette visite, ma femme me rappela un projet que j'avais formé depuis longtemps, mais dont l'exécution présentait de grandes difficultés : c'était de substituer un escalier solide à l'échelle de corde, qui l'avait toujours fort effrayée. Nous ne montions dans notre chambre que le soir; mais le mauvais temps pouvait nous forcer à résider tout à fait dans le château aérien; nous avions besoin alors de descendre fréquemment, et l'échelle de corde pouvait donner lieu à des accidents déplorables; car mes étourdis la franchissaient avec l'agilité d'un chat, au risque de se rompre vingt fois le cou.

L'élévation de l'appartement ne permettait guère de songer à placer cette construction en dehors de l'arbre ; il aurait fallu pour cela des poutres trop hautes, et par conséquent trop pesantes pour être facilement remuées. Je savais que le figuier était creux, et la malheureuse aventure de mon petit Franz m'avait appris qu'il renfermait un essaim d'abeilles. Je résolus cependant de sonder sa cavité et de m'assurer de son étendue. Mes fils prirent aussitôt chacun une hache, et, s'élevant le long de la voûte de racines, ils se mirent à frapper sur divers points en même temps, pour juger au son jusqu'où allait la cavité ; mais le bruit donna l'éveil à l'essaim, et Jack, qui s'était, grâce à ses habitudes d'étourdi, posé précisément en face de l'ouverture, eut la figure et les mains horriblement criblées de piqûres. Je me hâtai de frotter ses plaies avec de la terre délayée dans l'eau, et ce remède fit cesser la douleur. Fritz ne fut guère plus heureux. Ernest seul dut à sa nonchalance habituelle d'en être préservé : il arriva le dernier, et s'enfuit aussitôt qu'il aperçut le danger. Cet événement imprévu interrompit les travaux de sondage, et je m'occupai immédiatement du moyen de faire sortir l'essaim hors de l'arbre en lui construisant une ruche. La voûte fut faite avec une grande calebasse ; je la couvris d'un toit de paille pour la mettre à l'abri, et je la scellai de mon mieux sur une grande planche, au moyen de la terre humide, en ne réservant qu'une petite ouverture destinée à servir d'entrée. Je me trouvai seul pour accomplir tous ces préparatifs : les piqûres qu'ils avaient reçues avaient mis mes fils à peu près hors de combat. Mais en attendant que les grandes douleurs fussent passées, je préparai du tabac, une pipe, un morceau de terre glaise, des ciseaux et des marteaux. Puis, quand mes enfants furent disposés à m'aider, je commençai à boucher l'ouverture avec de la terre glaise, en n'y laissant que juste de quoi passer le tuyau de ma pipe, que j'avais bien bourrée et allumée. Je me mis ensuite à fumer. Au commencement on entendit un bruit épouvantable dans le creux de l'arbre ; mais peu à peu il se calma, et tout devint silencieux ; je retirai ma pipe sans qu'il parût une seule abeille. Alors, aidé de Friz, nous commençâmes, avec un ciseau et une hache, à détacher de l'arbre, un peu au-dessus des abeilles, un morceau carré d'environ trois pieds. Avant de le détacher entièrement, je recommençai ma fumigation ; puis enfin je me hasardai à examiner l'intérieur de l'arbre. Nous fûmes saisis d'admiration à l'aspect de ces travaux immenses : il y avait une telle quantité de miel et de cire, que je craignais de ne pas avoir assez de vases pour les contenir. Tout l'intérieur de l'arbre était plein de rayons ; je les détachai avec précaution, et les déposai à mesure dans des calebasses que m'apportaient mes enfants. Les rayons supérieurs, où les abeilles s'étaient rassemblées en pelotons, furent placés dans la nouvelle ruche.

Je remplis un tonnelet de miel, après en avoir réservé quelques rayons pour notre repas. Je fis couvrir avec soin ce baril de voiles et de planches, afin que les abeilles, attirées par l'odeur, ne vinssent pas le visiter. Je proposai aussi, afin de les écarter de leur ancienne demeure, d'allumer dans l'intérieur de l'arbre quelques poignées de tabac.

Mon idée eut un plein succès. Dès qu'elles furent

en état de voler, et qu'elles voulurent se rendre à l'arbre, l'odeur les en chassa bien vite, et avant le soir elles s'accoutumèrent à leur nouvelle résidence. Comme la journée s'était avancée dans ces diverses occupations, nous remîmes au lendemain les travaux préparatoires de l'escalier. Je proposai à tout le monde de veiller cette nuit-là pour préparer notre provision de miel. Nous allâmes cependant faire un petit somme pour ne pas trop nous fatiguer, et nous fûmes réveillés à l'entrée de la nuit. Nous nous mîmes promptement à l'ouvrage; le tonnelet de miel fut vidé dans un chaudron; à l'exception de quelques rayons, le reste, mêlé à un peu d'eau, fut mis sur un feu doux et réduit en une masse liquide que nous passâmes à travers un sac en la pressant, et que nous versâmes de nouveau dans la tonne, qui resta debout toute la nuit. Le matin, la cire s'était séparée et élevée au-dessus du miel en un disque dur et solide, et au-dessous restait le miel le plus appétissant qu'on pût voir. La tonne fut soigneusement refermée et mise au frais dans une fosse, que nous nous promîmes bien d'aller souvent visiter.

CHAPITRE XXIII

L'escalier. — Éducation du buffle, du singe, de l'aigle. Canal de bambous.

Ces travaux accomplis, nous passâmes à l'inspection du tronc que nous venions de conquérir; je reconnus, après l'avoir sondé dans tous les sens, que le figuier qui nous servait de retraite ressemblait au saule d'Europe, et qu'arrivé à un certain degré de croissance, il ne se soutenait plus que par son écorce. Rien n'était donc plus facile que de placer dans la cavité l'escalier que je projetais, et cette cavité était assez spacieuse pour me permettre d'y ficher au milieu un pieu destiné à servir de pivot à la construction.

A vrai dire, cette entreprise me sembla d'abord fort au-dessus de mes forces; mais je savais que l'intelligence humaine, aidée de la patience et de la persévérance, triomphe de bien des obstacles, et je n'étais pas fâché de trouver des occasions de développer dans mes fils ces conditions essentielles du succès. J'aimais à les voir grandir et se fortifier dans une activité continuelle, qui les empêchait de regretter l'Europe et les jouissances qu'ils y avaient laissées.

Nous commençâmes par couper dans l'arbre, en

face de la mer, une porte exactement de la grandeur de celle que nous avions enlevée de la cabine du capitaine. Nous nettoyâmes ensuite l'intérieur. L'ouverture pratiquée pour enlever le miel de l'essaim ne nous donnait pas assez de jour : j'y suppléai par deux autres fenêtres, que je plaçai à des distances à peu près égales ; j'adaptai à chacune de ces ouvertures les trois fenêtres que nous avions prises au vaisseau, avec leurs vitres et leurs châssis. Nous fîmes ensuite, dans la partie ligneuse, et sans endommager l'écorce, des rainures pour supporter les marches de l'escalier. Nous plantâmes au milieu une poutre d'environ dix pieds, autour de laquelle je fis des rainures correspondantes à celles de l'arbre. Nous y plaçâmes les marches successivement. Arrivés à l'extrémité de la poutre, nous la surmontâmes d'une autre, qui fut fixée avec de larges boulons en fer et des câbles bien solides, et nous continuâmes ainsi jusqu'à ce que nous eûmes atteint notre chambre à coucher. Là nous ouvrîmes une autre porte, et mon but fut rempli.

Ces travaux ne s'accomplirent pas avec la rapidité que je viens de décrire : chaque jour amenait de nouveaux essais, des tentatives souvent infructueuses ; mais nous étions animés par ces deux grands éléments de succès, patience et courage ; nous eûmes le temps de les exercer l'un et l'autre. Ce ne fut qu'après trois semaines d'un travail opiniâtre et souvent sans résultat que nous parvînmes à faire un escalier praticable, où l'espace intermédiaire entre les marches fut garni de planches posées de hauteur au-devant de chaque degré; et, pour servir de rampe, j'attachai au sommet deux cordes qui tombaient jusqu'en bas. Mes fils ne pouvaient se lasser de monter et descendre dans le but de mieux admirer notre œuvre. Nous étions tous parfaitement satisfaits de nos faibles talents : faibles est le mot, car notre travail était loin d'être parfait; mais, tel qu'il était, l'escalier suffisait à nos besoins, et c'est ce que nous demandions.

Ces trois semaines ne furent pas cependant totalement consacrées à notre construction. Nous avions entrepris et terminé plusieurs autres travaux de moindre importance; et des événements étaient venus rompre la monotonie de notre vie habituelle.

Bill avait enfin mis bas six jolis petits dogues. Il fallut renoncer à les élever tous. Deux seulement, un mâle et une femelle, furent conservés, et les quatre autres jetés à la mer. On les remplaça auprès de la nourrice par le petit chacal de Jack. Bill se soumit sans difficulté à cette substitution.

L'éducation du jeune buffle avait été une de nos principales distractions. Je voulais le dresser à porter des fardeaux et un cavalier, comme il était déjà habitué à traîner; je lui avais passé dans le nez, à la manière cafre, un bâton avec lequel je le gouvernais comme avec un mors. Néanmoins ce ne fut pas sans difficulté qu'il se prêta à cette manœuvre. Il renversa d'abord tous les fardeaux; mais peu à peu je l'accoutumai à recevoir sur son dos d'abord le singe, ensuite Franz, puis Jack, enfin Fritz, qui le dompta complétement. Ce fut encore là un des triomphes de la patience sur des difficultés qui pouvaient au premier abord paraître insurmontables. Toute ma jeune famille prit, en domptant le buffle, des leçons d'équitation qui valaient celles du manége. Ils pouvaient sans crainte aborder désormais le cheval le plus rétif; il est certain qu'il le serait toujours moins que n'avait été le buffle.

Fritz n'avait pas négligé son aigle, qui faisait de sensibles progrès et qui s'entendait déjà très-bien à fondre sur les oiseaux morts que son maître plaçait à sa portée. Il n'osait cependant pas encore l'abandonner au vol libre ; il avait peur que son caractère sauvage ne l'emportât et ne le privât à jamais de sa jolie conquête. L'indolent Ernest lui-même avait entrepris l'éducation du singe. Knips était vif et intelligent; mais il apportait aux leçons la plus mauvaise volonté qu'on puisse imaginer. Il était tout à fait plaisant de voir ce grave professeur obligé de gambader presque autant que son élève pour s'en faire obéir; enfin il fit tant, qu'il habitua le malin Knips à porter sur le dos une petite hotte dans laquelle il le forçait à déposer et à porter diverses provisions. Cette petite hotte, qu'il avait construite en roseaux à l'aide de Jack, était assujettie sur le dos du singe par deux courroies qui lui prenaient les bras, et une troisième qui venait se rattacher à sa ceinture. Ce fut d'abord un supplice pour le malicieux animal : il se roula, désespéré et furieux; mais enfin l'habitude triompha, et Knips, qui d'abord ne manquait jamais d'entrer en fureur à la vue de la hotte, s'y habitua tellement qu'on ne pouvait plus la lui ôter. Jack avait moins de succès, et quoiqu'il eût donné à son chacal le nom de *Jæger* (chasseur), comme pour l'encourager à le mériter, la bête féroce ne chassait encore que pour son propre compte ; ou, si elle rapportait quelque chose à son maître, ce n'était guère que la peau de l'animal qu'elle venait de dévorer. J'exhortai cependant Jack à ne pas se décourager, et il y mit une patience dont je l'aurais cru peu susceptible.

Pendant ce temps-là j'avais perfectionné la fabrication des bougies, et j'étais parvenu, en les roulant entre deux planches, à leur donner la rondeur et le poli des bougies d'Europe, dont elles ne se distinguaient plus que par une couleur verdâtre. Les mèches me causèrent de notables embarras; le fil de caratas, dont je m'étais servi d'abord, répondait mal à mon désir, car il se charbonnait en brûlant. Je le remplaçai heureusement par la moelle d'une espèce de sureau; ce qui ne m'empêcha pas de regretter beaucoup le cotonnier. J'avais mis aussi en œuvre le caoutchouc que nous avions recueilli; je pris une vieille paire de bas que je remplis de sable, et auxquels j'adaptai une forte semelle de peau de buffle, puis je l'enduisis de plusieurs couches de caoutchouc. Quand l'épaisseur me parut raisonnable, je brisai le moule, retirai le bas, puis, après avoir bien secoué les bottes, je les mis sur-le-champ à mes pieds, et je me trouvai avec une chaussure qui m'allait fort bien. Mes fils en furent jaloux, et ils me supplièrent de faire pour eux ce que je venais d'exécuter pour moi. Mais avant d'entreprendre un aussi long travail, je voulais m'assurer de la solidité de celui que je venais de terminer. En attendant, je façonnai de mon mieux, pour Fritz, la peau des jambes du buffle. Mes efforts furent inutiles, je ne parvins à faire qu'une ignoble chaussure avec laquelle mon pauvre enfant osait à peine se montrer. Je l'en délivrai en lui permettant, à sa grande satisfaction, de ne plus porter ce déplorable essai de mocassins.

J'utilisai encore nos deux canaux de palmier, et, au moyen d'une digue qui élevait l'eau sur un point du ruisseau, nous pûmes donner à notre courant une pente convenable qui poussait l'eau jusque auprès de notre demeure, où elle était reçue dans la vaste écaille de tortue que Fritz avait destinée à cet usage. Cette source n'avait d'autre inconvénient que celui d'être exposée au soleil, de sorte que l'eau, si elle était claire et pure, était en même temps chaude quand elle arrivait jusqu'à nous. Je résolus de remédier à ce petit désagrément en remplaçant plus tard ces canaux découverts par de gros conduits de bambous enfouis dans la terre. En attendant l'exécution, nous nous réjouîmes de cette nouvelle acquisition, et nous remerciâmes tous Fritz, qui en avait eu l'idée première.

CHAPITRE XXIV

L'onagre. — Le phormium tenax. — Les pluies.

Un matin que nous étions occupés à mettre la dernière main à notre escalier, nous fûmes tout à coup surpris par des hurlements aigus et prolongés qui se faisaient entendre dans le lointain. Nos deux dogues dressèrent soudain les oreilles et semblaient se préparer au combat. Je fus effrayé, et j'ordonnai aussitôt à mes enfants de regagner le sommet de l'arbre. Nos armes furent chargées et disposées, et nous nous tenions en garde, jetant nos regards de tous côtés; mais le bruit ayant cessé quelques instants, et rien ne paraissant, je descendis à la hâte bien armé, je rassemblai notre bétail épars, revêtis mes chiens de leurs colliers à pointes, et remontai sur l'arbre pour attendre l'arrivée de l'ennemi.

Jack. « C'est le hurlement du lion. Je serais charmé de me trouver en face de ce noble animal, qui est, dit-on, aussi généreux que brave.

Moi. Généreux, soit; cependant ne t'y fie pas. Mais ce ne sont pas des lions assurément, leurs rugissements sont plus prolongés et moins aigus que ceux-ci.

Fritz. Ce sont peut-être des chacals qui viennent nous demander vengeance de la mort de leurs frères.

Ernest. Je crois plutôt que ce sont des hyènes, dont le hurlement doit être aussi affreux que la mine.

Franz. Ce sont simplement des cris de guerre de quelques sauvages qui viennent manger leurs prisonniers.

Moi. Quoi que ce puisse être, faisons bonne contenance, et prenons garde de laisser abattre notre courage par des craintes prématurées. »

Tandis que je parlais ainsi, je vis Fritz se mettre à rire et à jeter tout d'un coup son fusil de côté : il avait reconnu le terrible ennemi qui nous menaçait.

« C'est notre âne, s'écria-t-il, qui revient à nous, et qui entonne simplement son hymne de retour. »

En effet, c'était bien notre fugitif; nous l'aperçûmes à travers le feuillage, marchant paisiblement vers nous et s'arrêtant de temps en temps pour brouter. Mais il ne revenait pas seul, il avait avec lui un animal d'une race à peu près semblable à la sienne. Ses formes étaient plus gracieuses; il joignait à la force l'élégance du cheval. Je reconnus aussitôt l'onagre.

Cette découverte me remplit de joie, et balança très-heureusement la mauvaise humeur que nous n'aurions pas manqué de ressentir contre notre baudet pour la panique qu'il nous avait inspirée. Je recommandai à mes fils le plus grand silence, et je songeai aux moyens de nous rendre maîtres du nouveau venu.

Je savais que les naturalistes regardent comme impossible d'apprivoiser l'onagre. Cette difficulté me tentait; et je voulais faire l'épreuve d'un moyen qui me vint à l'esprit. Je pris une corde, à l'extrémité de laquelle je fis un nœud coulant; puis je fendis en deux un bambou, et je joignis par une ficelle les deux parties, mais à un bout seulement, de manière à obtenir une sorte de pinces fortes et résistantes. Fritz, qui suivait attentivement tous mes préparatifs, les trouvait beaucoup trop longs; et, dans son impatience, il me proposait de lancer son lazo contre l'onagre. Je le lui défendis. J'avais peur, s'il venait à manquer son coup, que le bel animal ne nous échappât; car je connaissais sa prodigieuse agilité.

Quand nos préparatifs furent achevés, je chargeai Fritz, comme plus leste et plus adroit que je n'étais moi-même, d'aller passer au cou de l'onagre le nœud coulant que j'avais disposé, tandis que j'attachai à une racine l'autre extrémité de la corde. Je me cachai ensuite derrière un arbre, et je laissai mon fils s'avancer seul.

Il se présenta tranquillement devant le sauvage animal, qui broutait. Cette vue parut l'effrayer : c'était sans doute la première figure d'homme qu'il rencontrait. Mais Fritz restant immobile, l'onagre se remit paisiblement à paître. Son compagnon fut moins impassible; il s'approcha, alléché par une poignée de grains mêlés de sel que mon fils lui tendait.

L'onagre lui-même, attiré par la curiosité, s'avança la tête haute et en soufflant. A peine était-il à portée, que Fritz lui jeta adroitement le nœud coulant par-dessus la tête. Le pauvre animal recula aussitôt; mais il était prisonnier, et le bond ne fit que serrer davantage le nœud. L'étreinte fut même si forte, qu'il tomba la langue pendante et sur le point d'être étranglé. Je me hâtai d'accourir et de desserrer le nœud; je jetai autour de son cou le licol de l'âne; en faisant usage de la pince, je pris entre ses deux parties le nez de l'animal et je l'y tins fortement serré. La douleur qu'il en ressentit calma sa fureur, et nous permit de l'approcher sans danger. Nous reconnûmes alors que c'était une femelle.

Mes fils, dont l'imagination allait vite, se réjouissaient déjà de monter ce gracieux animal. Plus patient qu'eux, je leur dis qu'avant de le faire caracoler il fallait songer à le dompter. Nous commençâmes aussitôt cette éducation, qui présenta des difficultés inouïes. Il fallait chaque jour le serrer fortement pour en obtenir la moindre marque de soumission. Recouvrait-il sa liberté, il redevenait soudain ce qu'il était auparavant, farouche et indomptable. Je le fis jeûner, je le chargeai de lourds fardeaux; tout était inutile, et plusieurs fois je désespérai de l'entreprise; néanmoins je continuai avec une ténacité et une constance que je n'aurais point eues en Europe. Stimulé par le besoin de réussir, qui m'avait sans cesse guidé depuis que nous étions sur cette terre déserte, j'espérais toujours que la fatigue l'emporterait sur le mauvais naturel de l'animal. Mais j'avais beau faire : il était doux et tranquille dans son écurie, se laissait approcher et caresser; mais il reprenait toute sa fureur dès qu'on essayait de le monter.

Enfin, tous les moyens que j'avais imaginés ayant été inutiles, je me rappelai la manière dont les maquignons parviennent à rendre dociles les chevaux trop rétifs; et, tout cruel qu'était le procédé, je résolus d'y recourir. Un jour que le bel animal se refusait, comme de coutume, à toute tentative pour le monter, je lui saisis rudement le bout de l'oreille entre les dents et je le mordis jusqu'au sang; il s'arrêta aussitôt, et resta immobile; Fritz profita du moment et s'élança sur son dos; après quelques sauts, l'onagre reprit sa tranquillité, et trotta comme mon fils le voulut.

Je le cédai à Fritz. J'étais fier de voir mon fils voler comme l'éclair, dans l'avenue de Falken-Horst, sur ce beau coursier que j'avais eu l'hon-

Je chargeai Fritz d'aller passer au cou de l'onagre le nœud coulant que j'avais disposé.

neur de dompter. J'eus soin cependant d'attacher ses deux jambes de devant avec une corde assez lâche qui devait modérer sa vitesse ; je lui adaptai aussi à la mâchoire un caveçon, et, au moyen d'une baguette dont on lui frappait l'oreille, nous parvenions à le diriger comme avec un mors. Nous commençâmes dès ce moment à le compter au nombre de nos animaux domestiques, et à lui donner un nom ; nous l'appelâmes *Leichtfuss*, c'est-à-dire Pied-Léger, et certainement jamais animal n'avait mieux mérité son nom ; c'était un nouveau sujet ajouté à l'éducation de mes fils. Je ne désespérais pas encore de revoir l'Europe, et je me flattais que cette éducation, qui développait leurs forces physiques et leurs grâces extérieures sans nuire à leur instruction morale, les mettrait un jour en état de briller dans la société.

Pendant le dressement de Leichtfuss, qui n'avait pas duré moins de trois semaines, la basse-cour s'était accrue ; nos poules avaient couvé une quarantaine de poussins. La bonne ménagère avait un soin minutieux de ce petit peuple. Elle en était plus fière et plus heureuse que nous ne l'étions de nos animaux de luxe ; le buffle seul trouvait grâce auprès d'elle, parce qu'il traînait les provisions ; les autres, elle les proscrivait en masse : l'aigle, l'onagre, le flamant, le singe, le chacal, n'étaient pour elle que des bouches inutiles, des animaux à nourrir, sans profit à en tirer. Les poulets, au contraire, étaient d'une utilité que personne ne pouvait contester ; elle les soignait aussi avec cette attention que les femmes possèdent seules. J'admirai avec quelle religieuse ardeur une bonne mère s'arrête à tout ce qui lui retrace l'image de l'enfance, qu'elle aime tant. Ma femme, loin de se plaindre du surcroît de besogne que lui donnaient ces quarante à cinquante poussins, en paraissait, au contraire, fort satisfaite.

L'approche des pluies, hiver de ces contrées, nous força à songer à un travail nécessité d'ailleurs par l'augmentation de la basse-cour : il fallait construire un toit destiné à protéger nos bestiaux contre les intempéries de la saison. Des bambous fournirent la charpente; de la mousse et de la terre glaise remplirent les intervalles, et une couche de goudron répandue par-dessus le tout nous donna un toit si solide, qu'on aurait pu sans crainte marcher dessus. Les racines de notre arbre, qui s'élevaient en voûte, servirent de cloisons, que nous fermâmes avec des planches, et nous eûmes ainsi, au pied de notre habitation aérienne, une série de pièces assez bien disposées pour que nos provisions y fussent placées sans gêner nos animaux. Nous y avions ménagé un fenil, destiné à abriter le foin, la paille et les provisions de bétail. Ce travail achevé, nous commençâmes à recueillir nos provisions; les pommes de terre et le manioc eurent la préférence.

Un jour que nous revenions de chercher des pommes de terre, et tandis que ma femme et Franz conduisaient le char à la maison, j'eus l'idée d'aller jusqu'au bois de chênes avec mes fils aînés. Maître Knips, qui nous avait accompagnés, attira tout à coup notre attention par ses cris : il était engagé dans un buisson, où d'autres cris et des battements d'ailes réitérés indiquaient qu'il n'était pas seul. J'y envoyai Ernest, qui ne tarda pas à nous appeler lui-même.

« Papa! nous cria-t-il, papa, Knips est aux prises avec une poule à fraise; le gourmand veut manger les œufs, et voici le coq qui vient au secours de sa tendre moitié. Accourez donc, c'est curieux. Moi, je tiens Knips. »

Fritz courut en effet, après avoir attaché Leichtfuss à un arbre, et je le vis bientôt revenir à moi tenant dans ses bras le coq et la poule à fraise. Il me remit les deux précieux volatiles, et il alla enlever les œufs, tandis qu'Ernest retenait son singe. Celui-ci arriva bientôt après, tenant son chapeau avec précaution, et chassant le singe devant lui. Il portait ainsi les œufs, qu'il avait eu soin de recouvrir d'une espèce d'herbe longue et plate, dont les feuilles figuraient assez bien des lames de sabre.

« Voilà de quoi amuser le petit Franz, » me dit-il en me montrant ces feuilles. Je le louai d'avoir ainsi pensé à son frère; mais je donnai peu d'attention à ce qu'il apportait, et je m'arrêtai surtout à la découverte du coq et de la poule : nous nous assurâmes d'eux en leur liant les pattes. Nous nous remîmes alors en marche. Pendant la route, Ernest portait souvent à son oreille les œufs, prétendant entendre remuer les poussins. En effet, je reconnus que plusieurs étaient cassés, et que les petits commençaient à se montrer.

Fritz, tout joyeux de la découverte, ne résista point à la tentation de mettre sa monture au trot pour l'annoncer à sa mère; mais il ne put la modérer, car une poignée d'herbes aiguës qu'il agitait autour de ses oreilles lui donnait une rapidité effrayante. Il ne lui arriva rien de fâcheux cependant, et nous le trouvâmes sain et sauf auprès de sa mère.

Pourtant, deux jours après cette excursion, nous avions complétement oublié cette herbe. Fritz, en la maniant, s'aperçut qu'elle était très-souple, et il eut l'idée d'en tresser un fouet pour Franz, qui était chargé spécialement de la garde du troupeau. Je remarquai la flexibilité des longues feuilles de cette plante, et en m'approchant, à ma grande satisfaction je reconnus le lin vivace de la Nouvelle-Zélande (*phormium tenax*). Ma femme en fut transportée de joie. De tous les produits de l'Europe, le lin était celui qu'elle regrettait le plus. Ses yeux étincelaient de plaisir, et déjà elle parlait de faire de la toile pour renouveler notre garde-robe, qui de jour en jour menaçait davantage de nous laisser nus.

« Oh ! de toutes vos découvertes voici certainement la plus précieuse. Procurez-moi du lin, un rouet, des métiers, je serai la plus heureuse des femmes ; je vous ferai des chemises et des pantalons de bonne toile. Donnez-moi une abondante provision de cette plante. »

Tandis que ma femme se livrait à son enthousiasme, Fritz et Jack, qui le partageaient, s'esquivèrent et montèrent, le premier sur l'onagre, le second sur le buffle : ils partirent avec une telle rapidité, qu'ils avaient disparu avant que nous eussions pu nous opposer à leur projet. Ils revinrent peu d'instants après, rapportant chacun une énorme botte de phormium. L'empressement qu'ils avaient mis à satisfaire leur mère ne me laissa pas la force de leur faire des reproches. A peine furent-ils descendus de cheval, que Jack se mit à nous raconter d'une manière très-drôle comment son cheval cornu avait suivi pas à pas l'onagre, et combien peu il avait eu besoin de se servir de sa cravache pour l'exciter et le ramener à l'obéissance.

« Il faudra, leur dis-je, aider à votre bonne mère à rouir le lin que vous venez de cueillir. »

Le lendemain matin nous partîmes pour le marais des Flamants; nous avions placé sur la charrette nos paquets de lin; nous les divisâmes et nous les plongeâmes dans le marais, après les avoir chargés de grosses pierres pour les forcer à rester au fond. Dans l'intervalle nous eûmes plusieurs fois occasion de remarquer l'instinct des flamants. Ils construisent leurs nids en cônes au-dessus de la superficie des marais, et font au sommet un enfoncement dans lequel la femelle dépose ses œufs, et où elle peut les couver en restant les jambes dans l'eau. Ces nids sont d'argile, et si solidement maçonnés, que l'eau ne peut ni les dissoudre ni les renverser.

Le lin fut laissé quatorze jours dans l'eau; une seule journée suffit pour le faire sécher complétement. Nous le rapportâmes à Falken-Horst, où il fut serré. Renvoyant aux temps pluvieux qui s'approchaient les occupations nombreuses de sa préparation, je promis à ma femme un rouet, des battoirs, et tout ce dont elle aurait besoin après que son lin aurait été teillé. Mais nos récoltes demandaient nos soins, et les premières pluies, qui commençaient à tomber, nous rendaient tous les moments précieux. Déjà la température, de chaude et ardente, était devenue glaciale et changeante. Nos derniers beaux jours furent employés à ramasser des pommes de terre, du manioc, des noix de coco ; la charrette ne cessait de rouler, et nous nous donnions à peine le temps de prendre nos repas. Nous plantâmes à Zelt-Heim diverses espèces de palmiers. Nous serrâmes tout le blé d'Europe qui nous restait ; car je comptais beaucoup sur l'humidité de la saison pour activer sa végétation, et nous préparer l'espoir d'une récolte abondante qui nous fournirait ainsi le pain de notre patrie, que nous regrettions beaucoup. Nous fîmes aussi une belle et vaste plantation de cannes à sucre ; nous voulions réunir autour de nous tout ce qui pouvait contribuer à nous être utile ou agréable. Les travaux durèrent quelques semaines, pendant lesquelles l'hiver était déjà avancé ; des vents impétueux soufflaient dans le lointain, et la pluie tombait par torrents et sans discontinuer ; la côte ressemblait à un lac. Ma femme était devenue triste, et Franz, effrayé, demandait quelquefois en pleurant si ce n'était pas un nouveau déluge.

Je ne vis pas sans effroi que notre sûreté était compromise dans notre château aérien. Le vent menaçait à chaque instant de l'enlever, et nous avec lui ; la pluie, qui fouettait avec force, venait nous mouiller jusque dans notre lit, malgré la toile à voile dont j'avais bouché les ouvertures. Nous abritâmes nos hamacs dans l'escalier, et nous descendîmes chercher un asile sous le toit goudronné que nous avions couvert pour nos bêtes dans les racines du figuier. L'espace était étroit, et l'odeur de nos voisins nous rendit l'habitation pénible les premiers jours ; mais enfin, quand nous eûmes placé aussi sur l'escalier les divers ustensiles de cuisine dont nous avions un besoin journalier, que ma femme eut pris l'habitude de travailler sur une des marches, auprès d'une fenêtre, avec son petit Franz assis à ses côtés, quoique bien mal à notre aise, et regrettant pour la première fois depuis notre naufrage les solides et commodes habitations de notre patrie, nous commençâmes à nous consoler. Pour ranimer davantage le courage des miens, je travaillai de toutes mes forces à améliorer autant que possible la position où nous nous trouvions. Je diminuai un peu l'espace destiné à nos bêtes. Nous fîmes sortir et nous abandonnâmes dans la campagne celles qui, étant indigènes, pouvaient se suffire à elles-mêmes; afin que cette liberté ne nous les fît pas perdre, j'eus soin de leur attacher au cou des sonnettes, et chaque soir je m'en allais, avec Fritz, les chercher dans les pâturages; souvent même elles revenaient seules à l'étable. Ces courses étaient extrêmement pénibles, et il nous fallait les faire par une pluie dont les orages d'Europe ne peuvent donner une idée. Nous en revenions mouillés jusqu'aux os et transis de froid. Ma femme nous fit à chacun un manteau à capuchon qui nous fut d'un grand secours pour ces courses. Elle prit deux chemises de matelot qui nous restaient encore, elle y adapta des capuchons que nous pouvions rabattre à volonté, et nous les enduisîmes d'une couche épaisse de caoutchouc. Grâce à ces manteaux imperméables, nous pouvions sans crainte braver la pluie. Ainsi vêtus, nous avions vraisemblablement assez mauvaise mine ; car aussitôt que nous les endossions la troupe partait d'un grand éclat de rire. Néanmoins chacun d'eux aurait voulu en avoir un semblable ; mais nous n'avions pas assez de caoutchouc pour les contenter.

La fumée nous incommodait au plus haut degré ; elle était si épaisse, attendu que nous manquions totalement de bois sec, qu'il fallait renoncer à nous chauffer et même à allumer du feu pour les besoins de la cuisine. Nous nous contentions de vivre de laitage, et nous nous bornions, à de longs intervalles, à faire du manioc ou à rôtir quelques morceaux de viande salée.

Nos journées s'écoulaient au milieu de travaux qui étaient toujours les mêmes. Le soin des bestiaux occupait la matinée, puis nous faisions du manioc. La nuit arrivait de bonne heure, amenée par l'obscurité croissante du ciel, augmentée encore par l'épaisseur du feuillage de l'arbre. La famille alors se réunissait autour d'une grosse bougie : la mère soignait le linge ; j'écrivais mon journal, Ernest en recopiait les feuillets ; Fritz et Jack enseignaient à lire et à écrire à Franz, ou bien dessinaient les plantes et les animaux qu'ils avaient remarqués dans leurs excursions. Enfin une prière de reconnaissance terminait dignement notre journée.

Quelquefois nous avions le bonheur d'avoir un peu moins de vent ; alors nous nous hâtions de faire rôtir soit un poulet, soit un pingouin pris dans le ruisseau : tous les quatre à cinq jours nous faisions le beurre, qui était pour nous un vrai régal. Ces petits incidents, qui rompaient la monotonie de notre existence, étaient pour nous de véritables fêtes. Le manque de fourrage fut cause que je m'applaudis de la détermination que j'avais prise relativement aux animaux originaires du pays : nous n'aurions jamais pu les nourrir ; nous avions déjà tant d'animaux domestiques, que nous étions fort en peine.

Nous passions nos journées à la fenêtre, les yeux tournés vers l'horizon, attendant sans cesse une éclaircie. Ma femme elle-même, malgré sa prédilection pour Falken-Horst, commençait à s'impatienter et me demandait de construire pendant la belle saison une maison solide qui nous abritât un peu mieux l'hiver suivant. Falken-Horst devait être toujours, suivant elle, notre habitation d'été; mais la triste expérience que nous faisions nous prouvait la nécessité d'une maison d'hiver.

Nous étions tous de son avis; Fritz me rappela alors Robinson Crusoé, qui avait trouvé une grotte dans un rocher, et nous engagea à aller chercher parmi les rochers de la côte un abri solide où nous pussions trouver, comme lui, cave, salle à manger, etc., quand les pluies auraient cessé. Nous avions le temps de mûrir cette idée, car la mauvaise saison continuait dans toute sa rigueur.

Ma femme me tourmentait depuis longtemps pour lui faire un battoir et un peigne, que son lin lui rendait indispensables. La confection de ces deux instruments nous occupa pendant les derniers jours de notre obscure retraite. Si le battoir fut facile à installer, il n'en fut pas de même du peigne, qui me coûta beaucoup de peines. Deux plaques de fer-blanc percées d'un grand nombre de trous par lesquels je fis passer des clous arrondis à la pointe et fixés par du plomb coulé sur les plaques, dont j'avais relevé les bords, me fournirent un outil peu facile à manier, il est vrai, mais cependant convenable à l'emploi que nous voulions en faire, et ma pauvre femme, en le recevant avec reconnaissance, se rappelait ces heureuses années où, établie auprès de son feu, elle préparait son lin et tout ce qui lui était nécessaire.

CHAPITRE XXV

La grotte à sel. — Habitation d'hiver. — Les harengs. Les chiens marins.

Je ne saurais exprimer avec quels transports, après nos longues semaines d'ennui, nous vîmes enfin les nuages disparaître, le soleil briller au milieu d'un ciel pur, et le vent, dont la violence nous avait si fort effrayés, cesser entièrement. Nous saluâmes le retour du printemps par des cris de joie, et nous sortîmes avec bonheur de notre retraite pour respirer l'air pur de la campagne et reposer nos yeux sur la verdure rafraîchie qui parait la terre. La nature entière était rajeunie, et nousmêmes avions déjà oublié toutes nos souffrances d'hiver.

Notre plantation était en pleine prospérité; les grains que nous avions semés commençaient à sortir de la terre en filets minces. La prairie était émaillée d'une multitude de fleurs; les oiseaux avaient commencé leurs chants: c'était une résurrection complète de la nature.

Aussi nous célébrâmes le dimanche suivant avec une ferveur, une piété telle que nous n'en avions point encore eu dans l'île, et nous nous mîmes sur-le-champ au travail avec ardeur. Nous nettoyâmes notre château aérien des feuilles que le vent y avait amassées; il n'était nullement endommagé, et nous l'eûmes bientôt remis en état d'être habité.

Ma femme, toujours active, ne perdit pas de temps, et s'occupa de son lin; elle le teillait, et moi je le peignais. Je réussissais dans cette fonction, à laquelle j'étais tout à fait étranger, au delà même de mes espérances. Le plus difficile restait à faire. Pour arriver à la toile, il fallait un rouet et un dévidoir; les conseils de ma femme suppléèrent à mon manque d'habileté, et je parvins à construire ces indispensables instruments. Dès lors la mère ne se permit aucune distraction; ses nouvelles occupations absorbèrent tout son temps. Le petit Franz dévidait tandis qu'elle filait; elle aurait bien voulu que ses autres fils vinssent à son aide; mais ils se montraient peu empressés de se livrer à cette besogne sédentaire, si ce n'est Ernest, qui consentait volontiers à filer quand il prévoyait quelque occupation fatigante. Cet exemple eût été cependant bon à suivre, car nos habits étaient vraiment dans un état déplorable; mais Fritz et Jack, faits pour les courses, aimaient beaucoup mieux errer en liberté.

Il fallait utiliser les promenades. Nous nous dirigeâmes d'abord du côté de Zelt-Heim; car nous étions avides de connaître les ravages produits par l'hiver sur notre ancienne habitation. Cette demeure avait beaucoup plus souffert que Falken-Horst; la tente était renversée; la toile à voile n'existait plus, et la plus grande partie des provisions avait été tellement gâtée par la pluie, qu'il fallut nous en débarrasser. La pinasse, grâce à sa construction solide, avait résisté; il n'en fut pas de même du bateau de cuves: il était devenu hors de service. En examinant nos provisions, je trouvai trois barils de poudre que j'avais omis de porter à l'abri du rocher; j'eus la douleur, en les ouvrant, d'en voir deux entièrement avariés, et hors d'état de servir. En examinant la muraille des rochers, je désespérai de m'y creuser une habitation; ils paraissaient d'une telle dureté, que plusieurs semaines de travail auraient à peine suffi pour y pratiquer une cavité susceptible de nous y recevoir avec nos bestiaux et nos provisions, et nous n'avions pas assez de poudre pour l'employer à faire sauter des éclats de rochers; mais nous résolûmes du moins de faire quelque tentative, ne fût-ce que pour creuser une cave capable de contenir nos poudres pendant la pluie.

Tandis que ma femme était occupée de son lin, je partis un matin, accompagné de Jack et de Fritz, dans le dessein de choisir une place où le rocher fût d'une coupe perpendiculaire; je traçai avec du charbon l'enceinte de la cavité que je projetais, et nous nous mîmes à l'ouvrage. Les premiers coups de marteau produisirent peu d'effet: le roc était presque inattaquable au ciseau et à tous nos instruments : aussi nous ne fîmes presque rien la première journée. Mes petits ouvriers ne se ralentissaient pas; la sueur ruisselait de nos fronts : le courage nous donnait des forces; mais elles étaient inutiles tant que nous eûmes à lutter avec la couche extérieure du roc, et ce ne fut qu'après deux jours de persévérance que nous sentîmes la pierre céder peu à peu sous nos coups. La couche calcaire que nous avions rencontrée fit place à une sorte de limon solidifié, que la bêche pouvait facilement entamer. Encouragés par l'espoir du succès, nous continuâmes pendant quelques jours, et nous étions parvenus à sept pieds de profondeur, quand, un matin, Jack, qui enfonçait à coups de marteau une barre de fer, nous cria tout joyeux : « J'ai percé la montagne! venez voir, j'ai percé la montagne! »

Fritz courut aussitôt vers son frère, et vint me confirmer les paroles de Jack. La chose me parut extraordinaire; j'accourus à mon tour, et je trouvai qu'en effet la barre de fer avait dû pénétrer dans une cavité assez spacieuse; car elle entrait sans obstacle, et nous pouvions la tourner dans tous les sens. Je m'approchai, trouvant la chose digne de mon attention; je saisis l'instrument qui était encore planté dans le roc; en le secouant avec vigueur de côté et d'autre, je fis un trou assez grand pour qu'un de mes fils pût y passer, et je vis qu'en effet une partie des décombres tombaient en dedans; mais au moment où je m'approchais pour regarder, il en sortit une si grande quantité d'air méphitique, que j'en éprouvai des vertiges et fus obligé de me retirer promptement. « Gardez-vous d'approcher, mes enfants, fuyez, vous pourriez trouver ici la mort.

— La mort ! s'écria Jack. Croyez-vous qu'il y ait dans ce trou des lions et des serpents ? Laissez-moi approcher leur dire deux mots.

— J'aime à te voir ce courage, mon petit ingénieur ; il n'y a là ni lions ni serpents, mais le danger n'existe pas moins. Et que ferais-tu si en entrant tu ne pouvais plus respirer ?

— Ne plus respirer ? et pourquoi ?

— Parce que l'air y est méphitique ou corrompu, et qu'il vous prend alors un vertige ou un tournoiement de tête tel, qu'on a peine à marcher. Ce malaise est suivi d'une oppression qu'on ne peut vaincre, et l'on meurt subitement si l'on n'a pas un prompt secours.

— Et que faire alors, dit Fritz, pour purifier cet air ?

— Allumer un grand feu dans l'intérieur de cette grotte. Il s'éteindra d'abord ; mais il finira par triompher, et alors nous pourrons entrer sans danger. »

Sans tarder, ils allèrent tous deux ramasser de l'herbe sèche ; ils en firent des paquets, battirent le briquet, et les allumèrent, puis les jetèrent tout embrasés dans le trou ; mais, ainsi que je le leur avais annoncé, ils s'éteignirent, et nous donnèrent la preuve que l'air était corrompu au plus haut degré ; le feu ne put pas même brûler à l'entrée ; je vis qu'il fallait purifier l'air d'une manière plus efficace. Je me souvins à propos que dans le

Encouragés par l'espoir du succès, nous continuâmes pendant quelques jours.

temps nous avions apporté du vaisseau une caisse qui avait appartenu à l'artificier, que nous l'avions serrée dans la tente, et qu'elle devait être pleine de grenades et de raquettes d'artifice, embarquées pour faire des signaux. J'allai y chercher quelques pièces et un mortier de fer pour les jeter au fond de la caverne. Je revins bien vite, et y mis le feu. Je lançai des grenades qui, posant d'abord sur le sol, finissaient par aller se briser sur le haut de la caverne, d'où elles volaient elles-mêmes en éclats, et en détachaient des morceaux énormes. Un torrent d'air méphitique sortait par l'ouverture. Nous lançâmes alors des raquettes, qui semblaient traverser la grotte comme des dragons de feu, en découvrant son immense étendue. Nous crûmes aussi apercevoir une quantité de corps éblouissants qui brillèrent soudainement comme par un coup de baguette, et dont l'éclat disparut avec la rapidité de l'éclair, en ne laissant qu'une obscurité profonde. Une fusée entre autres, chargée d'étoiles, nous donna un spectacle dont nous eussions bien voulu prolonger la durée. Quand elle creva, il nous sembla qu'il en sortait une foule de petits génies ailés ayant chacun une petite lampe allumée, et qui dansaient de tous côtés avec des mouvements variés. Tout étincelait dans la caverne, qui nous offrit pendant une minute une scène vraiment magique; mais ces génies s'inclinèrent l'un après l'autre, et tombèrent sans bruit.

Après ce feu d'artifice, nous vîmes une botte d'herbe allumée se consumer paisiblement, et nous dûmes espérer que, du moins par rapport à l'air, nous n'avions plus rien à craindre; mais il était à appréhender que, dans l'obscurité, nous ne tombassions dans quelque flaque d'eau ou dans quelque abîme. Aussi j'envoyai Jack, monté sur le buffle, à Falken-Horst, pour communiquer notre découverte à sa mère et à ses deux frères, les ramener avec lui, et rapporter tout ce qu'ils pourraient de bougies, avec lesquelles nous irions examiner l'intérieur de la grotte.

Réjoui de cette commission, Jack, que j'avais choisi exprès parce que j'avais pensé que les peintures dont son imagination colorerait le récit de ce qu'il avait vu séduiraient ma femme et hâteraient son arrivée, Jack s'élança sur le buffle, fit claquer une sorte de fouet de roseau, et partit avec une telle rapidité, qu'il me fit dresser les cheveux sur la tête.

Je m'occupai avec Fritz à agrandir l'entrée de la grotte et à la déblayer, afin que sa mère et ses frères pussent y entrer facilement. Après deux à trois heures de travail, nous la vîmes arriver sur le chariot, attelé de l'âne et de la vache, et conduit par Ernest. Jack, grimpé sur son buffle, caracolait devant eux, soufflait dans son poing fermé comme dans une trompette, et fouettait de temps en temps l'âne et la vache pour les faire marcher plus vite. En arrivant près de moi, il sauta à bas de son buffle, et courut aider sa mère à descendre.

J'allumai promptement nos bougies. Nous en prîmes chacun une à la main. Une autre fut mise dans notre poche, un briquet dans notre ceinture, et une arme dans l'autre main. Nous fîmes avec précaution notre entrée dans la grotte, moi en tête, puis mes enfants à moitié tremblants; enfin ma femme, que les deux chiens suivaient, l'œil au guet, la queue entre les jambes.

Un magnifique spectacle s'offrit soudain à nos yeux : tout autour de nous les parois étincelaient comme un ciel étoilé. Du haut de la voûte pendaient d'innombrables cristaux de toutes sortes de longueurs et de formes, et la lumière de nos six flambeaux, reflétée deux ou trois fois, faisait l'effet d'une brillante illumination. Il nous semblait être dans un palais de fées, ou dans le chœur d'une vieille église gothique lorsqu'on y célèbre l'office divin à la lueur des flambeaux, dont la lumière se joue de mille façons sur les pavés de marbre avec les rayons du jour colorés par les vitraux.

Le sol de notre grotte était uni, couvert d'un sable blanc et très-fin, comme si on l'eût étendu à dessein, et si sec, que je ne pus apercevoir nulle part de trace d'humidité, ce qui me fit espérer que le séjour en serait sain et agréable pour nous. Les cristaux, d'après la sécheresse du lieu, ne pouvaient être le produit du suintement des eaux, et je trouvai, à ma joie inexprimable, en en cassant un morceau, que nous étions dans une grotte de sel gemme. Quel immense avantage pour nous et notre bétail, que cette énorme quantité de sel pur et tout prêt, qui ne demandait d'autre peine que de le recueillir, et qui valait mieux, à tous égards, que celui du rivage, qu'il fallait toujours purifier !

En avançant dans la grotte, nous remarquâmes des masses et des figures singulières que la matière saline avait produites. Il y avait des piliers entiers qui montaient depuis le sol jusqu'à la voûte, et semblaient la soutenir. L'imagination pouvait se représenter tout ce qu'elle voulait dans ces formes vagues et bizarres : des fenêtres, des feux, des autels, des figures d'hommes et d'animaux, les uns étincelants comme des diamants, les autres mats comme l'albâtre.

Nous ne pouvions nous lasser de parcourir cette merveilleuse enceinte. Déjà nous avions rallumé nos secondes bougies, lorsque je m'aperçus qu'il y avait sur le terrain, en plusieurs endroits, quantité de fragments de cristaux qui semblaient tombés de la voûte. Cette chute pouvait se répéter et offrir du danger. Une de ces lames cristallisées tombant sur la tête de l'un de mes enfants aurait pu le tuer; mais un examen plus exact me prouva que ces morceaux n'étaient pas tombés d'eux-mêmes et spontanément, car la masse était trop solide, et, si cette chute eût été produite par l'humidité, les morceaux se seraient dissous peu à peu. Nous fîmes alors, Fritz et moi, un examen sérieux de toutes les parties, en frappant à gauche et à droite avec de longues perches ; mais rien ne tomba. Rassurés alors quant à la solidité de cette demeure, nous nous occupâmes à tout préparer pour nous y fixer. Il fut résolu que Falken-Horst resterait pour cette saison notre demeure habituelle; ensuite nous n'y allions que la nuit, et toute la journée nous étions à Zelt-Heim, près du nouveau rocher, travaillant pour faire une habitation d'hiver chaude, claire et commode.

Pendant qu'exposée à l'air notre grotte durcirait

bientôt comme la surface extérieure, je résolus de commencer aussitôt à percer les fenêtres. Je pris pour cela la mesure de celles que j'avais à Falken-Horst, qui étaient inutiles, puisque je ne voulais plus l'habiter que l'été. Pour la porte, je préférai en faire à notre arbre une d'écorce, qui masquerait mieux notre demeure aux sauvages. Je dessinai tout le tour avec du charbon ; puis nous taillâmes ces ouvertures, où nous fîmes entrer les cadres dans les rainures, qui les retinrent solidement.

Quand la grotte fut terminée en dehors, je m'occupai de la division intérieure. Une très-grande place carrée fut d'abord divisée en deux parties : celle de droite pour notre demeure, celle de gauche pour la cuisine et les écuries. Je résolus de placer au fond de cette dernière, où il n'y avait pas de fenêtre, la cave et les magasins : le tout devait être séparé par des cloisons et communiquer par des portes.

La partie que nous avions destinée pour nous fut séparée en trois chambres : la première, à côté de l'écurie, fut réservée pour notre chambre à coucher à moi et à ma femme ; la seconde, pour la salle à manger ; la troisième, pour le lieu de repos de mes quatre enfants. La première et la dernière de ces chambres eurent des carreaux à leurs fenêtres ; la salle à manger n'eut qu'un grillage grossier. Je pratiquai dans la cuisine un foyer près de la fenêtre ; je perçai le rocher un peu au-dessus, et quatre planches clouées ensemble et passées dans cette ouverture firent une espèce de cheminée qui conduisait la fumée au dehors. L'espace que nous réservâmes pour notre atelier fut assez grand pour nous permettre d'y entreprendre des travaux considérables. Enfin l'écurie fut divisée en quatre compartiments, pour séparer les différentes espèces d'animaux; au fond se trouvaient la cave et les magasins.

Le long séjour que nous fîmes à Zelt-Heim nous procura plusieurs avantages sur lesquels nous n'avions pas compté, et que nous ne tardâmes pas à mettre à profit. Très-souvent il venait au rivage d'immenses tortues qui y déposaient leurs œufs dans le sable, et qui nous fournissaient de délicieux repas; nous voulûmes ensuite prendre les tortues vivantes pour les manger quand bon nous semblerait. Dès que nous en voyions une sur le rivage, un de mes fils était dépêché pour lui couper la retraite; pendant ce temps nous approchions rapidement, nous la renversions sur le dos et lui passions une forte corde dans son écaille. L'extrémité opposée était attachée à un pieu planté aussi près du bord que possible, puis nous remettions la tortue sur ses pieds; elle se hâtait de fuir; mais voyant ses efforts inutiles, elle se résignait et restait à notre discrétion.

Un matin nous quittâmes de bonne heure Falken-Horst. Lorsque nous fûmes près de la baie du Salut, nous aperçûmes, à notre grand étonnement, dans la mer, un singulier spectacle. Une étendue d'eau assez considérable paraissait être en ébullition; elle s'élevait et s'abaissait en écume, et au-dessus volaient une quantité d'oiseaux de l'espèce des mouettes, des frégates, et autres que nous ne connaissions pas. Tous ces oiseaux poussaient des cris perçants ; puis tantôt ils se précipitaient en foule sur la surface de l'eau, tantôt ils s'élevaient en l'air, volant en cercle et se poursuivant de tous côtés.

Dans l'eau il se montrait aussi quelque chose d'un aspect singulier ; de tous côtés s'élevaient de petites lumières comme des flammes, qui s'éteignaient aussitôt et se reproduisaient à chaque mouvement. Nous remarquâmes que cette bande semblait se diriger vers la baie du Salut, et nous y courûmes pour la mieux observer. Nous fîmes mille suppositions sur ce que ce pouvait être : l'un voulait que ce fût un banc de sable ; Jack, un volcan ; Ernest, un monstre marin. Quant à moi, je reconnus enfin que c'était un banc de harengs, c'est-à-dire une énorme quantité de ces poissons qui quittent la mer Glaciale et traversent l'Océan pour aller frayer. Ces bancs sont suivis d'une foule de gros poissons qui en dévorent des quantités immenses ; ils attirent, de plus, des hordes d'oiseaux qui en attrapent ce qu'ils peuvent.

Nous arrivâmes au rivage presque au même instant que les harengs, et, au lieu de perdre notre temps à les admirer, nous nous hâtâmes de sauter dans l'eau pour prendre les poissons avec nos mains à défaut de filets ; mais, comme nous ne savions où mettre tous ceux que nous prenions, je m'avisai de faire tirer à terre le bateau de cuves, qui n'était plus bon à rien. J'allai chercher du sel dans la grotte, et je dressai une tente de toile sur le rivage pour pouvoir nous occuper de saler ces poissons, malgré la chaleur. Fritz resta alors dans l'eau pour saisir les harengs et nous les jeter à mesure. Ernest et sa mère les nettoyaient avec un couteau. Jack broyait le sel. Franz aidait tout le monde. Moi je rangeai les harengs dans les tonnes : je mis une couche de sel au fond, puis une couche de harengs ayant tous la tête tournée vers le centre ; puis un nouveau lit de sel, puis un de poissons, la tête vers le bord, et toujours de même jusqu'à ce que mes cuves fussent remplies. Je mis sur la dernière couche de sel de grandes feuilles de palmier, enfin un morceau de toile sur lequel j'enfonçai deux planches que je chargeai de pierres, et les cuves pleines furent portées dans la grotte. Au bout de quelques jours, lorsque la masse fut affaissée, je les fermai encore mieux par le moyen d'une couche de terre glaise pétrie avec des étoupes.

En travaillant du matin jusqu'au soir, nous ne pouvions préparer que deux tonnes, et nous voulûmes que les huit fussent pleines. Aussi ce travail nous occupa-t-il plusieurs jours. Peu de temps après, il vint une bande de chiens marins, dont nous tuâmes un assez grand nombre. Leur chair fut abandonnée aux chiens, à l'aigle, au chacal, et nous gardâmes les peaux et la graisse, que nous réservions pour la tannerie et la lampe. Nous conservâmes aussi les vessies de ces poissons, qui étaient fort grosses.

Dans ce même temps je fis une amélioration à notre claie pour transporter plus facilement nos provisions à Falken-Horst. Je la posai sur deux poutres au bout desquelles j'attachai des roues enlevées aux canons du vaisseau. J'obtins ainsi une voiture légère, commode et peu élevée.

CHAPITRE XXVI

Le plâtre. — Les saumons. — Les esturgeons. — Le caviar. Le coton.

Nous continuions à faire de l'arrangement de la grotte notre travail habituel; et, quoique nos progrès fussent assez lents, j'espérais cependant que nous y serions établis avant la saison pluvieuse.

J'avais cru découvrir dans la grotte du spath gypseux, et je me proposai d'en recueillir le plus possible; mais, comme la grotte me paraissait assez grande, je cherchai seulement un endroit que je pusse faire sauter. J'y réussis, et je fis porter à notre cuisine les morceaux; je les faisais rougir, et, lorsqu'ils étaient calcinés et refroidis, on les réduisait en poudre avec la plus grande facilité : j'en remplis plusieurs tonnes; j'avais trouvé le plâtre.

Le premier emploi de mon plâtre fut de l'appliquer en couche sur quatre de nos tonnes de harengs, afin de les rendre plus impénétrables à l'air. Je destinais les poissons des quatre autres à être fumés et séchés. A cet effet nous disposâmes dans un coin écarté une hutte à la manière des pêcheurs hollandais et américains, composée de roseaux et de branches, au milieu desquelles nous plaçâmes à une certaine hauteur une espèce de gril sur lequel les harengs furent déposés; nous allumâmes en dessous de la mousse et des rameaux frais qui donnèrent une forte fumée, et nous obtînmes des harengs d'un jaune d'or brillant et fort appétissants. Nous les serrâmes dans des sacs pendus le long des parois.

Environ un mois après cette pêche, nous eûmes une autre visite qui ne fut pas moins profitable. La baie du Salut et les rivages voisins se trouvèrent pleins d'une grande quantité de gros poissons qui s'efforçaient de pénétrer dans l'intérieur du ruisseau pour y déposer leurs œufs.

Jack fut le premier à s'apercevoir de leur arrivée, et vint m'en avertir. Nous courûmes tous au rivage, et nous vîmes, en effet, une grande quantité de gros et beaux poissons qui s'efforçaient de remonter le courant du ruisseau. Il y en avait déjà plusieurs, qui me parurent avoir de sept à huit pieds de long, et qu'à leur museau pointu je pris pour des esturgeons; les autres étaient des saumons. Pendant que je cherchais les moyens d'attraper ces poissons, Jack courut à la caverne, et revint bientôt avec un arc, des flèches et un paquet de ficelle. Il attacha un bout de la ficelle à une des flèches et laissa le paquet à terre, chargé de grosses pierres; puis, visant le plus gros des saumons, il la lui décocha: le coup atteignit son but. Nous courûmes à la ficelle; mais le saumon se débattait tellement, que si Fritz et Ernest n'étaient pas venus en ce moment nous rejoindre, la ficelle aurait cassé. Avec leur aide, nous amenâmes le poisson à terre, où il fut tué.

Ce début excita notre émulation; armés, moi d'un trident, Fritz de son harpon, Ernest d'une forte ligne, et Jack de ses flèches, nous commençâmes une pêche qui eut pour résultat deux gros saumons, deux plus petits, et un immense esturgeon long de plus de dix pieds.

Tous nos poissons furent bien nettoyés, et nous recueillîmes plus de trente livres d'œufs, que je destinai à faire du *caviar*. Pour cela je les mis dans une calebasse percée de petits trous, et je les y soumis à une forte pression; lorsque l'eau fut écoulée, ils en sortirent en masse solide comme du fromage, que nous portâmes dans la hutte à fumer. Avec les vessies je fis ensuite une colle qui me parut si transparente, que j'eus l'idée d'en faire des carreaux de vitre.

Je proposai alors à mes enfants d'entreprendre une excursion lointaine, d'aller visiter en passant nos plantations et les champs ensemencés, par ma femme, de graines européennes. Nous voulions, avant les pluies, faire une bonne provision de baies à cire, de gomme élastique et de calebasses. Notre jardin de Zelt-Heim était dans l'état le plus florissant, et nous y avions toutes sortes de légumes d'un goût excellent, qui fleurissaient et mûrissaient successivement. Nous avions aussi des concombres et des melons délicieux. Nous moissonnâmes une immense quantité de blé de Turquie, dont les épis étaient longs d'un pied. La canne à sucre avait prospéré ainsi que les ananas.

Cette prospérité, dans notre voisinage, nous donna les plus belles espérances pour les autres plantations, et nous partîmes tous un matin de Zelt-Heim.

Nous allâmes d'abord visiter le champ planté près de Falken-Horst; les grains avaient levé parfaitement, et nous récoltâmes de l'orge, du froment, du seigle, de l'avoine, des pois, du millet, des lentilles, en petite quantité, il est vrai, mais assez pour les semailles de l'année suivante. La moisson la plus considérable fut celle de maïs, auquel ce terrain paraissait surtout convenir. Au moment où nous approchâmes de la partie où il croissait, une douzaine au moins de grosses outardes prirent la fuite à grand bruit; nos chiens s'élancèrent alors dans les épis, et firent lever un essaim immense d'oiseaux de toute grosseur et de toute espèce.

Nous fûmes tellement troublés par ces surprises, qu'aucun de nous ne pensa à se servir de son fusil. Fritz, le premier, revint à lui, et déchaperonnant son aigle, qu'il portait avec lui, il le lança sur les poules outardes qui s'envolaient. L'aigle prit rapidement son vol; et Fritz, sautant sur l'onagre, s'élança à sa suite. L'aigle, s'élevant droit dans les cieux, parvint enfin au-dessus des outardes; puis, se balançant un moment, il se laissa tout à coup tomber avec la rapidité de l'éclair sur l'une d'elles, qu'il saisit et retint sous ses redoutables serres, jusqu'à ce que Fritz, arrivant au galop, l'eût délivrée. Nous accourûmes tous vers lui. Jack resta seul dans le champ, pour essayer l'adresse de son chacal, qui justifia les efforts de son jeune maître, car il lui attrapa une douzaine de cailles avant mon retour. Nous examinâmes l'outarde, qui n'était que légèrement blessée, et nous nous hâtâmes d'arriver à Falken-Horst, car nous étions affamés. La bonne mère, qui l'était autant que nous, s'occupa cependant à nous donner une boisson de sa façon. Elle écrasa des grains de maïs; puis, les pressant dans un linge, elle obtint une liqueur blanchâtre qui, mélangée au jus de nos cannes à sucre, nous procura un breuvage agréable et rafraîchissant.

Cependant j'avais pansé notre outarde, qui était un coq, et je l'attachai par la jambe dans le poulailler, à côté de la femelle. Les cailles plumées et mises à la broche nous fournirent un excellent repas. Je résolus alors de former une colonie de la plupart de nos animaux, dont le nombre était assez considérable, de telle sorte que nous n'eussions plus l'embarras de les nourrir, et que cependant nous pussions les retrouver au besoin.

Le lendemain donc, ayant pris quelques poules et plusieurs coqs, quatre jeunes porcs, deux paires de brebis, deux chèvres, et un bouc, et les ayant attachés sur le char attelé de l'âne, de la vache et du buffle, nous quittâmes Falken-Horst.

Nous prîmes cette fois une nouvelle direction entre les rochers et le rivage, afin de connaître la contrée qui s'étendait depuis Falken-Horst jusqu'au promontoire de l'Espoir-Trompé. D'abord nous eûmes assez de peine à franchir les hautes herbes et à nous tirer des lianes et des broussailles qui retardaient encore notre course.

Après une heure de marche assez pénible, nous sortions d'un petit bois, lorsqu'il se présenta devant nous une plaine dont les buissons semblaient de loin couverts de flocons de neige. Le petit Franz les aperçut le premier du char où nous l'avions fait monter. « Maman, s'écria-t-il, de la neige! de la neige! que j'aille en faire des boules! laissez-moi descendre. »

Nous ne pûmes nous empêcher de rire à l'idée de la neige par la chaleur qui nous accablait; mais nous ne pouvions imaginer ce que pouvaient être ces flocons blancs. Fritz, qui galopait en avant sur l'onagre, vint bientôt nous en apporter et nous montra de très-beau coton. La joie que causa cette découverte fut fort vive. Le petit Franz regrettait bien un peu ses boules de neige; mais il se consola en nous aidant à en ramasser des paquets, et ma femme remplit ses poches de graines pour les semer près de Zelt-Heim.

Après quelques moments, j'ordonnai le départ; je me dirigeai vers une pointe qui menait au bois des Calebassiers, et qui, étant assez élevée, me promettait une très-belle vue sur toute la contrée. J'avais envie d'établir notre colonie dans le voisinage de la plaine des cotonniers et des arbres à courges, où je trouvais tous mes ustensiles de ménage. Je me faisais d'avance une idée charmante d'avoir dans ce beau site tous mes colons européens, et d'établir là une métairie sous la sauvegarde de la Providence.

Nous dirigeâmes donc notre course à travers le champ de coton, et nous arrivâmes en moins d'un quart d'heure sur cette hauteur, que je trouvai très-favorable à mon dessein. Derrière nous la forêt s'élevait et garantissait du vent du nord; au-devant elle se perdait insensiblement dans une plaine couverte d'une herbe épaisse et arrosée par un limpide ruisseau, ce qui était pour nos bêtes et pour nous un avantage inappréciable.

Chacun approuva ma proposition de former là un petit établissement; et tandis que le dîner se préparait, je parcourus les environs, afin de chercher des arbres assez bien placés pour former les piliers de ma métairie; j'eus le bonheur de trouver ce qu'il me fallait à une ou deux portées de fusil environ de l'endroit où nous étions arrêtés. Plein de joie et d'espérance, je rejoignis mes enfants, qui travaillaient près de leur mère; et après le repas, nous nous préparâmes par le repos à entreprendre dès le matin la construction de notre métairie.

CHAPITRE XXVII

La maison de campagne. — Les fraises. L'ornithorhynque.

Les arbres que j'avais choisis pour la construction de la métairie étaient plantés de manière à former un parallélogramme d'environ vingt-quatre pieds sur seize, et dont le grand côté faisait face à la mer. Comme je voulais avoir deux étages à cette habitation, je pratiquai dans ces arbres de profondes mortaises à dix pieds du sol. J'y introduisis transversalement de fortes poutres qui me donnèrent une charpente solide, et je répétai la même construction, à une hauteur un peu moindre que la première, au-dessus de ce plancher. Je fis ensuite un toit; je le recouvris de morceaux d'écorce, que je disposai comme des tuiles, et que je fixai à l'aide d'épines d'acacia, car les clous nous étaient trop précieux pour qu'on les prodiguât. L'arbre qui porte ces épines les donne toujours réunies deux à deux, et elles sont si fortes et si solides qu'on en pourrait faire une arme dangereuse. Nous enlevions indifféremment pour notre construction l'écorce de tous les arbres qui nous environnaient, et avant de la mettre en usage nous la faisions sécher au soleil, en ayant soin de la charger de pierres pour l'empêcher de se tourner en rouleaux. Franz, qui aidait sa mère à faire la cuisine, venait ramasser tous nos copeaux et les emportait pour alimenter le feu : nous sentîmes soudain se détacher une forte odeur résineuse. Je quittai à l'instant mon travail et courus examiner avec attention les écorces : je reconnus le térébinthe. Ma joie fut grande ; car je savais que la térébenthine mêlée à l'huile fournit un excellent goudron. Mais nos trouvailles ne devaient pas se borner là, et j'entendis bientôt Jack crier : « Mon père! mon père! voilà une écorce dont nos chèvres se régalent; je crois que c'est de la cannelle. » Tous en voulurent goûter, et nous nous convainquîmes avec plaisir qu'il ne se trompait pas. Néanmoins cette seconde découverte ne me parut pas d'une utilité aussi grande que la première, car notre cuisine seule pouvait en profiter. Cependant ma femme annonça le dîner, et à peine avions-nous goûté les premiers morceaux, que la conversation s'établit.

ERNEST. « Pourquoi donc, mon père, avez-vous témoigné tant de joie à la découverte du térébinthe? Quel en est donc l usage?

MOI. On en extrait, mon enfant, une huile appelée térébenthine, dont les arts font un grand usage. Elle sert à faire un excellent vernis; réduite en masse solide, elle constitue ce qu'on appelle de la colophane, et, mêlée à l'huile, elle produit un goudron solide : ainsi tu vois que j'ai eu sujet de me réjouir de ce nouveau bienfait de la Providence.

JACK. Mais la cannelle, mon père, la cannelle?

MOI. Elle ne peut guère servir qu'à satisfaire la sensualité de petits gourmands comme toi. Seulement, si jamais nous trouvons occasion de faire le commerce avec l'Europe, nous en tirerons un bon parti, car cette écorce est fort estimée des Européens. Savez-vous comment on s'y prend pour lui conserver son parfum pendant les plus longues traversées? On réunit plusieurs brins d'écorce en petits paquets bien solides, qu'on coud d'abord soigneusement dans des sacs de coton; ces sacs de coton sont recouverts de roseaux, et le tout est revêtu d'une peau de buffle. De cette manière, la cannelle arrive sans avarie et avec toute sa saveur. »

Le dîner s'écoula au milieu de ces conversations, et nous nous remîmes sur-le-champ à notre construction, qui nous prit la plus grande partie de notre temps, et à l'achèvement de laquelle nous nous employâmes avec zèle. Nous tressâmes les parois de notre cabane avec des lianes et autres plantes de même espèce, mais que nous serrâmes le plus qu'il nous fut possible, afin de leur donner plus de solidité, jusqu'à la hauteur de cinq pieds environ au-dessus du sol. Le reste de la construction fut rempli par un grillage bien moins serré, qui laissait passer l'air et le vent, et nous permettait même au besoin de voir au dehors. Nous laissâmes pour porte une ouverture naturelle dans le côté qui regardait la mer. Quant à l'intérieur, voici quelles furent nos dispositions: une séparation atteignant la moitié de l'élévation des murs le divisa en deux compartiments: l'un, plus grand, comprenant la porte d'entrée pour nos bêtes; le second, plus étroit, pour nous abriter, s'il nous prenait fantaisie de venir passer une couple de jours en cet endroit. Dans l'enclos destiné à nos bêtes nous réservâmes pour nos poules un coin que nous entourâmes de palissades assez élevées pour qu'elles seules pussent les franchir. Nous remplîmes ensuite les deux compartiments de fourrages, et la porte de communication de la bergerie à notre chambre devait être fermée pendant notre absence. Enfin, pour terminer, nous établîmes deux bancs de chaque côté de la porte, afin de pouvoir nous y reposer en goûtant la fraîcheur de l'ombrage. Dans notre chambre, nous fîmes en outre une espèce de claie, élevée d'environ deux pieds au-dessus du sol, et destinée à recevoir nos matelas et à nous servir de lit. Nous remîmes à un autre temps d'enduire nos murailles d'argile et de plâtre; il nous suffisait pour le présent d'avoir donné à nos bêtes un abri provisoire. Afin de les habituer à s'y retirer le soir en rentrant du pâturage, nous avions eu soin de préparer une bonne litière, et de mêler du sel à leur nourriture habituelle.

J'avais cru que tous ces travaux seraient terminés en trois à quatre jours; mais ils nous en prirent plus de huit; de sorte que nous touchions à la fin des provisions que nous avions apportées. Je ne songeais pas encore au retour, parce que je voulais établir une autre métairie dans le voisinage du promontoire de l'Espoir-Trompé.

Après bien des réflexions, je me décidai à envoyer Jack et Fritz à Falken-Horst, pour y prendre des jambons, du fromage, des poissons, et en même temps renouveler la nourriture des animaux que nous avions laissés.

Je leur fis emmener l'âne avec eux, pour porter les provisions au retour; et ils partirent au galop, caressant l'échine du baudet de bons coups de fouet pour hâter sa marche. Au reste, il faut lui rendre la justice que son allure était devenue bien supérieure à celle des animaux de son espèce dans nos contrées. Pendant l'absence de nos deux fourriers, je résolus de faire un tour dans les environs avec Ernest, pour tâcher de ramasser quelques pommes de terre ou quelques noix de coco.

Nous nous dirigeâmes vers un petit ruisseau que nous avions remarqué dans le voisinage, près de la muraille de rochers, et qui nous conduisit dans un chemin que nous reconnûmes bientôt pour l'avoir parcouru une fois; mais, en le remontant quelque temps, nous ne tardâmes pas à arriver à un grand marais terminé par un tout petit lac d'un aspect agréable. En approchant, je reconnus avec joie que ses rives étaient bordées de riz sauvage, partie encore vert, partie en maturité; nous fûmes singulièrement étonnés de voir s'envoler une foule innombrable de petits oiseaux que nous ne pûmes reconnaître. Nous lâchâmes quelques coups de fusil sur les retardataires, et Ernest déploya en ce moment une adresse et un sang-froid dont je fus surpris; mais notre chasse eût été perdue sans le chacal de Jack, qui nous avait accompagnés; il courut chercher les morts dans le marais, et nous les apporta.

Le singe Knips nous avait suivis; nous le vîmes soudain s'élancer dans l'herbe, l'écarter des deux mains, et porter à sa bouche quelque chose qu'il croquait avec une grande avidité. Nous courûmes à lui, et nous reconnûmes avec bien de la joie que c'étaient des fraises.

Cette fois les hommes ne rougirent pas d'imiter le singe. Nous nous jetâmes à terre à côté de lui, et nous nous rassasiâmes à loisir de ce fruit délicieux, dont le parfum nous rappelait celui de l'ananas. Nous pensâmes alors à nos gens, et nous remplîmes de fraises la hotte de Knips, en ayant soin de la couvrir de feuilles et de les bien attacher. de peur qu'il ne lui prît envie de piller les fruits.

Nous nous levâmes ensuite pour partir, et j'eus soin d'emporter un échantillon de riz, afin de faire partager à ma femme le bonheur de cette précieuse découverte, et de me confirmer moi-même dans l'opinion que c'était bien du riz, et non pas une autre plante.

Tout en marchant, nous arrivâmes bientôt à l'endroit où le marais formait le petit lac dont la vue nous avait paru si agréable de loin. Les bords étaient semés de roseaux épais, et l'onde bleue et limpide était sillonnée par de magnifiques cygnes qui nageaient majestueusement, et qui ne s'effrayèrent pas de notre approche. Ce spectacle était si doux et si agréable, que toute notre passion de destruction s'assoupit, et je ne formai d'autre projet que de m'emparer de deux petits cygnes vivants pour les naturaliser près de nous. Au même instant je vis voltiger dans les roseaux, ou bien glisser à la surface des eaux, une multitude infinie d'oiseaux d'espèces les plus variées et fort beaux.

Notre compagne Bill ne fut pas aussi généreuse que nous; s'élançant tout à coup dans l'eau, elle rapporta quelques moments après un animal qui nageait à fleur d'eau. Quelle singulière bête c'était! Elle ressemblait à une loutre: ses quatre pieds étaient pourvus de membranes; elle avait une longue queue poilue et redressée; elle joignait à cela une toute petite tête avec des yeux et des oreilles presque imperceptibles. Mais ce n'était rien encore: ce qu'elle avait de plus merveilleux, c'était un bec de canard adapté au bout de son museau, et qui lui donnait un aspect si drôle, que nous ne pûmes nous empêcher de rire. Jamais nous n'avions vu pareille créature; aussi nous restâmes à nous regarder comme deux écoliers dont la mémoire est en défaut. Persuadé que nous trouvions un animal encore inconnu aux naturalistes, je lui donnai le nom de bête à bec (*Schnabelthier*).

Chargés de ce nouvel animal, nous montâmes sur une petite colline afin de nous orienter, et de bien diriger notre marche vers la métairie. Nous aperçûmes très-bien de là le chemin que nous avions suivi en venant, et nous découvrîmes dans le lointain le bois des Singes et celui des Calebassiers. Mais, comme je m'aperçus que notre absence s'était prolongée, et que je ne voulais pas donner à ma femme trop d'inquiétude, nous nous remîmes en marche rapidement, et nous fûmes bientôt auprès de notre bonne ménagère.

Il y avait à peine un quart d'heure que nous étions arrivés, quand je vis revenir de Falken-Horst, au grand trot de leurs montures, mes fils Jack et Fritz. Nous les reçûmes avec joie. Ils racontèrent tout ce qu'ils avaient fait, et j'appris avec plaisir que, non contents d'exécuter ponctuellement mes ordres, ils avaient pris sur eux d'accomplir beaucoup d'autres choses nécessaires.

Il était temps de songer à notre pauvre volaille; car ces intéressants animaux avaient déjà mangé tout ce que nous leur avions laissé à notre départ. L'outarde était guérie de ses blessures, et Fritz avait eu soin de la panser. Il avait en outre laissé une quantité suffisante de fourrage et de provisions à tous nos animaux, pour que nous pussions être encore huit à dix jours absents.

Nous nous empressâmes alors de leur montrer ce que nous avions fait pendant leur absence. Ma femme et Franz avaient ramassé de la mousse pour nos lits; pour nous, nous étalâmes ensuite nos fraises, notre riz, nos petits oiseaux, et enfin notre bête merveilleuse, qui fit ouvrir de grands yeux à tous mes enfants. J'ai appris plus tard que cet animal était l'ornithorhynque, animal découvert pour

J'ai appris plus tard que cet animal était l'ornithorhynque.

la première fois dans un lac de la Nouvelle-Hollande.

Après avoir fait un bon souper avec les provisions que mes fils avaient apportées, nous allâmes nous coucher dans notre cabane, accompagnés de tout notre bétail. Le lendemain matin, nous quittâmes la métairie, à laquelle nous donnâmes le nom de *Waldeck* (abri de la forêt), laissant à nos colons toutes les choses nécessaires à leur subsistance. Mais nous eûmes toutes les peines du monde à nous séparer de ces bonnes bêtes, qui voulaient à toute force nous suivre. Fritz fut obligé de rester avec l'onagre jusqu'à ce que nous fussions hors de vue ; alors, partant au galop, il nous eut bientôt rejoints.

CHAPITRE XXVIII

La pirogue. — Travaux à la grotte.

Notre route nous conduisait directement à un bois semblable à ceux de la Suisse, notre patrie. A peine y étions-nous entrés, que nous fûmes environnés de singes, qui nous accablèrent de pommes de pin ; mais deux ou trois coups de fusil à mitraille nous délivrèrent de leurs attaques. Fritz ramassa un de ces fruits qu'ils nous avaient lancés, et je reconnus l'espèce de pomme de pin dont l'amande, bonne à manger, donne une huile excellente. Pour en retirer l'amande, Fritz frappait avec une grosse pierre et en écrasait la plus grande partie. Je l'engageai à en faire une bonne provision, lui promettant de lui indiquer un moyen plus expéditif, sitôt que nous pourrions nous arrêter en quelque endroit. La provision faite, nous nous remîmes en marche; ayant aperçu une petite hauteur à quelque distance de la mer, nous résolûmes de franchir cette colline, qui s'élevait à droite du cap.

Parvenus au sommet, nous fûmes récompensés par une vue magnifique de la fatigue que nous venions d'éprouver. Déjà je concevais l'idée d'établir une seconde métairie sur le bord d'un ruisseau serpentant à travers un vert gazon, et formant, à peu de distance, deux ou trois petites cascades. Je m'écriai avec admiration : « O mes enfants! c'est ici l'Arcadie : ne quittons pas ce lieu enchanteur sans y laisser une nouvelle demeure.

ERNEST. C'est cela, mon père, nous l'appellerons *Prospect-Hill,* car j'ai vu qu'il y a à Port-Jackson une colonie de ce nom où l'on jouit d'une vue délicieuse. »

Je souris à cette idée, quoique en bon Allemand je voulusse tout simplement l'appeler *Schauenback;* mais le nom anglais du savant Ernest l'emporta sur le mien, et Prospect-Hill fut adopté.

Nous commençâmes, comme à l'ordinaire, par faire du feu pour satisfaire la curiosité générale au sujet des pignons : ils furent étendus sur la cendre, et l'on se pressa autour du foyer pour attendre le résultat. Quand je les jugeai bien cuits, je les fis retirer avant que l'amande fût brûlée; les enfants m'obéirent avec empressement, et les pignons se trouvèrent fort à leur goût. Mais ma femme ne vit dans tout cela que l'huile qu'elle en pourrait tirer.

Le déjeuner fini, nous allâmes gaiement nous mettre à la construction de la nouvelle cabane, que nous disposâmes à peu près comme celle de Waldeck, mais qui fut plus promptement terminée et plus perfectionnée, parce que nous allions moins à tâtons. Relevé en pointe vers le milieu, et penché de quatre côtés, le toit ressemblait plus à celui d'une ferme européenne. Nous mîmes six jours à cette nouvelle construction, et nous eûmes un abri convenable pour les colons aussi bien que pour les animaux.

Nous nous séparâmes alors pour nous répandre dans la contrée et chercher un arbre tel que je le désirais pour fabriquer une nacelle d'écorce. Après une longue course, je trouvai enfin une couple d'arbres à haute tige, ressemblant à nos chênes d'Europe, et qui convenaient parfaitement à mes vues par la légèreté de l'écorce.

Je cherchai d'abord dans ma tête les moyens de détacher ce rouleau d'écorce de cinq pieds de diamètre et de dix-huit pieds environ de hauteur. Après bien des hésitations, je m'arrêtai à celui-ci: je fis monter Fritz sur l'arbre, avec mission de couper l'écorce jusqu'à l'aubier, à l'aide d'une petite scie, près de la naissance des branches, tandis que j'en faisais autant au pied de l'arbre. Nous détachâmes ensuite une bande dans l'intervalle de ces deux cercles; puis, avec des coins, nous séparâmes peu à peu l'écorce de l'arbre. Notre travail s'accomplit assez facilement ; et après avoir ralenti la chute de notre morceau d'écorce avec des cordes, nous eûmes la joie de le voir heureusement étendu à terre.

Je résolus alors, malgré l'impatience de mes fils, qui trouvaient ce travail trop long, de donner à ma nacelle la tournure élégante d'une chaloupe. Je commençai par faire avec la scie une fente longue de cinq pieds à chaque extrémité ; puis je réunis ces parties en les croisant l'une sur l'autre, de sorte qu'elles relevaient naturellement ; je les joignis solidement à l'aide de colle-forte et de morceaux de bois plats cloués sous l'ouverture, et les fixai de manière qu'elles ne pussent plus se séparer ; puis, craignant que ma nacelle ne s'évasât trop dans le milieu, je la retins à l'aide de cordes bien serrées à la largeur convenable, et dans cet état je la mis sécher au soleil. Il me manquait les outils nécessaires pour la façonner et y donner la dernière main ; je résolus de la conduire à Zelt-Heim sur la claie, que mes fils allèrent chercher. Fritz et Jack partirent au galop avec leurs montures et l'âne, qui devait, au retour, être attelé à la claie ; ils se firent cette fois accompagner par les deux jeunes chiens, qui couraient déjà fort bien, et aimaient mieux les suivre que de rester avec Franz, quoiqu'il les eût soignés depuis leur enfance ; et le pauvre petit pleurait de voir ses élèves lui échapper ainsi.

Pendant leur absence, aidé d'Ernest, je me mis à chercher le bois nécessaire pour doubler ma pirogue ; nous eûmes le bonheur de trouver ce que nous cherchions, et, en outre, un arbre qui fournit une poix très-facile à manier. Mes petits messagers ne revinrent que très-tard, de sorte que nous ne fîmes autre chose, ce jour-là, que souper et nous coucher. Le lendemain, dès que le soleil fut levé, nous sortîmes de nos lits, et, aussitôt après le déjeuner, nous parlâmes de partir; mais, avant de nous mettre en marche, nous allâmes arracher quelques plants d'arbres que nous voulions naturaliser à Zelt-Heim. Dans le cours de cette opération nous découvrîmes des bambous géants; j'en coupai un pour nous servir de mât. Nous prîmes ensuite le chemin le plus court pour retourner à Zelt-Heim, où j'étais pressé d'arriver pour terminer la chaloupe; nous nous arrêtâmes seulement deux heures à Falken-Horst pour dîner.

Arrivés à Zelt-Heim, nous nous occupâmes aussitôt de la nacelle, qui fut bientôt en état d'être mise à flot. Elle fut doublée partout de douves de bois et garnie d'une quille. Les bords furent renforcés de perches et de lattes flexibles, où furent attachés des anneaux pour les câbles et les rames. En place de lest je mis au fond un pavé en pierre recouvert d'argile, sur lequel je posai un plancher, où l'on pouvait au besoin coucher sans être mouillé; au milieu enfin fut placé le mât de bambou, avec une voile triangulaire : ma nacelle fut ensuite calfeutrée partout avec de la poix et des étoupes, et de cette manière nous obtînmes une pirogue agréable et solide tout à la fois.

J'ai oublié de dire dans le temps que notre vache avait fait un veau pendant la saison des pluies; je lui avais percé les narines comme au buffle, afin de le conduire plus facilement, et, comme je le destinais à nous servir de monture, depuis qu'il était sevré je l'habituais à porter la sangle et la selle du buffle.

Il était plein de feu et d'ardeur; aussi Fritz me dit un soir : « Mon père, ne le dresserez-vous pas au combat, comme font les Hottentots? »

Ma femme, effrayée, me demanda si j'allais renouveler dans notre île ces affreux combats dont elle avait lu la description dans les voyages en Espagne. Je lui expliquai que ce n'était pas du tout la même chose. « Chez les Hottentots, lui dis-je, on dresse les taureaux à combattre les bêtes féroces. Dès qu'il sent l'approche de l'ennemi, le taureau dressé en avertit le reste du troupeau, qui se range en rond les cornes en dehors, et il fond sur l'ennemi, qu'il met en fuite ou qu'il tue, ou auquel il sert quelquefois de victime expiatoire. » Je décidai ensuite que le conseil de Fritz serait suivi. J'avais d'abord eu l'idée de lui faire moi-même son éducation, tous mes fils ayant leurs élèves; mais je réfléchis que mon petit Franz n'avait plus d'animal à soigner, et, craignant que son caractère ne s'amollît en restant toujours près de sa mère comme il faisait, je lui demandai s'il ne serait pas bien aise de dresser le veau.

L'enfant accepta avec grande joie, et baptisa son animal du nom de *Grondeur* (Brummer). Jack donna à son buffle le nom de *Sturm* (l'orage), et l'on appela les petits chiens *Braun* et *Farb*. Dès cet instant Franz ne voulut plus que personne autre que lui s'occupât de son veau : il lui donnait sa nourriture, l'embrassait, le conduisait partout avec une corde, et lui réservait toujours la moitié de son pain, de sorte que l'animal reconnaissant s'attacha à lui et le suivit partout.

Nous avions encore deux mois devant nous avant la saison des pluies; nous les employâmes à travailler dans notre belle grotte pour faire une demeure agréable. Nous pratiquâmes avec des planches les divisions intérieures; nous n'en manquions pas, et nous en avions recueilli sur le navire de toutes préparées et toutes peintes. Nous confectionnâmes ensuite d'autres parois tressées en roseaux, que nous recouvrîmes des deux côtés d'une couche de plâtre. Pendant qu'il faisait assez chaud pour que notre ouvrage pût sécher promptement, nous couvrîmes le sol de notre demeure avec du limon bien battu, comme on fait dans les granges.

Dès qu'il fut sec, nous étendîmes en dessus de larges pièces de toile à voile; nous prîmes ensuite du poil de chèvre et quelque peu de laine de brebis; le tout fut répandu sur toute l'étendue de la toile. Nous versâmes ensuite sur cette masse de l'eau chaude dans laquelle j'avais fait dissoudre de la colle de poisson. Nous roulâmes alors la toile, que nous battîmes à grands coups. Nous recommençâmes plusieurs fois ce manége, et nous obtînmes de cette manière des tapis d'une espèce de feutre d'une grande solidité.

Ainsi nous avions fait des pas immenses dans la civilisation. Séparés de la société, condamnés à passer peut-être notre vie entière sur cette côte inconnue, nous pouvions encore y vivre heureux. Soumis aux ordres de la Providence, nous attendions ce qu'il lui plairait d'ordonner pour nous. Près d'une année s'était écoulée sans que nous eussions aperçu aucune trace d'homme sauvage ou civilisé ; et, comme la perspective d'une autre situation était trop incertaine pour nous donner le tourment de l'impatience, nos pensées restaient fortement tendues vers notre position actuelle.

CHAPITRE XXIX

Anniversaire de la délivrance. — Exercices gymnastiques. Distribution des prix.

Un matin je me réveillai de bonne heure, et, comme toute la famille dormait encore, il me vint dans l'idée de chercher à évaluer depuis combien de temps nous séjournions sur cette côte. A mon grand étonnement, je trouvai que nous étions à la veille de l'anniversaire du jour de notre salut. Je me sentis l'âme pénétrée d'un nouveau sentiment de reconnaissance, et je résolus de célébrer cette fête avec toute la solennité possible. Je me levai bientôt ; ma femme et mes fils sortirent aussi de leur lit, et l'on prépara le déjeuner. La journée se passa, comme d'habitude, aux travaux nécessaires à notre conservation, et je ne parlai à personne de mes projets ; seulement, après le souper, que j'avais avancé d'une demi-heure, je me levai et dis : « Préparez-vous, mes enfants, à célébrer demain l'anniversaire de votre débarquement dans l'île. »

Fritz ne comprenait pas pourquoi nous allions fêter cet anniversaire ; je lui fis sentir que c'était pour remercier Dieu de sa constante bienveillance, dont cette journée avait été en quelque sorte le prélude.

Ma femme ne pouvait croire qu'il y eût déjà un an que nous vécussions ainsi isolés, et tous mes enfants s'accordèrent à reconnaître que le temps leur avait paru bien court. Je lui prouvai que je ne m'étais pas trompé en lui rappelant que nous avions fait naufrage le 30 janvier, et que mon calendrier, que j'avais scrupuleusement consulté jusqu'alors, me manquait depuis quatre semaines ; je conclus en décidant qu'il fallait nous en procurer un autre.

« J'y suis, s'écria Ernest : un calendrier comme celui de Robinson Crusoé, c'est-à-dire une planche à laquelle on fait tous les jours un cran.

— Justement, mon fils. »

Ma femme me demanda comment j'entendais célébrer la journée du lendemain. « En élevant nos cœurs à Dieu, lui dis-je, nous ferons tout ce qu'il nous est possible de faire dans notre solitude. » Peu de temps après, nous allâmes nous coucher ; et, malgré ce que je venais de dire, j'entendis mes enfants se demander à voix basse ce que papa avait résolu de faire le lendemain. Je ne fis pas semblant de les entendre, et nous fûmes bientôt tous endormis.

Le jour commençait à peine à poindre, qu'un violent coup de canon se fit entendre du rivage. Nous sautâmes de nos lits, pleins d'étonnement et nous demandant ce que cela pouvait être. Je remarquai pourtant que ni Fritz ni Jack ne disaient rien ; je crus un moment que, profondément endormis, ils n'avaient rien entendu ; mais Jack s'écria bientôt : « Ah ! ah ! nous vous avons bien réveillés, n'est-ce pas ? »

Fritz alors se leva et me dit : « Il n'était pas possible de célébrer une si grande fête sans l'annoncer par un coup de canon, n'est-ce pas, mon père ? Aussi nous l'avons fait. » Je lui reprochai doucement de nous avoir effrayés en ne nous prévenant pas, et je lui fis remarquer qu'en usant ainsi notre poudre à des futilités, il nous exposait à en manquer bientôt.

Nous nous habillâmes alors rapidement, et nous allâmes prendre le déjeuner habituel. Toute la matinée se passa en prières, en conversations pieuses, et le temps s'écoula rapidement jusqu'au moment du dîner : alors j'annonçai à mes fils que le reste de la journée serait consacré à des amusements de toute espèce. « Vous avez dû faire des progrès dans tous les exercices du corps, leur dis-je ; voici le moment où ces progrès vont être récompensés : vous allez faire vos preuves devant votre mère et moi. Allons, braves chevaliers, entrez en lice ! et vous, trompettes, dis-je en me tournant vers le ruisseau où les oies et les canards prenaient leurs ébats, trompettes, donnez le signal du combat ! »

Les pauvres oiseaux, effrayés de ma voix et de mes gestes, y répondirent par des cris perçants ; je laisse à penser si mes fils s'amusèrent de cet incident. Ils se levèrent tous en criant : « Au champ ! au champ ! allons combattre ! le signal est donné ! »

Je disposai alors les joutes en commençant par le tir au fusil. Un but fut aussitôt dressé; c'était un morceau de bois grossièrement travaillé, avec une tête surmontée de deux petites oreilles, une queue en crin, et que nous baptisâmes du nom de *kanguroo.* Nous fîmes alors l'épreuve; chacun de mes fils s'avança, une balle dans chaque canon de son fusil, excepté Franz, trop petit pour prendre part à cet exercice. Fritz mit sa balle dans la tête de l'animal. Ernest en mit une seulement dans son corps, et Jack, qui ne le toucha qu'une fois, lui enleva une oreille, ce qui nous prêta bien à rire. Nous passâmes alors à un autre exercice : je jetai en l'air, aussi haut que je pouvais, un morceau de bois, et mes fils essayaient de l'atteindre avant qu'il fût retombé. Je fus étonné de voir Ernest aussi adroit que son frère Fritz; mais Jack ne toucha pas. Mes fils prirent alors des pistolets, et les résultats de leurs coups furent presque les mêmes.

Vint ensuite l'exercice de l'arc, qui devait nous être si précieux quand nous n'aurions plus de poudre. Je remarquai que mes aînés tiraient fort bien, et le petit Franz lui-même avait déjà assez d'adresse. Après une pause de quelques moments, je fis procéder à la course à pied : les coureurs devaient partir de la grotte pour aller jusqu'à Falken-Horst; et, en signe de victoire, le premier arrivant devait me rapporter un couteau que j'avais oublié sur la table près de l'arbre. Mes trois aînés seuls se mirent en ligne; aussitôt le signal donné, Jack et Fritz partirent avec la rapidité de l'éclair et disparurent en un instant. Ernest les suivit bien plus lentement, et les coudes serrés contre le corps. J'augurai bien de cette tactique, et je pensai que le philosophe avait mieux raisonné que ses étourdis de frères. Ils furent trois quarts d'heure absents; mais je vis bientôt revenir Jack monté sur le buffle et amenant avec lui l'onagre et l'âne. Je courus au-devant de lui : « Oh! m'écriai-je, c'est comme cela que tu exerces tes jambes?

— Ayant été vaincu, répondit-il, j'ai amené nos montures pour l'équitation. »

Bientôt après, je vis revenir Fritz, haletant et le front couvert de sueur; puis, à une distance de cinquante pas environ, Ernest tenant le couteau en signe de victoire.

« Comment se fait-il que tu reviennes le dernier, lui dis-je, et que tu rapportes le couteau?

— La chose est simple, me répondit Ernest; en allant, mon frère, qui était parti comme un trait, n'a pas pu tenir longtemps, et moi, qui m'étais plus modéré, je l'ai dépassé; en revenant, il a profité de mon exemple, et, comme il est plus âgé, il peut mieux résister que moi à la fatigue. »

Jack demandait instamment l'équitation; je cédai à ses désirs : il lança son buffle au galop, le fit manœuvrer dans tous les sens avec une adresse remarquable, et se mit même debout sur son dos, comme font les écuyers des cirques. Ses frères se conduisirent aussi fort bien; mais ils restèrent loin de lui. Le petit Franz entra lui-même dans la lice, monté sur son jeune taureau Brummer; il avait une selle de peau de kanguroo, que lui avait faite sa mère; ses pieds étaient soutenus par des étriers, et il tenait en guise de rênes deux fortes ficelles passées dans l'anneau de fer qui pendait au nez de sa monture. Ses frères se moquèrent un peu de lui, et lui demandèrent s'il espérait triompher de Jack; l'enfant n'en tint aucun compte, et partit au trot; il fit faire à sa monture un cercle comme au manége, et c'était merveille de voir comme l'animal obéissait complaisamment. Il trotta, galopa, sauta; au milieu de ses plus rapides élans, il s'arrêtait court et immobile comme un mur; il s'agenouillait au commandement, puis se relevait et se mettait à caracoler. Un cheval de parade bien conduit n'eût pas mieux fait. Nous étions tous dans un étonnement d'autant plus grand, que tous ces progrès avaient été tenus secrets. Jack se promit bien de faire des cavalcades avec son frère, et le petit Franz fut proclamé excellent cavalier.

Le lazo vint ensuite : à cet exercice Jack et Ernest se montrèrent plus adroits que Fritz, qui jetait sa fronde trop loin et avec trop de force. Nous terminâmes enfin la journée par la natation; mais là encore Fritz eut l'avantage. Il semblait vraiment se jouer avec les flots, et être dans son élément naturel. Jack et Ernest restèrent bien au-dessous de lui, et Franz fit voir qu'il deviendrait par la suite un bon nageur. Quand tout fut terminé, nous nous hâtâmes de revenir au logis en suivant le bord de l'eau, tous mes fils marchant l'un après l'autre, le plus petit devant, le plus grand derrière; j'annonçai que des exercices aussi brillamment soutenus méritaient des récompenses, et dès notre arrivée nous disposâmes un tonneau couvert d'herbes et de feuilles, pour servir d'estrade; ma femme s'y tenait majestueusement assise. Après avoir donné à chacun de ses fils, rangés près d'elle, la part d'éloges qui lui revenait, elle leur distribua leurs prix.

Fritz eut celui du tir et de la natation ; il consistait en un fusil anglais et un couteau de chasse qu'il convoitait depuis longtemps.

Ernest eut, pour prix de la course, une montre d'or.

Jack eut une paire d'éperons et une cravache anglaise ; et Franz, à titre d'encouragement, une paire d'étriers et une peau de rhinocéros pour s'en faire une selle.

Ensuite je me tournai vers ma femme, et lui présentai un joli nécessaire anglais, dans lequel se trouvaient réunis tous les objets utiles à une femme : dés à coudre, ciseaux, aiguilles, poinçon, etc.

Ma femme, surprise et heureuse, vint m'embrasser, et la journée finit, comme elle avait commencé, par un coup de canon. Nous allâmes alors goûter un repos dont nous avions tous besoin, et le sommeil ne se fit pas attendre.

CHAPITRE XXX

L'anis. — Le ginseng.

Peu de temps après cette fête, je m'aperçus que nous approchions de l'époque où nous avions commencé, l'année précédente, la chasse aux grives et aux ortolans qui étaient venus s'abattre en nuée si épaisse sur l'arbre de Falken-Horst, et que ma femme avait conservés salés dans le beurre. Cette provision nous avait fourni durant l'année, à diverses reprises, d'excellents repas; nous résolûmes donc de renouveler cette chasse avantageuse aussitôt que nous le pourrions. Nous allâmes visiter Falken-Horst, et nous trouvâmes que les oiseaux étaient déjà venus en grande quantité; aussi nous fîmes tous nos préparatifs de chasse, et nous quittâmes Zelt-Heim pour nous rendre à la maison de campagne. Mais je ne voulais pas user ma poudre pour de si petits oiseaux; aussi je pris la résolution de faire la chasse aux gluaux, comme les habitants des îles Pelew, qui prennent, avec des baguettes enduites d'une glu formée de caoutchouc et d'huile, des oiseaux beaucoup plus forts que les ortolans. J'en avais encore un peu au logis; mais j'en avais usé beaucoup; aussi je sentis le besoin de renouveler ma provision. Je donnai cette mission à Fritz et à Jack; ils devaient, du reste, trouver la provision à peu près faite; car nous avions eu soin de laisser des calebasses au pied des arbres auxquels nous avions fait des incisions, et nous avions eu la précaution de recouvrir l'ouverture de feuilles, de peur que le soleil ne les séchât trop tôt.

Mes enfants acceptèrent cette promenade avec joie; ils sortirent leurs montures de l'écurie, préparèrent leurs armes, et, accompagnés des deux chiens, ils nous quittèrent au galop.

Il y avait quelques instants qu'ils étaient partis,

quand ma femme, se creusant le front, s'écria :

« O mon Dieu! j'ai oublié de changer les calebasses de mes enfants. Celles qu'ils trouveront sont sans anses, et ne peuvent se porter que sur la tête ou à deux mains. Je ne sais trop comment ils s'y prendront pour nous apporter la provision de caoutchouc sans en renverser au moins la moitié.

MOI. Eh bien, je n'en suis pas fâché. Les enfants seront obligés de recourir aux expédients, et il est bon qu'ils s'habituent à ne pas trop compter sur les secours étrangers. Mais qui t'a donc empêchée de le faire, et pourquoi te tourmentes-tu si fort?

MA FEMME. C'est que je suis passée près de là : du reste, *elles* n'étaient peut-être pas mûres.

MOI. *Elles, elles!* qu'entends-tu par ce mot?

MA FEMME. Eh! mon ami, laisse-moi donc me rappeler le lieu où je les ai plantées.

—MOI. Mais quoi donc?

MA FEMME. C'est qu'à la place des pommes de terre que nous avons arrachées j'ai planté des courges, auxquelles j'ai donné diverses formes commodes; les unes sont en gourdes comme celles des soldats et des pèlerins; les autres ont un long cou.

MOI. Excellente femme! c'est un trésor pour nous; mais allons les voir; le champ de pommes de terre n'est pas éloigné. »

Nous partîmes aussitôt, accompagnés d'Ernest et de Franz, qui devaient nous aider. Au milieu des autres plantes nous aperçûmes bientôt des courges. Les unes étaient mûres, et se décomposaient déjà : les autres étaient encore vertes. Nous fîmes un choix parmi celles qui, en raison de leurs formes, devaient nous être le plus utiles.

Nous les disposâmes aussitôt à être employées. Après avoir fait une ouverture, nous commençâmes à détacher la chair dans l'intérieur avec de petits bâtons; puis, y ayant versé une poignée de cailloux, nous les secouâmes fortement, et tout le reste se détacha et sortit. Nous façonnâmes ensuite divers ustensiles; ce travail nous occupa jusqu'au soir. Ernest me demanda alors la permission de changer son couteau contre un fusil, et de tirer quelques coups aux ortolans du figuier; mais je le lui défendis absolument, craignant que ces décharges ne fissent fuir nos oiseaux et ne nous privassent des provisions sur lesquelles j'avais compté.

Soudain nous entendîmes un galop lointain, et je vis bientôt accourir nos deux enfants, qui nous saluèrent de bruyantes acclamations. Ils sautèrent à bas de leurs montures, et je me hâtai de leur demander : « Eh bien! avez-vous été heureux?

Fritz. Oui, papa, nous avons fait beaucoup de nouvelles découvertes. Voici d'abord une racine que je nomme *racine de singe;* puis une calebasse pleine de caoutchouc, que j'ai recouverte de feuilles pour qu'elle ne versât pas en route.

Jack. En voici une autre, et puis une marmotte, ou je ne sais quelle bête. Voici de l'anis, et enfin voici une calebasse pleine de térébenthine qui pourra nous servir. »

Ces paroles furent dites coup sur coup pendant qu'ils étalaient leurs trésors. Tandis que nous les considérions, Jack reprit la parole : « Oh! comme mon Sturm a été vite! Figure-toi, Franz, que je pouvais à peine respirer, tant il courait. Ah! maman! je n'ai pas eu besoin de vos éperons, et j'ai presque été désarçonné. Ah! papa, il faudra des selles pour nos bêtes.

MOI. Oui, certainement; mais nous avons d'autres occupations plus importantes.

ERNEST. Jack, ton animal n'est pas une marmotte, j'en suis sûr; mais je ne sais trop ce que c'est.

MOI. Fais-le-moi voir.

JACK. Je l'ai trouvé dans une crevasse de rocher.

MOI. C'est le *cavia capensis* des naturalistes, animal doux et curieux de la famille du genre des marmottes, et qui a les mêmes habitudes. Mais où as-tu pris la plante d'anis, et comment l'as-tu reconnue?

JACK. J'ai cru d'abord que c'était tout autre chose; mais quand j'ai vu ce que c'était positivement, j'ai pensé à l'anisette, et je me suis empressé de le recueillir. La racine m'est restée dans es mains. Fritz prétendait que c'était du manioc; néanmoins j'en ai fait un paquet et je l'ai mis de côté. Tout en marchant nous avons rencontré notre truie entourée de ses petits; elle nous a reconnus, et elle a mangé avec avidité de cette racine. Nous avons voulu l'imiter, et elle nous a paru très-désagréable.

MOI. Et d'où t'est venue cette térébenthine, qui m'est bien plus précieuse que ton anisette?

JACK. De ces arbres que nous avons remarqués dans notre premier voyage, au pied desquels j'avais eu soin de placer des calebassses.

Moi. C'est bien, mon fils; je me réjouis maintenant de vous avoir envoyés. Mais toi, Fritz, tu m'as parlé d'une racine de singe. Qu'est-ce? Est-elle bonne à manger? n'est-elle point dangereuse?

Fritz. Moi, je ne le crois pas. Et si nous avions eu avec nous ton singe, mon cher Ernest, il est probable que nous eussions fait la découverte de quelque racine précieuse; car nous devons celle-ci aux collègues de Knips.

Moi. Un peu plus de clarté dans ton récit, mon enfant; tes paroles sont comme celles des anciens oracles, enveloppées d'obscurité.

Fritz. Nous attendions les bras croisés que nos calebasses fussent remplies, quand Jack tira son coup de fusil sur la marmotte, qui se trouvait entre lui et moi. »

J'interrompis vivement Fritz : « Mes enfants, m'écriai-je, je vous recommande expressément deux choses : d'abord de ne jamais tirer quand un de vous se trouvera près ou loin de la ligne du tir; ensuite de vous abstenir toujours de vous mettre dans celle d'un de vos frères, avec la pensée que le coup ne portera pas si loin.

Fritz. Avant de quitter la contrée nous aperçûmes de petites figues, dont voici quelques-unes, et dont se nourrissait une espèce de pigeon que je ne connais pas. Nous nous dirigeâmes vers Waldeck en suivant un petit ruisseau que nous vîmes bientôt se perdre dans un plus considérable, et nous atteignîmes ainsi un petit lac situé derrière notre métairie. Nous étions près d'y arriver, quand nous aperçûmes dans une clairière de la forêt une troupe de singes qui paraissaient fort affairés.

Nous approchâmes avec précaution, après être descendus de nos montures et avoir attaché nos chiens, et nous ne fûmes pas peu étonnés, en arrivant auprès d'eux, de les voir occupés à déterrer des racines.

Ernest. Ah! ah! déterrer des racines! sans doute avec une pioche et une houe?

Fritz. Oui, certainement, les uns avec leurs vilaines pattes, les autres avec des pierres pointues. Nous hésitâmes un moment, et Jack me pressait fort de leur tirer quelques bons coups de fusil; mais je me rappelai que vous me blâmiez de vouloir tuer des bêtes qui ne me faisaient aucun mal, et je l'empêchai cette fois de tirer. Seulement, désireux de connaître la racine qu'ils croquaient avec tant de plaisir, nous allâmes détacher Turc, et nous le lâchâmes sur les maraudeurs. Laissant là leurs racines, ils s'enfuirent subitement, sauf deux, qui furent éventrés. Mais nous n'en fûmes pas plus avancés; car nous ne pûmes reconnaître de quelle espèce était cette racine. Cependant nous essayâmes d'en goûter; elle nous parut d'un fort bon goût, légèrement aromatique. Mais tenez, voyez vous-même, mon père, vous la reconnaîtrez peut-être; nous l'avons nommée *racine des singes* jusqu'à nouvel ordre; tout le feuillage en est enlevé.

Moi. Je ne saurais vous dire d'une manière bien certaine ce que c'est; mais autant que je puis me souvenir des descriptions que j'ai lues, nous avons là le ginseng, cette plante si estimée en Chine.

Fritz. Qu'est-ce que ce ginseng, et quelle est sa valeur?

Moi. On regarde cette plante en Chine, lieu d'où elle est originaire, comme une sorte de panacée, qui peut même prolonger la vie humaine. Dans ce pays, l'empereur seul a le droit de la récolter, et les endroits où on la cultive sont environnés de gardes. Cependant elle croît aussi en Tartarie, et récemment on l'a découverte au Canada : des planteurs de Pensylvanie y ont naturalisé des boutures recueillies en Chine. Mais continue ton récit, Fritz.

Fritz. Quand nous eûmes goûté ces racines, nous remontâmes sur nos bêtes, et, sans autre rencontre, nous arrivâmes à Waldeck. Juste Ciel! quel désordre y régnait! Tout était brisé, renversé, dispersé. La volaille, effarouchée, fuyait notre approche. Nos arbres étaient courbés comme par un vent violent; enfin tout portait l'aspect de la désolation.

Jack. O mon père! si vous aviez pu voir comme les maraudeurs avaient tout pillé!

Moi. Quels maraudeurs avez-vous trouvés? quelques habitants? Cela me paraît bien extraordinaire...

Jack. Ah! bien oui, des habitants! C'était cette maudite troupe de singes.

Fritz. Nous fîmes alors du feu près de la métairie pour préparer notre repas. Tandis que nous étions assis tranquillement l'un à côté de l'autre, nous entretenant de la malice de ces méchants singes qui avaient ainsi détruit tous nos travaux, nous entendîmes soudain dans l'air un grand bruit, que nous reconnûmes bientôt pour celui que fait une nombreuse troupe d'oiseaux. En effet, nous les aperçûmes aussitôt se dirigeant vers l'endroit où nous nous trouvions, mais à une telle hauteur, qu'ils paraissaient de petits insectes. Jack croyait que c'étaient des oies, à cause des cris qu'ils poussaient; moi j'opinai pour des grues. Nous cherchâmes de tous côtés un buisson ou un arbre qui pût nous cacher. Nous vîmes alors la bande approcher de plus en plus, descendre peu à peu en faisant des évolutions semblables à celles d'une armée bien disciplinée, et enfin se tenir à peu de distance de la terre, puis soudain remonter bien haut dans l'air.

« Après quelques moments de pareilles manœuvres, qui avaient sans doute pour but de s'assurer des dangers que pouvait offrir le pays, et rassurée, à ce qu'il paraît, sur ce point, la bande entière vint s'abattre à peu de distance de nous. Nous espérâmes faire une bonne chasse, et nous tâchâmes de gagner quelque endroit où nous pussions les tirer convenablement; mais nous fûmes aussitôt aperçus par les avant-postes, et toute la troupe fut hors de portée avant que nous eussions eu le temps de les mettre en joue. Cependant je ne voulus pas perdre une si belle occasion : je déchaperonnai mon aigle, et, le lançant sur un des fuyards, je le suivis au galop; il s'éleva comme l'éclair dans les nues, puis se laissa tomber sur la malheureuse bête que j'ai apportée, et la tua du coup. Un pigeon fut la récompense de sa bonne conduite. Ensuite nous retournâmes promptement à Waldeck; nous recueillîmes ce que nous pûmes de térébenthine, et nous reprîmes le chemin du logis. »

Tel fut le récit de Fritz. C'était le moment du

souper : on ne manqua pas de servir sur la table de l'anis et de la racine de ginseng. Je ne permis pas de manger beaucoup de ginseng, parce que cette plante aromatique, prise avec excès, pouvait devenir dangereuse.

CHAPITRE XXXI

Gluau. — Grande chasse aux singes. — Les pigeons des Moluques.

Le lendemain, après avoir déjeuné, mes enfants me prièrent de leur confectionner des gluaux. Il fallait commencer par se procurer de la glu : je pris à cet effet une certaine quantité de caoutchouc mêlée à l'huile de térébenthine, et je plaçai le tout sur le feu. Tandis que la fusion s'opérait, je fis cueillir par mes enfants un grand nombre de petites baguettes ; puis, quand je jugeai ma glu préparée, je plongeai les petits bâtons dans le vase.

Je remarquai que les oiseaux étaient en plus grand nombre que l'année précédente, et un aveugle tirant au hasard dans l'arbre n'aurait pas manqué d'en abattre. Aux ordures dont étaient salis les troncs des arbres, je reconnus que c'était là leur retraite habituelle ; et cette réflexion me suggéra l'idée d'employer pour les détruire une chasse aux flambeaux, comme font les colons de la Virginie pour prendre les pigeons.

Soudain j'entendis mes enfants s'écrier : « Papa ! papa ! comment faire ? Les baguettes se collent à nos mains, et nous ne pouvons pas nous en dépêtrer.

— Tant mieux, dis-je : c'est un signe que ma glu est bonne. Au reste, ne vous désolez pas, un peu de cendre fera bientôt tout disparaître ; et, pour ne pas vous engluer davantage, au lieu de tremper les baguettes une à une, vous n'avez qu'à les prendre par paquets de douze à quinze. » Ils suivirent mon conseil et s'en trouvèrent bien.

Quand je jugeai qu'il y avait assez de gluaux préparés, j'envoyai Jack les placer dans le figuier en les cachant sous le feuillage, de manière qu'ils parussent être des branches de l'arbre. A peine l'enfant en avait-il placé une demi-douzaine et était-il descendu pour en chercher d'autres, que nous vîmes tomber à nos pieds les malheureux ortolans englués des pattes et des ailes, et encore attachés à la perfide baguette. Ces gluaux pouvaient servir deux ou trois fois ; mais bientôt ma femme, Franz et Ernest ne purent suffire à ramasser les oiseaux, ni Fritz et Jack à remplacer les gluaux qui tombaient. Je les laissai se livrer à ce divertissement, et, songeant alors à ma chasse aux flambeaux, je m'occupai des préparatifs, dans lesquels la térébenthine devait jouer un rôle important.

Jack vint à moi avec un oiseau plus gros que les ortolans, qui s'était pris comme eux au gluau.

« Qu'il est joli ! disait-il : est-ce qu'il faut le tuer aussi ? On dirait qu'il me regarde comme une connaissance.

— Je le crois bien, s'écria Ernest, qui s'était approché, et dont le coup d'œil observateur avait tout de suite reconnu un pigeon d'Europe, c'est un des petits de nos pigeons qui ont logé l'an dernier dans le figuier. Il ne faut pas le tuer, puisque nous voulons naturaliser l'espèce. »

Je pris l'oiseau des mains de Jack, je frottai de cendre les endroits de ses ailes et de ses pattes que la glu avait touchés, et je le plaçai sous une cage à poule, songeant déjà en moi-même aux moyens de tirer parti de cette découverte. Plusieurs autres pigeons se prirent encore, et avant la nuit nous eûmes réuni deux belles paires de nos européens. Fritz me demanda de leur construire une habitation dans le rocher, afin d'avoir sous la main une nourriture qui ne nous coûterait aucune dépense de poudre : cette idée me souriait; aussi je lui promis de le faire promptement.

Cependant Jack était épuisé de fatigue, et, tout heureuse qu'avait été la chasse, ma femme n'avait rempli que cinq ou six sacs d'oiseaux avant de souper. Après quelques instants de repos, je commençai mes préparatifs. Ils étaient simples : c'étaient trois ou quatre longues cannes de bambou, deux sacs, des flambeaux de résine et des cannes à sucre. Mes enfants me regardaient faire avec beaucoup d'étonnement, et cherchaient à deviner comment ces singuliers instruments pourraient leur procurer des oiseaux.

Cependant la nuit arriva brusquement, extrêmement obscure, comme les nuits des pays du Sud. Parvenus au pied des arbres que nous avions remarqués dans la matinée, je fis allumer nos flambeaux et faire un grand bruit; puis j'armai chacun de mes fils d'un bambou. A peine la lumière se fut-elle faite, que nous vîmes voltiger autour de nous une nuée d'ortolans.

Les pauvres bêtes, étourdies de nos clameurs, éblouies par nos lumières, venaient se brûler les ailes et tombaient à terre, où on les ramassait, et puis on les entassait dans des sacs. Alors je me mis à frapper de toute ma force à droite et à gauche sur les ortolans. Mes fils m'imitèrent, et nous eûmes bientôt rempli deux grands sacs. Nous nous servîmes de nos flambeaux, qui duraient encore, pour gagner Falken-Horst; et comme les sacs étaient trop pesants pour être portés par aucun de nous, nous les plaçâmes en croix sur des bâtons. Nous nous mîmes en marche deux à deux, ce qui donnait à notre cortége un caractère étrange et mystérieux.

Nous arrivâmes à Falken-Horst; là nous achevâmes quelques-uns de nos oiseaux que les coups de bâton n'avaient fait qu'étourdir, et nous allâmes nous coucher.

Le lendemain nous ne pûmes faire autre chose que de préparer cette provision. Ma femme les plumait, les nettoyait; les enfants les faisaient griller; je les déposais dans des tonnes. Nous obtînmes de cette manière des tonnes d'ortolans à demi rôtis et dûment enveloppés de beurre.

J'avais fixé irrévocablement au jour suivant notre expédition contre les singes. Nous nous levâmes de bonne heure; ma femme nous donna des provisions pour deux jours, et nous partimes, la laissant, ainsi que Franz, sous la garde de Turc. Fritz et moi, nous étions montés sur l'âne; Jack et Ernest étaient aussi de compagnie sur le dos du buffle, que nous avions chargé en outre de nos provisions; et nos autres chiens nous accompagnaient.

La conversation tomba naturellement sur l'expédition que nous méditions : je dis à mes enfants que je voulais en finir avec cette malfaisante engeance des singes. « Voilà pourquoi, ajoutai-je, j'ai voulu que Franz ne fût pas témoin de ce spectacle pénible.

— Mais, dit Fritz, ces pauvres singes me font pitié au fond. »

Ce fut avec plaisir que j'entendis cette réflexion, et plusieurs autres semblables d'Ernest et de Jack; mais je n'en persistai pas moins dans mon projet, et quoique j'eusse la même opinion qu'eux : « Il y a entre les singes et nous, leur dis-je, une guerre à mort; s'ils ne succombent pas, nous succomberons par la famine : c'est une affaire de conservation. Sans doute l'effusion du sang est pénible; mais ici il le faut. »

On me demanda alors ce que nous ferions des cadavres. Je leur répondis que nous abandonnerions la chair à nos chiens.

Nous arrivâmes bientôt à dix minutes de la métairie, près d'un épais buisson. Ce lieu me parut favorable pour camper, et nous descendîmes de nos montures. La tente fut aussitôt dressée; nous mîmes des entraves aux jambes de nos bêtes pour les empêcher de s'écarter; nous attachâmes nos chiens, et nous nous mîmes à la recherche de l'ennemi. Fritz partit en éclaireur, tandis que nous restions à considérer la dévastation de la métairie. Il ne tarda pas à venir nous rapporter que la bande de pillards était à peu de distance, et prenait ses ébats sur la lisière du bois.

Nous nous rendîmes alors auprès de Waldeck, pour procéder à l'exécution du projet que j'avais conçu, avant que les singes pussent nous voir et se méfier de nous. J'avais emporté de petits pieux attachés deux à deux avec des cordes, ainsi qu'une provision de noix de coco et de courges. Je plantai mes pieux tout autour de la métairie, de manière que les cordes qui les unissaient ne fussent pas tendues, et je fis ainsi un petit labyrinthe où je ne laissai qu'une étroite issue entre les cordes, de sorte qu'il était impossible de parvenir à la hutte sans traverser cette enceinte et sans toucher une corde ou un pieu. Je fis une autre enceinte pareille sur une petite hauteur que les singes paraissaient affectionner, et dans laquelle je plaçai des courges remplies de riz, de maïs, de vin de palmier, etc.; et tous ces pieux, ces cordes, ces courges furent enduits d'une glu épaisse et visqueuse. Le terrain fut couvert de branches d'arbres et de bourgeons également englués, et sur le toit de Waldeck je fixai des épines d'acacia, parmi lesquelles j'enfonçai des pommes de pin; j'en mis d'autres partout où elles pouvaient frapper les yeux, et toutes furent enduites de glu. Mes enfants voulurent aussi mettre des gluaux sur les arbres voisins, et je le leur permis. Ces préparatifs nous occupèrent une grande partie du jour; mais, par bonheur, les singes, que Fritz allait reconnaître de temps en temps, ne firent pas mine d'approcher de Waldeck, et nous dûmes penser qu'ils ne nous avaient pas aperçus. Nous nous retirâmes alors à notre tente, près du buisson; et nous nous endormîmes sous la surveillance de la Providence et la garde de nos chiens.

Le lendemain, de bonne heure, un cri perçant retentit dans le lointain. Nous nous divisâmes alors; et, armés de forts bâtons, tenant nos chiens en laisse, nous nous rendîmes à Waldeck, pour y attendre le résultat de nos combinaisons. Nous fûmes bientôt témoins d'un spectacle comique.

La bande entière s'avança d'abord d'arbre en arbre, en faisant les plus étranges grimaces, contorsions et gambades qu'on puisse imaginer; puis ils se séparèrent. Le uns continuèrent à sauter d'arbre en arbre; les autres couraient à terre : l'armée semblait n'avoir pas de fin. Tantôt ils marchaient à quatre pattes, tantôt ils se dressaient sur celles de derrière, en se faisant mille grimaces; tout cela au milieu de hurlements effroyables. Ils entrèrent sans crainte dans l'enceinte de pieux ; les uns se jetèrent sur les noix et le riz; les autres coururent à la métairie pour avoir des pommes de pin. Mais une panique épouvantable s'empara alors des maraudeurs; car il n'y en avait pas un seul parmi eux qui n'eût un pieu, ou une corde, ou quelque gluau fixé à la tête, à la main, au dos, ou à la poitrine. Ils commencèrent alors à courir partout avec fureur; d'autres se roulaient par terre pour se débarrasser de leurs pieux, et ils en attrapaient de nouveaux. Plusieurs restaient les mains collées à leurs pommes de pin, sans pouvoir les détacher; un autre venait pour s'en emparer, et le groupe se compliquait de la manière la plus comique. Les plus heureux cherchaient à dépêtrer leurs jambes et leurs pieds des branches qui y étaient fixées. Quand je vis le désordre à son comble, je l'augmentai encore en lâchant mes chiens, qui se précipitèrent en fureur, et égorgèrent, blessèrent ou étranglèrent tout ce qui ne fut pas assez leste pour éviter leur approche. Nous les suivîmes de près, frappant rudement les singes de nos bâtons, et tuant tous ceux que nos chiens avaient blessés. Bientôt nous fûmes environnés d'une scène de carnage; des cris lamentables s'entendaient de tous côtés; puis il se fit un grand silence, un silence de mort. Nous regardâmes autour de nous. A terre gisaient trente à quarante singes morts. Je vis que tous mes enfants se détournaient avec horreur, et Fritz, prenant la parole au nom de ses frères, s'écria : « Ah! mon père, c'est horrible; nous ne voulons plus faire de semblables exécutions. »

Nous commençâmes alors à creuser une fosse de trois pieds de profondeur, où nous entassâmes nos singes, et que nous recouvrîmes avec soin. Tandis que nous étions ainsi occupés, nous vîmes tomber à trois reprises un corps pesant du haut d'un palmier; nous courûmes de ce côté, et nous trouvâmes trois forts oiseaux qui s'étaient pris à quelques gluaux posés par mes fils.

Nous leur attachâmes les jambes, nous leur enveloppâmes les ailes avec nos mouchoirs pour qu'ils ne pussent pas s'envoler, et nous commençâmes leur examen zoologique. C'étaient des pigeons des Moluques; je pensai avec joie qu'ils pourraient s'habituer à vivre avec nos pigeons européens. Ils étaient beaux et gros.

Nous frappions rudement les singes de nos bâtons, tuant tous ceux que nos chiens avaient blessés.

Tout à coup Jack s'écria : « Papa ! papa ! voyez donc cette noix que je viens de trouver.

— Ah ! mon petit Jack ! réjouis-toi, c'est la noix muscade.

— Que ma mère va être contente ! Mais qu'allons-nous faire de nos prisonniers ?

— Je les mettrai dans mon colombier.

— Où est-il, votre colombier ? Vous voulez rire, mon père !

— Non, mon enfant, car c'est la première chose dont je vais m'occuper en revenant de Zelt-Heim. Mais maintenant travaillons à rassembler nos bestiaux épars et à ramener l'ordre dans notre métairie, car je ne pense pas que les singes viennent de longtemps la troubler. » Aussitôt dit, aussitôt fait ; nos animaux furent bientôt réunis et casernés ; mais il était trop tard pour retourner à Falken-Horst. J'envoyai alors Jack me recueillir une calebasse de vin sur un palmier voisin, puis nous mangeâmes quelques cocos ; en les cherchant nous découvrîmes une nouvelle espèce de palmier, celui qu'on nomme *areca oleracea*, et qui fournit une huile excellente. Après nous être reposés et rafraîchis, nous terminâmes l'enterrement des singes, nous soignâmes nos nouveaux pigeons, nous pansâmes nos bestiaux, et, quand tout fut tranquille, nous cherchâmes à notre tour le repos et le sommeil.

CHAPITRE XXXII

Le pigeonnier.

Rien ne troubla notre sommeil; nous fûmes de bonne heure sur nos jambes, et après un court déjeuner nous nous hâtâmes de retourner à Falken-Horst, où nous arrivâmes bientôt. Ma femme accueillit avec joie la nouvelle conquête que nous avions faite; il lui tardait de voir s'apprivoiser et passer, pour ainsi dire, dans notre domaine ces charmants pigeons. Je résolus alors d'établir mon colombier à Zelt-Heim sur le rocher, au-dessus de la cuisine. On concevra difficilement la peine que nous donna ce travail; il nous fallut détacher de forts quartiers de roc, assurer nos planches, enduire tout l'extérieur d'une couche de plâtre pour le mettre à l'abri de l'humidité, dresser un perchoir, disposer des cases, ouvrir des portes, des fenêtres. L'édifice achevé, il me restait une nouvelle crainte, c'était de savoir si les pigeons voudraient s'habituer à ce changement de demeure. Aussi un jour que je travaillais avec mon fils aîné, tandis que ses frères étaient occupés ailleurs, je lui dis : « Sais-tu un moyen de forcer nos pigeons à venir s'établir ici ?

— A moins de magie, me répondit-il, je n'en vois pas.

— Écoute, j'ai appris qu'on peut le faire en saturant ton pigeonnier d'anis, dont ces oiseaux sont très-friands. Pour cela on pétrit ensemble de l'argile, du sel et de l'anis; on place cette masse dans l'endroit qu'on veut leur faire habiter, et ils reviennent sans cesse le picoter.

— Eh bien, servons-nous de l'anis qu'a découvert Jack.

— Mais je voudrais aussi en obtenir de l'huile, afin d'en enduire les ailes de nos pigeons.

— Pourquoi donc, mon père?

— Parce que les pigeons étrangers les suivent alors et viennent augmenter le colombier. » Le moyen fut à l'instant mis à l'essai; on écrasa la plante; l'huile fut tamisée; elle exhalait une odeur d'anis qu'elle pouvait bien garder encore trois à quatre jours.

Nous pétrîmes alors la masse, puis nous frottâmes d'anis toutes les places que pouvaient fréquenter les pigeons. Quand nos petits garçons revinrent, nous procédâmes à l'installation des pigeons; nous les fîmes entrer un à un dans le colombier, et nous fermâmes avec soin toutes les ouvertures. Nous nous pressâmes alors autour des fenêtres de colle de poisson pour voir leur contenance, et je remarquai avec plaisir qu'au lieu de s'effaroucher de ces nouveaux objets les prisonniers semblaient s'en accommoder fort bien et becquetaient déjà le pain d'anis. Nous les laissâmes ainsi deux jours. J'étais curieux de connaître le résultat du charme; le troisième, je réveillai Fritz; je lui commandai d'aller frotter d'anis la porte du colombier, et je rassemblai alentour toute ma famille, en lui annonçant que j'allais donner la liberté entière à nos pigeons. Je me mis alors à décrire avec une baguette divers cercles dans l'air, puis je commandai à Jack d'ouvrir la porte. Les prisonniers sortirent d'abord timidement la tête, puis ils prirent leur volée, et s'élevèrent à une telle hauteur au-dessus de nous, que ma femme et mes fils, dont les yeux ne pouvaient pas les suivre, les crurent perdus pour nous. Mais, comme ils n'avaient voulu s'élever que pour embrasser le coup d'œil du pays, ils redescendirent aussitôt, et revinrent tranquillement s'abattre près du colombier, paraissant heureux de le trouver.

« Je savais bien qu'ils reviendraient, m'écriai-je.

JACK. Et comment cela se pouvait-il ? Vous n'êtes pas sorcier ?

ERNEST. Nigaud, est-ce qu'il y a des sorciers ? »

Franz me demanda ce que c'était que la sorcellerie, et j'allais lui répondre, quand je vis les trois pigeons étrangers, suivis de quatre pigeons d'Europe, s'élever dans l'air et prendre le chemin de Falken-Horst avec une telle rapidité, qu'ils furent bientôt hors de vue.

« Bon voyage, Messieurs, dit Jack en leur tirant son chapeau et en leur faisant un grand salut.

ERNEST. Ah ! ah ! le sorcier est en défaut. — C'est bien dommage, répliquaient ma femme et Fritz, que ces charmantes bêtes soient perdues pour nous. »

Je ne me laissai cependant pas troubler, et, les yeux fixés sur les pigeons, je leur disais : « Allez, allez vite, et ramenez-nous des compagnons demain soir au plus tard ; allez vite, et revenez. Entendez-vous, petits ? »

Je me tournai alors vers mes enfants, et je leur dis : « Voilà qui est fini pour les étrangers, voyons ce que feront nos pigeons. » Ceux-ci ne paraissaient pas disposés à suivre leurs frères ; apercevant que la terre était couverte de graines, ils s'abattirent et vinrent les picoter; puis ils rentrèrent au colombier, comme s'ils en eussent eu l'habitude.

JACK. « Ceux-là, à la bonne heure, ils sont raisonnables : ils préfèrent un bon abri à une terre inconnue.

FRITZ. Eh! ne crie pas tant après eux ; tu sais que mon père t'a promis de les faire revenir ; son esprit familier les ramènera. »

Ces mots firent sourire tous mes enfants, et le reste de la journée se passa à lever les yeux vers le ciel pour tâcher de découvrir les fuyards. Je commençai à n'être pas rassuré ; le soir vint, nous soupâmes, et rien encore ; enfin nous allâmes nous coucher.

Le lendemain matin nous nous remîmes à travailler ; mes fils, moitié curiosité, moitié impatience, attendaient l'issue de l'affaire, quand Jack accourut vers nous tout joyeux, en criant :

« Il est revenu! il est revenu ! hé! hé!

TOUS. Qui donc? qui donc?

JACK. Le pigeon bleu ! le pigeon bleu !

ERNEST. Mensonge ! mensonge ! C'est impossible.

MOI. Et pourquoi donc? ne t'avais-je pas prédit que le camarade reviendrait ? Et sans doute le second pigeon est en chemin. »

Nous courûmes au pigeonnier; notre fuyard était

revenu avec un pigeon étranger, et il avait repris sa place au colombier.

Mes enfants voulurent fermer la porte sur eux ; je m'y opposai en leur objectant qu'il faudrait toujours l'ouvrir plus tard. « Et puis, ajoutai-je en riant, comment l'autre entrera-t-il si nous lui fermons la porte ? »

Ma femme ne comprenait rien à ce retour merveilleux ; Ernest seul soutenait que c'était le hasard. « Et si l'autre revient, lui dis-je, tu seras bien embarrassé, n'est-ce pas ? »

Tandis que nous parlions, Fritz, qui parcourait le ciel de ses yeux de faucon, s'écria tout à coup : « Ils viennent ! ils viennent ! » Et, en effet, nous ne tardâmes pas à en voir une seconde paire s'abattre à nos pieds. La joie qui les accueillit fut si bruyante, que je fus obligé de la modérer ; sans quoi nous aurions effrayé nos pauvres oiseaux, qui cette fois ne seraient peut-être plus revenus. Mes petits enfants se turent, et les deux pèlerins entrèrent à leur tour dans le colombier. « Eh bien ? dis-je à Ernest.

Ernest. C'est fort extraordinaire ; mais je n'en persiste pas moins à soutenir que c'est un hasard, un hasard merveilleux, il est vrai.

Moi. Mais si le troisième nous revient avec une compagne, croiras-tu enfin à ma science, ou bien appelleras-tu encore cet événement un bonheur ? »

Nous retournâmes dîner alors, et nous reprîmes ensuite nos travaux commencés. Nous travaillions depuis environ deux heures, quand ma femme nous quitta, avec Franz, pour aller préparer le souper. Mais l'enfant revint bientôt vers nous, et nous dit, d'un ton grave, avec l'air d'un héraut : « Seigneurs, je viens vous annoncer, au nom de notre mère chérie, que nous avons eu l'honneur de voir entrer dans le colombier le pigeon fugitif avec sa compagne, et qu'il vient de prendre possession de son palais.

— Merveilleux! merveilleux! » s'écrièrent tous les enfants. Nous nous hâtâmes d'accourir, et nous arrivâmes assez tôt pour être témoins d'un spectacle bien curieux : les deux premières paires, sur le seuil du pigeonnier, roucoulaient et semblaient faire des signes d'invitation à la troisième, qui, perchée sur une branche voisine, se décida enfin à entrer, après bien des hésitations.

« Je suis confondu, s'écria Ernest. Je vous en prie, mon père, expliquez-moi comment vous avez fait. »

Je m'amusai quelque temps de sa curiosité, que j'aiguillonnai encore en faisant une longue dissertation sur la sorcellerie et les sorciers, et je finis par lui découvrir le rôle qu'avait joué dans tout cela la plante d'anis. En attendant le soir, nous observâmes que les pigeons semblaient se plaire dans leur nouveau gîte. Je remarquai parmi les herbes qu'ils employaient une sorte de mousse verte semblable à celle qui se détache des vieux chênes, mais qui s'étendait en fils longs et solides comme du crin de cheval. Je reconnus dans cette plante celle dont on se sert dans les Indes pour faire des matelas, et dont les Espagnols font des cordes si légères, qu'un bout de quinze à vingt pieds suspendu à un arbre y flotte comme un pavillon.

Nos tourterelles apportaient de temps en temps des muscades, que nous recueillions au colombier, et ma femme les confiait à la terre dans l'espoir de récolter un jour cette précieuse noix.

CHAPITRE XXIII

Aventure de Jack.

Durant encore une semaine ou deux, nos pigeons demandèrent tous nos soins. Les trois couples étrangers s'habituèrent peu à peu à leur habitation : mais les pigeons européens, moins nombreux, réclamèrent bientôt notre assistance. En effet, les étrangers, dont le nombre s'accroissait rapidement, tant par leur ponte que par l'arrivée de nouveaux pigeons, entreprirent de les chasser, et y seraient parvenus si nous n'y eussions mis ordre. Nous tendîmes des piéges à ceux qui arrivaient, et nous dressâmes autour du colombier des gluaux que nous avions soin de retirer avant de l'ouvrir. Ce procédé procura à notre cuisine des provisions abondantes. Nous lançâmes même quelquefois l'aigle de Fritz contre les arrivants.

La monotonie de notre existence, divisée entre nos constructions nouvelles et nos approvisionnements d'hiver, fut interrompue vers cette époque par un accident arrivé à Jack. Nous le vîmes revenir un matin d'une expédition qu'il avait entreprise de son autorité privée. Son extérieur était pitoyable : il était couvert d'une boue épaisse et noire depuis les pieds jusqu'à la tête. Il portait un paquet de roseaux d'Espagne recouverts, comme lui, de mousse et de vase. Il pleurait, boitait en marchant, et nous montra qu'il avait perdu un soulier.

Nous éclatâmes de rire à cette arrivée tragi-comique; ma femme seule s'écria : « A-t-on jamais vu un enfant plus sale? Où es-tu allé te fourrer pour gâter ainsi tes habits? Crois-tu que nous en ayons beaucoup de rechange à te donner?

FRITZ. Ah! ah! quelle tournure!

JACK. Riez, riez: si j'eusse péri?

MOI. Ce n'est pas bien, mes enfants, de se moquer ainsi; ce n'est ni d'un chrétien ni d'un frère; vous pouvez tous deux tomber comme lui, et que diriez-vous si l'on se moquait de vous? Mais, mon pauvre Jack, où t'es-tu mis dans cet état?

JACK. Dans le marais, derrière le magasin à poudre.

MOI. Mais, au nom du Ciel, qu'allais-tu faire là?

JACK. Je voulais faire une provision de roseaux d'Espagne pour nos colombiers et autres ouvrages de même nature.

MOI. Ton intention était louable, mon pauvre garçon; ce n'est pas ta faute si elle n'a pas réussi.

JACK. Oh! certainement elle a mal réussi; je voulais, pour tresser mes paniers, avoir des roseaux assez minces pour être flexibles; il y en avait sur le bord, mais ceux que j'apercevais dans le lointain étaient bien plus beaux et plus convenables. Je m'avançai en conséquence dans le marais pour les cueillir, en sautant de motte en motte; mais à un endroit où le terrain paraissait solide, j'enfonçai jusqu'aux genoux et bientôt plus loin. Comme je ne pouvais sortir ni me détacher, je commençai à avoir peur et je me mis à crier ; mais personne ne vint à mon secours.

FRITZ. Je le crois bien, mon pauvre frère ; nous serions accourus bien vite si nous t'avions entendu.

JACK. Mon pauvre chacal, qui était resté sur la rive, joignait ses cris à ma voix.

ERNEST. Beau secours ! Mais pourquoi ne t'es-tu pas mis à nager ?

JACK. A nager, quand on a de la boue jusqu'aux cuisses et des roseaux tout autour de soi ! J'aurais voulu t'y voir ! Quand je reconnus que tous nos cris étaient inutiles, je tirai mon couteau de ma poche et je me mis à couper les roseaux ; puis je les rassemblai en paquet, que je réunis sous mes bras. Je fis ainsi une sorte de fascine, sur laquelle je m'étendis tout de mon long pour délivrer mes jambes. Après bien des efforts inutiles, je parvins à me dégager, et partie marchant, partie nageant, partie rampant, je parvins enfin à gagner la terre ferme ; mais bien certainement je n'ai jamais éprouvé plus d'angoisse.

MOI. Pauvre garçon, Dieu soit béni, mille fois béni de t'avoir conservé !

FRITZ. Ma foi, je n'aurais pas eu la présence d'esprit de mon frère.

ERNEST. Pour moi, je ne sais vraiment pas ce que j'aurais fait.

JACK. Tu aurais eu tout le temps d'y penser dans la boue. Ah ! il n'est rien de tel que la nécessité ! c'est le meilleur maître en fait d'invention.

Ma Femme. Mais tu as oublié un de ces moyens que la nécessité emploie : la prière.

Jack. Non, non, je ne l'ai pas oublié; et j'ai récité toutes les prières que je savais; je me suis rappelé le jour du naufrage, où Dieu nous avait secourus quand nous l'avions imploré; je l'ai prié de même avec toute la ferveur possible.

Moi. Très-bien, mon fils, tu ne pouvais mieux agir. Ainsi Dieu t'a sauvé; il a donné de l'énergie à ta volonté, de la force à tes bras. La prière faite de cœur est toujours récompensée par l'éternelle Sagesse. Louange donc et gloire à Dieu, et remercions-le des lèvres et du cœur! »

Il fallut nous occuper de la toilette de Jack; l'un lui chercha des souliers, l'autre une veste, tandis que ma femme essayait de nettoyer sa défroque dans le ruisseau. Quand il fut un peu présentable, il revint à moi, son paquet de roseaux à la main; et je ne pus m'empêcher de lui dire : « Que me veux-tu donc?

Jack. Eh! mon père, je voudrais savoir comment on tresse une corbeille.

Moi. Comment! tu n'es pas plus avancé? Au reste, je veux bien te le montrer; mais tes roseaux sont trop forts et trop gros pour pouvoir être tressés : ainsi jette-les là de côté.

Jack. Eh! non, mon père; quand ils sècheront, je pourrai facilement les fendre et les manier, et ils répondront à mes vues. »

Jack s'était assis par terre, et il avait commencé à fendre ses roseaux; ce travail lui donnait tant de mal, que ses trois frères accoururent pour l'aider.

« Arrêtez, arrêtez, m'écriai-je : avant de vous mettre à l'ouvrage, donnez-moi deux des plus forts roseaux. » Je les choisis moi-même bien droits et bien égaux, et je les attachai de manière qu'ils ne prissent aucune courbure en séchant; je voulais en faire un métier à tisser. Je taillai ensuite un petit morceau de bois à l'instar des dents d'un véritable métier, et je chargeai mes enfants de m'en confectionner une grande quantité de pareils. Étonnés de ce travail, ils m'assaillirent de questions sur l'usage que je voulais faire de mes petits *cure-dents*, disaient-ils; mais comme je voulais ménager à ma femme le plaisir de la surprise, je me contentai de leur répondre que c'était un instrument de musique, et qu'ils verraient bientôt leur mère en jouer des pieds et des mains. Les plaisanteries redoublèrent alors; mais je n'en tins aucun compte, et, quand je jugeai les *cure-dents* assez nombreux, je les serrai en souriant, et remis à un autre moment la confection du métier.

Vers cette époque, la bourrique mit bas un ânon d'une superbe espèce, et dont je résolus de me servir. Je lui donnai en conséquence tous mes soins, et je vis que ses formes, en se développant, répondaient tout à fait à mes désirs. Je lui donnai le nom de *Rasch* (impétueux), et en peu de temps il mérita bien son nom, car il acquit une célérité difficile à imaginer.

Nous nous occupâmes les jours suivants à rassembler dans la grotte le fourrage et les provisions nécessaires à nos bêtes pendant la saison des pluies. Nous habituâmes aussi notre gros bétail à notre voix, ou au son d'une trompe d'écorce que nous avions fabriquée, en ayant soin de faire suivre dans le commencement chaque appel d'une abondante distribution de nourriture mêlée de sel. Les porcs seuls demeuraient intraitables, et couraient là où il leur plaisait; mais nous nous en inquiétâmes peu, car nous savions le moyen de les ramener en lançant nos chiens après eux.

Il me vint alors dans l'idée que pendant la saison des pluies nous aurions besoin d'avoir de l'eau pure près de nous. Je résolus donc d'établir un réservoir à peu de distance de la grotte. Des bambous solidement fixés l'un dans l'autre me servirent de canaux pour amener l'eau du ruisseau des Chacals; je me contentai de les poser sur le sol, en attendant que je pusse les y enfouir. Une tonne défoncée fit l'office d'un bassin, dont ma femme se montra aussi enchantée que s'il eût été de marbre avec des dauphins et des néréides vomissant l'eau à pleine gorge.

FIN DU PREMIER VOLUME

TABLE

CHAP. I. — Tempête. — Naufrage. — Corsets natatoires. — Bateau de cuves. 11

— II. — Chargement du radeau. — Personnel de la famille. — Débarquement. — Premières dispositions. — Le homard. — Le sel. — Excursions de Fritz. — L'agouti. — La nuit à terre. 17

— III. — Voyage de découverte. — Les noix de coco. — Les calebassiers. — La canne à sucre. — Les singes. 28

— IV. — Retour. — Capture d'un singe. — Alarme nocturne. — Les chacals. 38

— V. — Voyage au navire. — Commencement du pillage. 46

— VI. — Le troupeau à la nage. — Le requin. — Second débarquement. 51

— VII. — Récit de ma femme. — Colliers des chiens. — L'outarde. — Les œufs de tortue. — Les arbres gigantesques. 59

— VIII. — Le pont. 65

— IX. — Départ. — Nouvelle demeure. — Le porc-épic. — Le chat sauvage. 73

— X. — Premier établissement. — Le flamant. — L'échelle de bambou. 80

— XI. — Construction du château aérien. — Première nuit sur l'arbre. — Le dimanche. — Les ortolans. 89

— XII. — La promenade. — Nouvelles découvertes. — Dénomination de divers lieux. — La pomme de terre. — La cochenille. 96

— XIII. — La claie. — La poudre à canon. — Visite à Zelt-Heim. — Le kanguroo. — La mascarade. 104

— XIV. — Second voyage au vaisseau. — Pillage général. — La tortue. — Le manioc. 117

— XV. — Voyage au vaisseau. — Les pingouins. — Le manioc et sa préparation. — La cassave. . 128

CHAP. XVI. — La pinasse. — La machine infernale. — Le jardin potager. 142
— XVII. — Encore un dimanche. — Le *lazo*. — Excursion au bois des Calebassiers. — Le crabe de terre. — L'iguane. 151
— XVIII. — Nouvelle excursion. — Le coq de bruyère. — L'arbre à cire. — La colonie d'oiseaux. — Le caoutchouc. — Le sagoutier. . 163
— XIX. — Les bougies. — Le beurre. — Embellissement de Zelt-Heim. — Dernier voyage au vaisseau. — L'arsenal. 172
— XX. — Voyage dans l'intérieur. — Le vin de palmier. — Fuite de l'âne. — Les buffles.. . . 179
— XXI. — Le jeune chacal. — L'aigle du Malabar. — Le vermicelle. 195
— XXII. — Les greffes. — La ruche. — Les abeilles. 204
— XXIII. — L'escalier. — Éducation du buffle, du singe, de l'aigle. — Canal de bambous.. . . 213
— XXIV. — L'onagre. — Le phormium tenax. — Les pluies. 218
— XXV. — La grotte à sel. — Habitation d'hiver. — Les harengs. — Les chiens marins.. 234
— XXVI. — Le plâtre. — Les saumons. — Les esturgeons. — Le caviar. — Le coton.. . . . 249
— XXVII. — La maison de campagne. — Les fraises — L'ornithorhynque.. 255
— XXVIII. — La pirogue. — Travaux à la grotte. . 265
— XXIX. — Anniversaire de la délivrance. — Exercices gymnastiques. — Distribution des prix. 272
— XXX. — L'anis. — Le ginseng. 278
— XXXI. — Gluaux. — Grande chasse aux singes. — Les pigeons des Moluques. 287
— XXXII. — Le pigeonnier. 298
— XXXIII. — Aventure de Jack.. 304

557. — Tours, impr. Mame.

www.ingramcontent.com/pod-product-compliance
Lightning Source LLC
LaVergne TN
LVHW010540100826
845148LV00001B/253

* 9 7 8 2 0 1 2 6 8 9 4 9 7 *